유네스코 세계기록유산·국보 제70호

훈민정음 해례본

대한민국이 함께 읽는

유네스코 세계기록유산·국보 제70호
훈민정음 해례본

김유범 외

역락

해례본을 읽는다는 것은

우리의 오늘이 어디에서 왔는지를 찾아가 보는 일입니다. 말하는 바를 그대로 글로 쓸 수 있도록 해 주는 한글에 대해 고마움을 느껴 본 적이 있나요? 하고 싶은 말을 한글로 자유롭게 쓸 수 있는 오늘이 어떻게 우리에게 주어졌는지 알아본 기억이 있나요? 세종대왕이라는 성군의 힘이 있었다는 사실 외에 우리가 한글 창제와 관련해 알고 있는 것은 무엇일까요? 해례본은 한글이 어떤 원리로 어떻게 만들어졌는지, 한글 안에는 세상과 만물에 대한 어떠한 인식이 들어 있는지를 보여 줍니다.

해**례**본을 읽는다는 것은

우리가 세계와 함께하고 있는 위대한 가치를 깨닫는 일입니다. 하늘과 땅 사이에 발 딛고 살아가는 인간은 누구나 평등한 권리를 가진 존재입니다. 인류의 역사에서 소수를 제외하고 수천 년 동안 대부분의 사람들은 글을 읽고 쓰지 못해 중요한 정보를 공유하지 못했습니다. 알파벳이 그러했듯 한글도 모두가 공평하게 정보를 나눔으로써 자신의 권리를 찾도록 해 주었습니다. 해례본은 한글이 담고 있는 이러한 정신을 세종대왕과 정인지의 글을 통해 분명하게 이야기해 줍니다.

해례**본**을 읽는다는 것은

우리에게 잠재된 무한한 창의성의 원형을 확인하는 일입니다. 한글의 창제에서 발음기관을 본떠 기본 글자를 만들고 소리의 세기에 따라 획을 더함으로써 또 다른 글자들을 만들어낸 제자 원리는 창의성이 돋보이는 멋진 아이디어입니다. 이와 같은 창의성은 오늘날 우리가 일구어 낸 최첨단 기술이 어디에서 유래된 것인지 생각해 보게 합니다. 마르지 않는 샘은 그 원천이 깊은 법입니다. 해례본은 우리의 창의성이 어느 시대에나 다양한 모습의 꽃으로 피어날 수 있다는 확신을 갖게 해 줍니다.

　더불어 우리는 해례본을 통해 가장 수준 높은 한국 문화의 정수를 맛볼 수 있습니다. 외래적인 것을 우리 문화의 색깔로 수용해 이로부터 전에 없던 새로운 것을 만들어 내는 우리만의 저력을 해례본을 통해 만날 수 있습니다. 이것이 바로 우리가 해례본을 읽어야 하는 이유입니다.

30년 전이었다. 대학 전공수업에서 『훈민정음』 해례본을 처음 마주했다. 분명 국어학의 중요한 자료인데, 기본적으로 한문으로 쓰인 책이라는 점이 낯설었다. 또한 훈민정음은 "나랏 말ㅆ미"로 시작하는 언해본이 원본인 것으로 알고 있던 내게, 해례본의 존재는 기존의 지식을 흔드는 것이었다. 한 학기 동안 한문으로 된 해례본을 처음부터 끝까지 강독했던 경험은 훈민정음과의 확실한 인연의 시작이었다.

대학원에서 국어사를 공부하며 이런저런 기회에 자주 해례본을 살펴보았다. 하지만 처음부터 끝까지 책 전체를 자세히 읽어 보게 된 것은 대학에 자리를 잡은 2002년 이후부터였다. 매년 개설한 '중세한국어문법의이해'를 통해, 대학을 옮겨서는 '훈민정음의이해'를 통해 적어도 1년에 한 번은 해례본을 통독해 왔다. 모든 고전이 그러하듯 동일한 텍스트이지만 읽을 때마다 새롭게 다가오는 해례본의 내용이 신기할 뿐이다.

해례본은 세종이 지은 〈어제 서문〉과 〈어제 예의〉, 그리고 여덟 명의 집현전 학사들이 지은 ≪해례≫(〈제자해〉, 〈초성해〉, 〈중성해〉, 〈종성해〉, 〈합자해〉, 〈용자례〉)와 〈정인지 서문〉으로 이루어져 있다. 임금이 쓴 〈어제 서문〉과 신하가 쓴 〈정인지 서문〉이 책의 맨 처음과 맨 끝에 대칭적으로 놓여 새 문자의 창제 배경과 목적, 그 효용에 대해 이야기한다. 〈어제 예의〉는 세종이 새 문자 훈민정음을 만들고 이에 대한 핵심적인 내용을 간략히 정리해 둔 것이고, 이를 바탕으로 전문적인 해설이 덧붙여진 것이 ≪해례≫이다. 이 둘은 매우 밀접하면서도 체계적인 연관성을 보이는데, 새 문자의 창제 원리를 당시의 가장 첨단적인 지적 패러다임으로 설명하는 것은 새 문자를 창제해 내는 것만큼이나 창의적이고 어려운 일이었다.

2014년 미국으로 떠났던 연구년에서 난 매우 특별한 시간을 가졌다. 시애틀의 워싱턴대학교University of Washington에서 중국 음운학과 문자학을 연구하고 있는 제브 헨델Zev Handel 교수와 매주 만나 해례본을 함께 읽었다. 헨델 교수가 현대 중국음으로 해례본의 원문을 읽고 영어로 그 뜻을 풀이하면, 나는 기존의 연구 성과를 바탕으로 그에 대한 구체적인 설명을 제공했다. 이런저런 자료를 찾아보고 서로가 궁금한 것을 질문하며 함께 의견을 나누었다. 이것은 그동안 당연하게 여기거나 전혀 고민해 보지 못했던 해례본의 용어와 내용들에 대해 새롭게 눈뜨는 계기가 되었다.

해례본을 본격적으로 현대어로 옮기고 주석과 해설을 달게 된 것은 2017년부터 2019년까지 3년간 진행한 국립한글박물관의 훈민정음 해례본 현대어 번역 프로젝트 덕분이었다. 이 프로젝트의 책임자를 맡게 된 나는 해례본을 연차별로 번역할 계획을 세우고, 이에 따라 유능한 연구자들을 모셔서 함께 해례본에 대한 본격적인 번역과 주석 작업을 진행했다. 이 프로젝트의 가장 큰 특징은 기존과는 달리 국어학 외에 성리학과 성운학, 그리고 한문학 분야의 여러 전문가들과 협업해 해례본을 학제적으로 연구하는 것이었다.

곽신환 선생님은 해례본의 성리학적 내용에 대한 이해가 새로운 단계로 진입할 수 있도록 해 주셨다. 제1부의 성리학 관련 길잡이를 집필해 주시고 해례본 곳곳에서 언급된 성리학적 내용들에 대한 주석을 달고 관련 번역을 손보아 주셨다. 그사이 퇴임을 하셨지만 늘 건강한 모습으로 계속해서 철학 연구의 등불을 밝혀 주시길 기원한다.

김무림, 이준환, 조운성 선생님은 해례본에서 성운학 관련 내용들에 대한 주석을 달고 관련 번역에 대한 유익한 의견을 주셨다. 특히 김무림 선생님은 제1부의 성운학 관련 길잡이의 집필과 더불어 까다로운 내용들에 대한 유용한 주석들을 마련해 주셨다. 이준환 선생님은 특유의 성실함과 통찰력으로 작업의 마무리 과정에서 매우 훌륭한 역할을 수행해 주셨고, 조운성 선생님은 작업 초기에 성운학 내용들에 대한 기초적인 풀이를 작성해 주셨다.

박형우 선생님은 1차 번역안이 현대적인 감각으로 읽힐 수 있도록 번역을 수정하는 데 큰 역할을 해 주셨다. 특히 소리와 문자를 명확히 구분하는 것에 초점을 두어 번역안을 다듬어 주신 것은 이번 번역이 기존과 달라질 수 있었던 중요한 계기였다. 또한 중간에 학교의 처장 일을 맡아 분주한 속에서도 〈제자해〉부터 〈합자해〉까지의 결訣 부분에 대한 번역과 주석 작성을 끝까지 책임져 준 송혁기 선생님께도 깊은 사의私誼를 느낀다.

누구보다도 프로젝트를 성공적으로 수행할 수 있도록 보좌해 준 김부연, 고경재 선생에게 가장 큰 고마움을 전한다. 김부연 선생은 프로젝트를 계획하고 수행하는 데 필요한 기초 작업은 물론, 원고 내용 검토와 관련해 학교 현장을 연결하는 데 큰 역할을 해 주었다. 또한 자신의 전공을 살려 제1부의 해례본 해설을 집필하고 용자례의 주석 내용 구성에 큰 힘을 보태 주었다. 고경재 선생은 프로젝트의 모든 행정 업무를 전담해 주었고 처음부터 끝까지 전 과정에 걸쳐 힘들고 어려운 일들을 도맡아 처리해 주었다. 중간에 함께 집필한 각자병서자와 전탁음 관련 논문에서도 특유의 학문적 성실성을 보여 주었다. 항상 진실하게 최선을 다하는 그의 모습에 난 큰 인간적 신뢰를 가지고 있다. 더불어 학생의 눈높이에서 최종 원고를 몇 차례나 읽고 수정 아이디어를 제시해 준 전도유망한, 국어교육과 19학번 박지민 학생에게도 고마움을 표하고 싶다.

프로젝트 내내 자문위원으로서 원고의 이러저런 문제점들을 날카롭게 지적하고 개선 방향을 일러 주신 학계의 원로 정우영(동국대), 박창원(이화여대), 이현희(서울대), 백두현(경북대), 김주원(서울대), 한재영(한신대) 선생님께도 깊은 감사를 드린다. 후학들의 작업이 마음에 들지 않는 점들이 많으셨겠지만 대승적 관점에서 따뜻하게 품어 주신 선생님들의 후의는 끝까지 잊지 못할 학문적 빚으로 마음속에 새겨 두고 있다. 보다 발전된 연구로 조금이나마 이 빚을 갚을 수 있게 되길 바라 마지않는다.

프로젝트 진행의 한 부분이었던 3년 동안의 해례본 강독회 모임에서 40여 종의 기존 번역안들을 검토해 정리하고 가장 합리적인 번역안을 선보여 주신 여러 선생님들께도 깊은 감사를 드린다. 더불어 이 프로젝트에 관심을 갖고 현대어 번역을 적극적으로 검토해 준 혜성여자고등학교, 현대고등학교, 오산고등학교, 서울사대부설고등학교의 여러 학생들에게 고마운 마음을 전한다. 또한 학생들의 지도는 물론 훈민정음을 가르치는 교사로서 이 프로젝트의 결과물에 대해 귀중한 조언을 해 주신 민준홍(중산고), 석미영(가운고), 이민규(오산고) 선생님께도 특별한 감사를 드린다.

이 프로젝트를 무사히 끝마칠 수 있도록 도와주신 한글박물관 연구과의 이승재, 김선철 과장님과 실무를 진행하며 도움을 주셨던 고은숙, 김미미 학예연구사와 최진, 김민지, 김수라 연구원께도 감사의 말씀을 드린다. 이 책을 준비하는 과정에서 처음 약속과는 달리 갑자기 한글박물관에서도 이 프로젝트의 보고서를 책으로 출판하겠다는 소식을 전해 왔다. 처음에는 당황스럽고 서운한 마음이 컸었지만, 다시 생각해 보면 보고서에 충실한 책이 하나 더 나와 우리가 고심했던 흔적들이 세상에 알려지는 것도 의미가 있겠다는 생각이 들었다. 이러한 상황이 한글박물관 연구과의 뜻과는 무관한 것이었다는 점만은 이야기해 둘 필요가 있겠다.

이렇듯 많은 분들의 도움과 배려로 훈민정음 해례본의 현대어 번역 프로젝트는 무사히 마무리되었다. 이 책은 프로젝트의 보고서를 다시 가공하고 수정해 펴낸 것이다. 특히 해례본의 본문을 보여 주는 이미지 자료를 해당 부분에 제시한 것은 보고서에서는 볼 수 없는 내용이다. 해례본의 이미지는 물론 언해본과 더불어 해례본에 대한 정본안으로 제시된 이미지들까지 모두 포함했다. 이로써 해례본의 내용을 다양한 원문 이미지와 함께 살펴볼 수 있는 새로운 책이 만들어졌다. 보고서의 오류를 바로잡고 미흡했던 번역과 주석, 해설을 수정하고 보완한 것도 이 책이 보고서와 달라진 점이다. 책 내용에 흠이 있다면 그 책임은 전적으로 연구책임자인 나의 몫이다. 1차 번역안을 마련하고 제1부 길잡이의 전체 내용 구성 및 언어학·문자학의 내용 집필, 주석과 해설의 집필 및 수정, 최종 번역안을 확정하고 이를 책으로 만든 일이 무거운 책임감을 느끼게 한다. 앞으로 지속적인 수정과 보완을 거듭하며 이 책이 보다 완전해진 모습으로 늘 우리 곁에 함께할 수 있도록 책임을 다할 생각이다.

대한민국 국민이라면 누구나 한 번은 교과서를 통해 살펴보는 훈민정음 언해본. 그러나 훈민정음 언해본은 훈민정음 해례본의 일부 내용만을 담고 있고, 우리 한글의 기원은 언해본이 아닌 해례본에 들어 있다는, 분명하지만 알고 있는 이가 많지 않은 답답한 이 사실을 어떻게 하면 우리 국민 모두가 알게 될 수 있을까? 훈민정음 해례본을 새롭게 번역한 이 책이 이러한 역할을 해 주기를 기대해 본다. 끝으로 이 책이 멋진 모습으로 세상에 선보일 수 있게 애써 주신 도서출판 역락에 깊은 감사를 드린다.

해례본의 새로운 천년을 생각하며

김유범

제1부

『훈민정음』해례본
이해를 위한 길잡이

01 말소리를 문자로 나타내다

　　언어는 인간만이 사용할 수 있는 특별한 의사소통 수단이다. 화자가 자신의 생각을 발성 기관을 통해 음성으로 전달하면, 청자는 이를 청각 기관을 통해 자신의 뇌로 전달하여 화자의 생각을 이해함으로써 화자와 청자 사이에 의사소통이 이루어진다. 언어가 어떻게 인간에게 주어졌는지에 대해서는 정확히 알 수 없지만, 인간 스스로가 만들어 낸 발명품이 아님은 분명하다. 인간을 진정으로 인간답게 만들어 주지만 평소에는 그 가치를 쉽게 깨닫지 못하는 것이 바로 언어이다.

　　전 세계에 존재하는 언어는 크게 굴절어, 첨가어, 고립어, 포함어 등으로 그 유형을 분류해 볼 수 있다. 영어, 프랑스어, 인도어 등과 같은 굴절어는 어형과 어미의 변화로써 단어가 문장 속에서 가지는 여러 가지 관계를 나타내는 언어이다. 한국어, 일본어, 핀란드어 등과 같은 **첨가어**(또는 **교착어**)는 실질적인 의미를 가진 단어 또는 어간에 문법적인 기능을 가진 요소가 차례로 결합함으로써 문장 속에서의 문법적인 역할이나 관계의 차이를 나타내는 언어이다. 중국어, 티베트어, 베트남어 등과 같은 **고립어**는 어형 변화가 없고, 그 실현 위치에 의하여 단어가 문장 속에서 가지는 여러 가지 관계가 결정되는 언어이다. 아메리카 인디언어, 에스키모어, 아이누어 등과 같은 포함어는 동사를 중심으로 하여 그 앞뒤에 인칭 접사나 목적을 나타내는 어사를 결합 또는 삽입하여 한 단어로서 한 문장과 같은 형태를 가지는 언어이다.

　　언어는 **의미**를 내용으로, **음성**을 형식으로 하는 하나의 기호이다. 언어의 의미와 음성은 필연적이지 않은, 자의적인 관계arbitrary relationship에 있다. "나무"라는 의미를 나타내는 음성이 반드시 [나무]일 필요는 없다는 것인데, 언어에 따라 [트리](영어), [아흐브흐](프랑스어), [키](일본어), [모오](만주어) 등 서로 다른 음성으로 실현되는 것이 이를 증언한다.

이처럼 언어마다 같은 뜻을 지닌 단어들의 형태가 다르게 나타나는데, 그것은 언어들 간의 계통적인 차이와 더불어 지역과 시간이라는 변수가 작용한 까닭이다.

언어의 형식인 음성, 즉 말소리는 호흡할 때 폐에서 올라오는 공기가 성대를 통과하며 소리의 바탕이 이루어지고, 이후 입 안에서 다양한 **조음**調音 articulation 활동을 통해 만들어진다. 먼저 **목구멍** 안에 자리 잡은 두 개의 근육 띠인 성대는 유성有聲 voiced이나 무성無聲 voiceless과 같은 말소리의 바탕을 이룬다. 또한 **혀**는 입 안에서 입천장의 여러 위치와 맞닿으며 소리 길인 성도聲道 vocal tract의 모양을 변화시켜 다양한 소리들을 만든다. 따라서 목구멍과 혀는 말소리를 만드는 데 가장 중요한 발음 기관이 된다.

성대를 비롯해 **입안**(구강)과 **코안**(비강), 그리고 입안에서는 혀와 더불어 **여린입천장**(연구개), **센입천장**(경구개), **윗잇몸**(치경), **이**, **입술** 등이 말소리를 만드는 발음 기관이다. 언어마다 그 언어의 말소리를 만들어 내기 위해 사용하는 발음 기관의 종류와 사용 방법에는 차이가 있지만, 언어에 상관없이 어떤 특정한 말소리를 만들어 내기 위해 인간이 사용하는 발음 기관이나 그것의 작용은 기본적으로 같다. 즉, 어떤 언어 사용자이든 말소리 [마]를 발음하기 위해서는 동일한 발음 기관을 동일한 방법으로 사용한다.

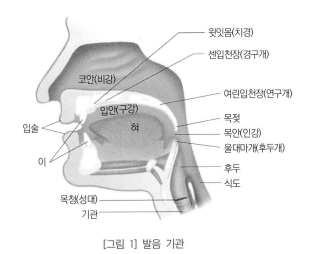

[그림 1] 발음 기관

인간이 발음 기관을 사용해 만들어 내는 말소리는 크게 자음, 모음처럼 분절할 수 있는 말소리(즉, 분절음)와 고저, 장단, 강세 등과 같이 분절할 수 없는 말소리(즉, 비분절음)로 나누어 볼 수 있다. 비분절음은 분절음에 의지해 실현되는 특성을 보인다. 그래서 고저, 장단, 강세 등은 주로 분절음인 모음에 얹혀 나타나게 된다. 반면 분절음은 다시 자음과 모음으로 나뉘는데, 이들은 서로 결합하여 더 큰 단위인 **음절**을 형성하게 된다.

　자음은 성대나 혀, 입술 등을 사용해 공기가 성대를 통과하거나 통과한 기류에 장애를 주어 만들어지는 말소리이다. 코안(비강)을 사용해 만들어지는 **비음**을 별도로 한다면 **파열음**(또는 **폐쇄음**), **마찰음**, **파찰음**, **유음** 등과 같은 자음의 종류들은 입안(구강)에서의 장애 양상에 따라 그 이름이 붙여진 것이다. **장애음**인 파열음(또는 폐쇄음), 마찰음, 파찰음과 구별해 비음과 유음을 **공명음**이라고 부른다. 또한 장애의 위치에 따라 **목청소리**(성문음), **여린입천장소리**(연구개음), **센입천장소리**(경구개음), **잇몸소리**(치경음=치조음), **입술소리**(양순음) 등 다양한 이름의 자음들이 있다.

　이처럼 **조음 방법, 조음 위치**에 의해 다양한 자음들이 만들어진다. 우리말에서 자음은 음절에서 **초성, 종성**에 위치할 수 있는 소리로서 음절의 시작과 끝을 이루고 있다. 우리말 단어 '파'[파]에서 볼 수 있는 것처럼 초성에 오는 파열음 'ㅍ'은 '폐쇄-지속-파열'의 세 단계를 거쳐 발음된다. 이와 같이 세 단계를 온전히 거쳐서 발음되는 현상을 '**외파**外破'라고 하고, 이렇게 발음된 소리를 '**외파음**外破音'이라고 한다. 반면 우리말 단어 '앞'[압]에서 볼 수 있는 것처럼 종성에 오는 'ㅍ'은 세 단계 중 '파열'의 단계가 생략되어 발음된다. 이와 같이 파열의 단계 없이 발음되는 현상을 '**불파**不破'라고 하고, 이렇게 발음된 소리를 '**불파음**不破音'이라고 한다.

　모음은 자음과 달리 장애를 받지 않고 만들어지는 말소리이다. **혀의 전후 위치**에 따라 전설 모음, 중설 모음, 후설 모음으로, **혀의 높낮이**(개구도, 입을 벌리는 정도)에 따라서는 **고모음, 중모음**中母音, **저모음**으로, **입술의 모양**에 따라서는 **원순 모음, 평순 모음**으로 나뉜다. 모음에는 분절음이 하나인 **단모음**과 두 개 이상인 **중모음**重母音이 있는데, 보통 중모음은 단모음에 **반모음**이 결합해 만들어진다. 하나의 반모음 뒤에 하나의 단모음이 결합한 것은 **상향 이중 모음**, 하나의 단모음 뒤에 하나의 반모음이 결합한 것은 **하향 이중 모음**이라고 한다. 결합하는 반모음과 단모음 개수에 따라 **삼중 모음, 사중 모음** 등이 만들어지기도 한다. 현대 국어에서 ㅐ, ㅔ는 단모음으로, ㅢ는 하향(또는 상향) 이중모음으로 인식되지만, 중세 국어에서 이들 모음은 모두 단모음 뒤에 반모음 [j]가 결합한 하향 이중 모음이었다. 모음은 **중성**에 위치해 음절에서 가장 중심적인 부분이 되므로 우리말에서 음절의 수는 전체 음절에 포함된 단모음의 개수로 결정된다.

　말소리를 적는 기호를 발음 기호라고 하는데, 오늘날 다양한 언어들의 말소리를 적는데 가장 널리 사용되는 것이 국제음성기호(IPA ^{International Phonetic Alphabet})이다. 보통 기호들은 [kiho]와 같이 대괄호 안에 표시되는데, 국제음성기호 중 자음과 모음을 적는 데 사용되는 기호를 보이면 다음과 같다.

THE INTERNATIONAL PHONETIC ALPHABET (revised to 2020)

CONSONANTS (PULMONIC)

© ® © 2020 IPA

	Bilabial	Labiodental	Dental	Alveolar	Postalveolar	Retroflex	Palatal	Velar	Uvular	Pharyngeal	Glottal
Plosive	p b			t d		ʈ ɖ	c ɟ	k ɡ	q ɢ		ʔ
Nasal	m	ɱ		n		ɳ	ɲ	ŋ	N		
Trill	B			r					R		
Tap or Flap		ⱱ		ɾ		ɽ					
Fricative	ɸ β	f v	θ ð	s z	ʃ ʒ	ʂ ʐ	ç ʝ	x ɣ	χ ʁ	ħ ʕ	h ɦ
Lateral fricative				ɬ ɮ							
Approximant		ʋ		ɹ		ɻ	j	ɰ			
Lateral approximant				l		ɭ	ʎ	L			

Symbols to the right in a cell are voiced, to the left are voiceless. Shaded areas denote articulations judged impossible.

[그림 2] 자음 음성 기호

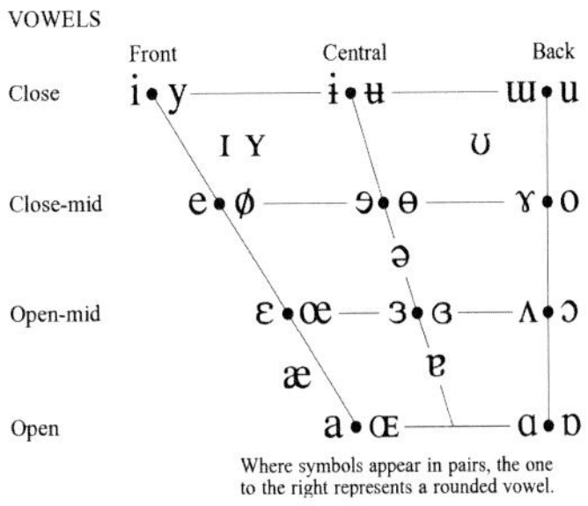

VOWELS

Where symbols appear in pairs, the one to the right represents a rounded vowel.

[그림 3] 모음 음성 기호

　이때 자음을 적는 기호는 조음 위치, 조음 방법, 성대의 진동 유무에 의해, 모음을 적는 기호는 혀의 전후 위치, 혀의 높낮이(개구도), 입술의 모양에 의해 각각 다른 기호들이 사용된다.

　구체적인 예로 자음 발음 기호인 [p]와 [b]는 동일한 조음 위치와 조음 방법을 갖는다는 공통점이 있다. 즉 조음 위치에서는 양순음^{Bilabial}, 조음 방법에서는 파열음^{Plosive}이라는 공통된 특성을 지니지만, 성대의 진동 유무에서 [p]는 무성음^{voiceless}, [b]는 유성음^{voiced}이라는 차이로 인해 서로 다른 기호가 사용된다.

　또한 모음 발음 기호인 [i]와 [y]는 동일한 혀의 전후 위치와 혀의 높낮이를 갖는다는 공통점이 있다. 즉 혀의 전후 위치에서는 전설 모음^{Front}, 혀의 높낮이에서는 고모음^{Close}이라는 공통된 특성을 지니지만, 입술의 모양이 둥근지 그렇지 않은지에 따라 [i]는 평순^{unrounded} 모음, [y]는 원순^{rounded} 모음이라는 차이로 인해 서로 다른 기호가 사용된다.

　인간 언어의 말소리들은 국제음성기호를 사용해 적을 수 있는데, 문자 훈민정음이 만들어진 당시의 말소리도 이 기호를 사용해 적어 볼 수 있다. 다음은 훈민정음 28자(실제로는 병서자 ㄲ, ㄸ, ㅃ, ㅉ, ㅆ, ㆅ을 포함해 모두 34자)의 발음을 국제음성기호로 적어 본 것이다.

훈민정음 자모의 발음

	훈민정음	음가 설명에 사용된 한자음	국제음성기호
초성자	ㄱ	君(군)	[k]
	ㄲ	虯(뀨)	[k*]
	ㅋ	快(쾌)	[kʰ]
	ㆁ	業(업)	[ŋ]
	ㄷ	斗(두)	[t]
	ㄸ	覃(땀)	[t*]
	ㅌ	呑(툰)	[tʰ]
	ㄴ	那(나)	[n]
	ㅂ	彆(볃)	[p]
	ㅃ	步(뽀)	[p*]
	ㅍ	漂(표)	[pʰ]
	ㅁ	彌(미)	[m]
	ㅈ	卽(즉)	[ts]
	ㅉ	慈(쯩)	[ts*]
	ㅊ	侵(침)	[tsʰ]
	ㅅ	戌(슏)	[s]
	ㅆ	邪(쌰)	[s*]
	ㆆ	挹(흡)	[ʔ]
	ㅎ	虛(허)	[h]
	ㆅ	洪(뽕)	[h*][1]
	ㅇ	欲(욕)	∅
	ㄹ	閭(려)	[l]
	ㅿ	穰(샹)	[z]
중성자	ㆍ	呑(툰)	[ʌ]
	ㅡ	卽(즉)	[ɨ]
	ㅣ	侵(침)	[i]
	ㅗ	洪(뽕)	[o]
	ㅏ	覃(땀)	[a]
	ㅜ	君(군)	[u]
	ㅓ	業(업)	[ə]
	ㅛ	欲(욕)	[jo]
	ㅑ	穰(샹)	[ja]
	ㅠ	戌(슏)	[ju]
	ㅕ	彆(볃)	[jə]

---

1 'ㆅ'의 음가와 관련된 보다 자세한 내용은 〈제자해〉의 ❺ 청탁으로 본 초성자, ❻ 전탁자의 특성을 참고할 수 있다.

이때 [k*]의 '*', [kʰ]의 'ʰ'와 같이 어깨 글자의 형태로 구별 기호diacritics가 쓰이기도 하는데, 전자는 된소리(경음)의 특성을, 후자는 거센소리(유기음)의 특성을 나타낸 것이다. 이러한 구별 기호는 우리말의 말소리를 발음 기호로 적을 때 유용한 역할을 한다. 또한 [ts]는 파열음과 마찰음의 특성을 연속적으로 갖는 파찰음을 나타내는 기호이며, [j]는 접근음approximant 또는 활음glide에 해당하는 반모음을 나타내는 기호이다.

언어는 매우 훌륭한 의사소통 수단이지만 시간과 공간의 제약을 받는다는 단점도 지니고 있다. 인간은 이러한 단점을 극복하기 위해 보이지 않는 언어를 시각화할 수 있는 또 다른 기호를 만들어 냈는데, 그것이 '문자'이다. 문자는 인간의 사고가 아닌 언어 그 자체를 표현한다는 특성을 지니고 있는데, 이것은 문자가 언어를 전제로 사용된다는 사실을 잘 보여 준다.

문자는 그림으로부터 출발했으며 처음에는 언어의 내용인 의미를 표현하다가 점차 언어의 형식인 음성을 표현하는 방향으로 발전해 왔다. 문자가 언어의 어떤 부분을 표현하느냐에 따라 흔히 **표의 문자**와 **표음 문자**로 나뉘는데 **한자**는 표의 문자에, **한글**은 표음 문자에 해당하는 예이다. 문자가 보이지 않는 음성을 표현한다는 점에서 문자를 '목소리의 그림'이라고도 부른다. 하지만 문자는 언어의 음성을 충실히 표현하기 위한 것이라기보는 사용자가 문자 표기를 통해 본래의 언어 모습을 재현할 수 있도록 해 주는 데 그 궁극적인 목적이 있다.

언어와 문자는 매우 밀접하게 연관되어 있지만 그렇다고 문자가 곧 언어는 아니다. 비유적으로 말하자면, 언어가 우리의 몸이라고 한다면 문자는 그 몸을 감싸고 있는 옷이라고 할 수 있다. 우리의 몸 하나하나는 모두 고유한 것이지만 옷은 우리가 만든 것이고 하나의 옷을 여러 사람들이 입을 수도 있다. 이것은 어떤 하나의 문자가 인간에 의해 만들어져 본래 표기하고자 했던 언어 외에 여러 다른 언어들을 표기하는 데 사용될 수 있는 상황과 같은 것이다.

흔히 표현되는 형식이 음성이냐 문자냐에 따라 언어를 음성 언어spoken language와 문자 언어written language로 구별하기도 하지만, 문자 언어란 언어의 형식인 음성이 문자라는 기호로 한 번 더 형식화되었을 뿐이지 결코 문자가 언어를 구성하는 요소임을 말하는 것은 아니다. '문자로 기록된 언어'는 '언어의 그림'일 뿐 문자가 곧 언어 그 자체가 될 수는 없다. 언어는 의미와 음성을 가진 1차적인 기호이고, 문자는 이 기호를 다시 시각화한 또 다른 2차적인 기호일 뿐이다.

표음 문자의 경우 문자가 언어의 어떤 단위를 적는지에 따라 몇 가지 유형으로 나뉜다. 먼저 1차적으로 표기 대상이 되는 것은 인간이 말소리를 인식할 때 기본 단위가 되는 음절syllable이다. 이 음절을 표기 단위로 하여 사용되는 문자를 음절 문자syllabic writing라고 한다. 일본의 가나는 이러한 음절 문자의 한 예인데, "사람"을 뜻하는 일본어 [hito]를 적는 가나는 ひと로 ひ와 と는 각각 [hi]와 [to]라는 음절을 적은 것이다.

다음으로 음절보다 더 작은 언어 단위를 적는 표음 문자의 유형으로 압자드abjad와 아부기다abugida가 있다. 먼저 압자드는 언어의 분절음 중 자음만 적고 모음은 적지 않는 것이 특징이다. "쓰다"를 뜻하는 아랍어 [kataba]를 적는 아랍 문자는 كتب로 오른쪽에서 왼쪽 방향으로 읽어야 하는데, 이때 오른쪽의 ك, 가운데의 ت, 왼쪽의 ب가 각각 세 자음 [k], [t], [b]를 나타내는 글자이다. 이처럼 문자 표기는 자음만 하고 실제로는 자음 사이에 모음을 넣어 읽는 것이 압자드이다.

아부기다는 모음들 중 하나를 명시적으로 표기하지 않고 나머지 모음들을 적기 위해 자음 글자 위나 아래에 구별 기호를 사용하는 것이 특징이다. 티베트 문자에서 자음 글자 ཀ는 [ka]를 나타내는데, 여기에 구별 기호가 사용되어 ཀི [ki], ཀེ [ke], ཀུ [ku]와 같이 다른 모음이 사용된 경우를 표기한다. 이처럼 압자드나 아부기다는 언어의 분절음들을 동등하게 표기하지 못한다는 점에서 자음과 모음이 모두 표기되는 알파벳과 같은 음소 문자와는 차이가 있다.

음소 문자는 분절음인 자음과 모음을 표기 단위로 하여 이들 모두를 적을 수 있는 것이 특징이다. 여기에는 자음 문자와 모음 문자가 구별되어 표기되는데, 한글이 바로 이러한 유형에 해당하는 문자이다. 일본의 가나 'ひと'처럼 자음과 모음이 합쳐진 음절을 단위로 표기하는 것보다 '사람'과 같이 두 음절에 들어 있는 5개의 분절음을 따로 구별해 적는 것이 문자의 수를 줄이는 것은 물론, 분절음들 사이의 차이를 명시적으로 보여 준다는 점에서 보다 진보했음을 알 수 있다. 더불어 한글은 음소 문자이지만 실제로는 음절 문자처럼 음절을 단위로 모아쓰는 방식을 취하고 있어 가독성을 높이는 영리한 전략까지도 갖췄다.

오랜 시간 한자가 문자 생활의 중심이었던 세계에서 이제까지 만나 보지 못한 새로운 문자를 사용하는 것은 당시로서는 천지개벽과도 같은 일이었다. 한자의 사용 능력이 지배와 피지배의 관계를 형성했던 시대에, 이 새로운 문자는 누구나 정보를 공유하며 자신의 뜻을 문자로 전달할 수 있는 새로운 시대를 열어 주었다.

새로운 문자가 지녔던 이와 같은 가치는 세종대왕의 『훈민정음』〈어제 서문〉(이 책의 58~60쪽 참조)에 언급되어 있는데, 이에 따르면 먼저 우리말을 중국의 문자인 한자로 적는 것이 마치 몸에 맞지 않는 옷을 걸친 것과 같은 상황이었음을 알 수 있다. 한자는 단어 하나하나가 고립적으로 쓰여 문장을 이루는 중국어를 적는 데에는 적합한 문자이지만, 단어에 조사와 어미를 첨가해야 문장을 이룰 수 있는 우리말을 적는 데에는 적합한 문자라고 할 수 없기 때문이다.

실제로 새로운 문자 훈민정음이 만들어지기 전, 우리 조상들은 한자로 우리말을 적고자 노력했다. '흰 구름 좇아 떠간'이라는 우리말 문장을 신라 사람들은 '白雲音逐于浮去隱백운음축우부거은'(힌 구룸 조초 뼈간)이라고 한자를 이용해 적었다. 이때 '雲音운음'(구룸)의 경우 한자 '雲'(구름 운)은 뜻을 통해 우리말 '구룸'을 적고, 한자 '音'(소리 음)은 음을 통해 '구룸'의 말음 'ㅁ'을 첨가해 적었다. 실질적인 의미를 가진 '히-', '구룸', '좇-', '뼈가-'는 각각 한자 '白'(흰 백), '雲'(구름 운), '逐'(좇을 축), '浮'(뜰 부), '去'(갈 거)의 뜻을 이용해, 문법적인 의미를 가진 '-오', '-ㄴ'은 밑줄 친 한자 '于'(어조사 우), '隱'(숨을 은)의 음을 이용해 적었다. 이러한 표기를 보통 **향찰**鄕札이라고 불렀는데, 오늘날에는 한자를 이용해 우리말을 적었던 다양한 유형의 표기들을 **차자표기**借字表記라고 통칭하고 있다. 새 문자 훈민정음이 없었던 시기에 우리말을 적기 위해서는 이처럼 필요에 따라 그때그때 한자의 뜻과 음을 이용할 수밖에 없었다.

다음으로 『훈민정음』〈어제 서문〉에서는 문자는 사람들이 하고 싶은 말을 불편 없이 적을 수 있는 역할을 해야 한다는 점을 말하고 있다. 문자가 특정한 사람들의 전유물이 아니라 모든 사람들이 그 혜택을 함께 누리는 것이 필요하다는 생각인데, 이러한 생각은 당시로서는 매우 혁신적이고 민주적이며 현대적이기까지 했다는 사실에 주목해야 한다. 훈민정음이, 서양에서 오랜 시간 다양한 사회적 배경 속에서 면면히 발달해 와 오늘날 세계인의 문자가 된 알파벳과 이러한 생각을 공유하고 있다는 점은 큰 의미가 있다. 이것은 소수에게 집중되어 있던 정보와 권력을 모든 사람들에게 나누어 주었다는 점에서 일종의 '혁명'이라고 말할 수 있다.

이처럼 우리에게는 우리말의 특성에 맞는 새로운 문자가 필요했고, 문자의 혜택을 모두가 향유해야 할 필요성이 있었음을 알 수 있다. 이러한 상황을 누구보다도 잘 주지하고 있던 세종대왕은 우리말에 대한 면밀한 언어학적 분석을 바탕으로 문자학에 대한 폭넓은 지식을 활용해 우리말을 적는 데 불편함이 없는, 28자로 된 새로운 문자 '훈민정음'을 창제하기에 이르렀다.

◎ 더 알고 싶을 때

● 발음 기관 및 발음 기호에 대해
신지영(2016), 『한국어의 말소리』(개정판), 박이정.

● 국제음성기호에 대해
www.internationalphoneticassociation.org

● 문자 훈민정음의 발음에 대해
김무림(2003), 『국어의 역사』, 한국문화사.

● 문자의 특성과 유형에 대해
Rogers, H.(2005), *Writing Systems: A Linguistic Approach*, Blackwell publishing. 『언어학으로 풀어 본 문자의 세계』(이용 외 옮김·역락·2018).

성운학
02 한자음에 대한 이론을 국어에 적용하다

한자漢字는 형태, 뜻, 소리의 세 요소로 이루어져 있다. 한자는 표의 문자이기 때문에 글자의 형태는 기본적으로 소리가 아니라 뜻을 반영하고 있다. 그러므로 한자에 대한 문자론적 인식은 먼저 형태와 뜻에서 시작되어, 차츰 음에 대한 것으로 확대되었다. 시간이 흐르면서 한자음이 바뀌고, 같은 형태의 한자라도 의미에 따라 소리가 달라져 여러 음을 갖게 됨에 따라 한자의 소리에 대한 중요성이 더욱 강조되었다.

중국에서 말소리에 대한 이론이 본격적으로 발전하게 된 계기는 불교의 전래이다. 후한後漢(25~220)의 말엽에 중국에 불교가 전래되면서 불경도 함께 들어왔다. 인도에서 전래된 불경을 한자를 이용한 한문으로 번역하기 위해서는 표음 문자인 범문梵文(산스크리트)에 대한 이해가 선행되어야 했으며, 여기에서 소리에 대한 체계적인 연구가 무르익게 되었다.

말소리에 대한 이론이 차츰 성숙하여 소리에 의한 한자의 분류가 이루어져 운서韻書 및 운도韻圖가 편찬되었다. 흔히 우리는 음절을 초성, 중성, 종성으로 나누어 이해를 하지만, 중국에서는 중성과 종성을 한데 묶어 **운모**韻母 final라 이해하고 초성을 **성모**聲母 initial로 이해해 왔다. 그리고 **성조**聲調 tone는 운모에 얹혀 실현되는 것으로 이해하였다. 이러한 인식에 따라 중국에서는 운모를 기준으로 삼아 소리를 우선적으로 분류하고, 그 아래에 성모와 운모가 결합한 구체적인 소리를 나타내는 방법으로 반절을 사용하였다. 반절反切은 예를 들어 '東동 德紅切덕홍절'과 같이 표시하며, '德덕'의 성모와 '紅홍'의 운모가 합하여 '東동'의 음이 이루어지는 것처럼 한자음을 나타내는 방법이다.

한자를 소리에 따라 분류한 책인 운서를 편찬하였다. 이러한 운서를 소리들의 관계에 따라 편리하게 시각화하여 나타낸 것이 운도이다. 한자음을 이해하기 위해서는 분류 기준을 마련해야 할 필요가 있었기에 이들을 연구하게 되었는데, 이와 같이 한자의 소리를 연구하는 전통적인 학문을 **성운학**聲韻學이라고 한다.

운서는 운모와 성조의 공통점을 중시하여 운을 만들어 분류해 놓은 책으로, 여기서 운이 운모이다. 하나의 운목 안에서 성모와 결합한 한자음이 완전히 같은 것끼리 모아 놓은 것이 소운이다. 여기서 운목은 운의 명칭으로, 성모와 관련 없이 동일한 운모를 지니고 있는 것을 가리킨다. 이러한 운서의 대표적인 것으로 수대隋代에 편찬된 『절운切韻』 (601)을 들 수 있다. 이 『절운』을 계승한 절운계 운서를 집대성하여 편찬된 것이 북송北宋의 『광운廣韻』(1008)[1]이다.

운서는 같은 한자음을 가진 한자를 운목의 차례에 따라 분류하여 배열하였을 뿐이므로, 한자음의 체계를 한눈에 파악하기 어렵다. 운서의 이러한 불편함을 보완하여 한자음의 체계를 도표로 나타낸 운도가 나오게 됐는데, 가장 오래된 운도는 북송北宋(960~1127) 이전에 성립한 『운경韻鏡』으로 이 『운경』을 이용하면 『광운』에 반영된 한자음 체계를 한눈에 이해할 수 있다.[2]

중국 성운학에서 성모는 **오음**五音(아음, 설음, 순음, 치음, 후음)이나 **칠음**七音(아음, **설음, 순음, 치음, 후음, 반설음, 반치음**) 등으로 먼저 분류하고, 다시 **청탁**淸濁으로 나눈다. 오음이나 칠음은 조음 위치에 해당하지만, 설음과 치음은 같은 조음위치에서 파열음 계열이 설음이고, 마찰음과 파찰음 계열이 치음이다. 설음은 앞쪽에서 조음되는 설두음과 뒤쪽에서 조음되는 설상음으로, 순음은 파열음인 순중음과 마찰음인 순경음으로, 치음은 앞쪽에서 조음되는 치두음과 뒤쪽에서 조음되는 정치음 등으로 필요에 따라 다시 나누기도 한다. 청탁은 **전청**全淸(무성무기음), **차청**次淸(무성유기음), **전탁**全濁(**파열음, 파찰음, 마찰음 등의 유성음**), **불청불탁**不淸不濁(비음, 유음 등)으로 세분된다. 성모가 같은 여러 한자 중에서 하나의 한자를 해당 성모의 대표자로 삼은 것이 표음 문자의 성격을 지닌 **자모**字母이다. 훈민정음의 초성을 분류하는 데에 이와 같은 용어들이 그대로 쓰인 것은 중국 성운학의 영향이다.

운모韻母는 핵모核母 vowel를 중심으로 하여 앞에는 개음介音(또는 개모介母, 운두韻頭 medial) 이 올 수 있고, 뒤에는 운미韻尾 ending가 올 수 있다. 한자는 단음절單音節이므로 한자 하나에 단모음인 핵모는 필수 요소이지만, 기타는 부수적인 성분이다. 한시에서 운이 맞는다고 할 때의 운^韻 rhyme은 개음을 제외한 핵모와 운미, 그리고 여기에 얹히는 성조까지 합한 개념이므로, 성모와 개음은 같지 않아도 된다.

성조^{聲調} tone는 일반적으로 소리의 고저에 의해 단어의 의미를 분화시킨다. 즉 성조 언어에서는 음절을 이루는 자음과 모음이 같을지라도 여기에 얹히는 소리의 높낮이에 의해서 의미가 달라진다. 중국어는 고래로 성조 언어였으며, 훈민정음이 창제된 시기의 중세 국어도 성조 언어였다. 중국어의 전통적인 성조는 **사성**^{四聲}**(평성, 상성, 거성, 입성)**으로 나뉘지만, 각 성조가 지니는 음가는 시대와 장소에 따라 같지 않았다. 중세 국어는 변별적 기능을 하는 성조에는 평성(낮은 소리), 거성(높은 소리), 상성(처음이 낮고 나중이 높은 소리)이 있었으며, 음절에 부여된 소리의 고저를 글자의 좌측에 점을 찍어 나타내었다.

중국어의 표기에 쓰이는 한자는 단음절어이며, 다음과 같은 구조로 이루어져 있다.

중국어의 음절 구조

음절^{音節} syllable			
성모^{聲母} initial	성조^{聲調} tone		
	운모^{韻母} final		
	운두^{韻頭}/ 개음^{介音} medial	운^韻 rhyme	
		운복^{韻腹}/핵모^{核母} vowel	운미^{韻尾} ending

훈민정음의 기술을 살펴보면 다양한 음운론적 술어가 나온다. 앞에서 살핀 오음^{五音}, 칠음^{七音}, 청탁^{淸濁}, 자모^{字母}, 운^韻, 성조^{聲調} 등은 물론이지만, 다음과 같은 다양한 술어의 사용은 훈민정음의 창제에 있어서 정밀한 음운적 지식이 활용되었음을 뜻한다.

- **정음**^{正音}: 바른 소리. 올바른 소리에 의하여 지극한 이치에 도달할 수 있다는 성리학적 정음관^{正音觀}이 '훈민정음'이란 이름에 표현되어 있다. 성리학을 체계화한 주희^{朱熹}는 "말소리의 이치를 안 후에 만물의 이치를 깨달을 수 있다.(知^지聲^성音^음之^지理^리而^이 後^후 萬^만物^물之^지理^리得^득矣^의)"라고 하였다.

- **성음**^{聲音}: 말소리

- **초성**初聲: 음절의 첫소리.
- **중성**中聲: 음절의 가운뎃소리. 모음의 앞이나 뒤에 오는 반모음도 포함된다.
- **종성**終聲: 음절의 끝소리. 음절 말 자음인 받침이다.
- **발성**發聲: 소리를 내는 것.
- **촉급**促急: 소리가 빠르게 끝나는 것. 예를 들어 '밥'은 '밤'에 비해 종성의 발음이 빠르게 끝닿는다.
- **서완**徐緩: 소리가 천천히 끝나는 것. 예를 들어 '밤'은 '밥'에 비해 종성의 발음이 천천히 끝닿는다.
- **여**厲, **불려**不厲: 자음에서 소리의 세기에 따른 상대적인 분류법이다. 〈제자해〉에 따르면 비음보다는 평음이, 평음보다는 격음이 소리가 세다고 하며, 소리의 세기가 강해짐을 가획加劃에 의해서 나타냈다. 예를 들어 ㄴ보다 ㄷ이, ㄷ보다 ㅌ이 더 '여厲'하기 때문에 ㄴ에 가획하여 ㄷ을, ㄷ에 가획하여 ㅌ을 나타내었다.
- **성응**聲凝: 소리가 엉김. 〈제자해〉에서 전청음의 소리가 엉기면 전탁음이 된다고 하였다. 중국의 성운학에서 전탁음은 유성음 계열을 뜻한다. 훈민정음의 전탁자全濁字 'ㄲ, ㄸ, ㅃ, ㅆ, ㅉ, ㆅ'는 성운학의 유성음 표기를 지향하였으나 실제로 'ㆅ'을 제외하고는 모두 경음으로 실현되었다. 그러므로 '응凝'은 주로 경음硬音(된소리)과 관련된 특성을 지칭하는 것으로 생각해 볼 수 있다.
- **설**舌**의 축**縮, **소축**小縮, **불축**不縮: 혀가 움츠러드는 정도.
- **성**聲**의 심**深**과 천**淺: 소리의 깊고 얕음. 모음의 소리 나는 위치가 입의 안쪽이면 소리가 깊다고 하고, 바깥쪽에 가까우면 소리가 얕다고 하였다. 축縮이면 심深, 소축小縮이면 불심불천不深不淺, 불축不縮이면 천淺의 관계가 성립한다.
- **벽합**闢闔: 벽합은 개합開合과 같은 개념이므로, 벽은 개구음이며, 합은 합구음이다. 중국의 성운학에서 합구음은 핵모가 원순모음이거나 원순성 개음이 있는 경우이다. 합闔과 벽闢은 소옹의 『황극경세성음창화도』에서 합구合口를 '흡翕', 개구開口를 '벽闢'으로 가리킨 것과 관련되는데, 『훈민정음』에서는 '흡翕'을 '합闔'으로 바꾸어 사용하였다. 훈민정음에서는 'ㅗ, ㅜ, ㅛ, ㅠ'가 합闔이며, 'ㅏ, ㅓ, ㅑ, ㅕ'가 벽闢이다. 반면 기본 모음인 'ㆍ, ㅡ, ㅣ'는 벽闢도 아니고, 합闔도 아니다. 벽闢은 구축口蹙과 관련되고, 합闔은 구장口張과 관련된다.
- **구축**口蹙, **구장**口張: 입의 오므림과 벌림. 중성 11자에서 평순모음인 'ㅏ, ㅓ, ㅑ, ㅕ'

등이 구장口張이고, 원순모음인 'ㅗ, ㅜ, ㅛ, ㅠ' 등이 구축口縮이다. 다만 'ㆍ'와 'ㅡ'는 구축口蹙도 아니고 구장口張도 아니므로, 이 개념에 의한 중성의 분류는 세 종류가 된다.

- **기어이**起於ㅣ: 'ㅣ' 모음에서 일어남. 이중모음을 나타낸 'ㅛ, ㅑ, ㅠ, ㅕ' 등은 글자로는 한 글자이지만, 반모음 'ㅣ [j]'로 시작되는 이중모음임을 발음법으로 나타낸 것이다.

중국의 성운학 이론을 받아들여 훈민정음을 창제하면서도 세종은 중국어와는 다른 국어의 특성을 중시하였다. 즉 성운학은 중국어의 분석을 위한 이론이므로, 그대로 국어에 적용할 수 없다는 것을 깨달은 것이다. 초성 17자의 창제에 있어서는 설두음舌頭音과 설상음舌上音, 치두음齒頭音과 정치음正齒音 등의 중국어에 필요한 구별을 국어에 적용하지 않았으며, 국어에서 음운적 단위가 될 수 없는 운모韻母의 개념은 더 작게 쪼개어 중성中聲과 종성終聲으로 나누었다. 그러므로 중성中聲 11자의 설명과 분류는 성운학과는 동일하지는 않은 국어에 적합한 독창적인 기술記述이 되었다.[3] 성조聲調에 있어서도 입성入聲은 촉급促急의 성질을 지녀 고저高低의 단위로 쓸 수 없으므로 제외하고, 낮은 소리인 평성, 높은 소리인 거성, 처음이 낮고 나중이 높은 상성 등으로 체계화하여 국어의 음운 구조에 맞게 조절하였다. 이와 같이 성운학 이론을 받아들이면서도 국어에 적합한 음운론적 이론을 새롭게 개발하고, 독창적인 문자의 창제에 성공한 것은 성운학에 대한 체계적인 이해에 더하여 국어에 대한 주체적인 인식이 있었기 때문이다.

훈민정음이 음소 문자의 신경지를 개척하여 인류의 역사에서 가장 과학적인 문자가 될 수 있었던 것은 중국에서 발전한 성운학을 받아들이고, 다시 국어의 현실에 맞는 창조적인 음운학 이론으로 전개한 역량이 있었기 때문이다.[4] 세종의 입장에서 중국의 성운학은 외부의 객관체이며, 국어는 내부의 주관체이다. 훈민정음을 창제한 세종은 객관에 밀려 주관을 잃지도 않았으며, 주관에 몰입되어 객관을 놓치지도 않았다. 훈민정음이 문자의 역사에서 가장 경이로운 존재가 된 충분한 이유가 있는 것이다.

주석

1   이해의 편의를 위해 『광운』의 영인 이미지를 아래에 제시한다. [그림 4]는 『광운』의 거성운 차례이며, [그림 5]는 거성운 중 첫 운목인 '송운送韻'의 시작 부분이다.

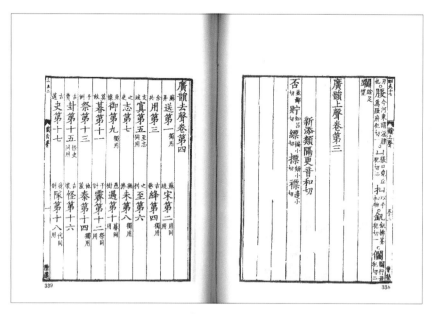

[그림 4] 『광운』의 거성운 차례

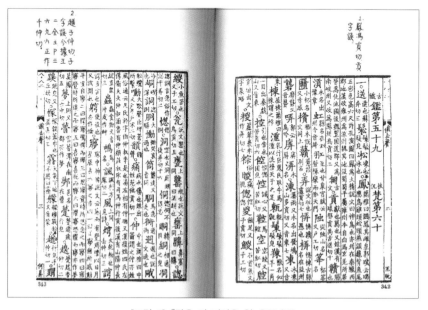

[그림 5] 『광운』의 거성운 첫 운목 '送'

『광운』의 첫 운은 평상거입의 운목을 함께 모으면 '東董送屋'이므로, 거성의 첫 운목은 '送^송'이다. 그런데 [그림 5]에서 보는 바와 같이 ○送----, ○鳳----, ○貢----, ○弄---- 등으로 동그라미를 친 소운들이 나열되어 있다. 이들은 모두 거성의 송운^{送韻}에 속하지만, 성모나 개모의 측면에서 한자음에 차이가 있다. 오직 동그라미를 친 운목^{韻目} 아래에 포함된 글자들만이 같은 반절로서 완전히 음이 같다. 즉 [그림 5]에서 '○送^송'에 속한 '鬆^송, 凇^송'은 성조를 포함하여 '送^송'과 완전히 음이 같은 한자들이다. 거성의 송운(送韻)에 들어 있는 '○送^송, ○鳳^봉, ○貢^공, ○弄^농, - - -' 등은 송운^{送韻}의 소운^{小韻}이며, 첫 운목인 '送^송'으로서 소운들의 대표를 삼은 것이다. 즉 [그림 4]의 차례에 나오는 '송^送'과 [그림 5]의 본문에 나오는 '송^送'은 가리키는 범위가 다르다.

2 운도는 먼저 개합^{開合}으로 운을 나누고, 각 운은 성모의 분류 아래에 성조에 따른 운목^{韻目}을 배열하였으며, 각 운목 안에 1등, 2등, 3등, 4등의 등분^{等分}을 두었다. 4등의 구분은 핵모와 개음의 차이에 의해 운모를 세분한 것이며, 이로부터 반모음과 핵모에 대한 세밀한 음성학적 분류가 가능했다는 것을 알 수 있다.

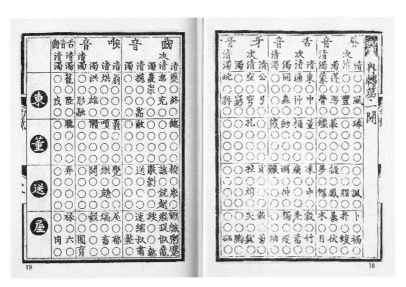

[그림 6] 『운경』의 제1도

[그림 6]에서 거성의 송운^{送韻}을 보면 7음에 의한 성모의 분류와 4등의 구분에 따라 송운^{送韻}에 속한 운목^{韻目}들이 배열되어 있다. 따라서 종^縱으로는 성모가 같고, 횡^橫으로는 운모가 같다는 것을 쉽게 알 수 있다. 운도의 편찬을 가능하게 했던 음운론적 성취는 훈민정음의 초성과 중성을 분류하고 설명하는 데에 기초적 역할을 하였다.

3 특히 혀의 위치와 입술의 모양에 의해 중성中聲의 음가를 설명한 것은 현대 음운론의 관점에서도 손색이 없다. 현대 음운론에서도 모음의 분류는 혀의 전후와 고저 위치, 그리고 입술의 원순성 여부가 기준이 되기 때문이다.

4 중국의 성운학을 이론적 배경으로 하여 훈민정음을 창제한 세종은 훈민정음 창제에 반대하는 상소문에 답하면서, "그대가 운서에 대해 아는가? 사성이니 칠음이니, 자모는 몇이나 되는가? 만약 내가 운서를 바로잡지 않는다면 그 누가 바로잡겠는가?汝知韻書乎 四聲七音字母有幾乎 若非予正其韻書 則伊誰正之乎"라고 하여 성운학이라는 학문에 대한 자신감을 나타내었다. 그러면서도 훈민정음의 창제에 임하여 하나의 음절을 성모聲母와 운모韻母로 양분하는 이분법에서 벗어나 국어의 현실에 맞는 초성, 중성, 종성의 삼분법에 도달하였다. 이분법적인 성운학에 얽매였다면 훈민정음이라는 음소 문자의 창제에 성공하지는 못했을 것이다. 음소 문자의 개념을 가장 잘 보여 주는 대목은 <어제 예의>에 나오는 '종성자는 초성자를 다시 사용한다.終聲復用初聲'이다. 즉 하나의 자음은 위치가 달라도 음소 차원에서는 다르지 않다는 것을 파악하여 문자의 창제에 적용한 결과이다.

◎ 더 알고 싶을 때

● 중국 성운학에 대해
문선규(1987), 『中國古代音韻學』, 민음사.
최영애(2000), 『中國語 音韻學』, 통나무.
이재돈(2007), 『中國語音韻學』, 학고방.

● 중국 성운학과 한국 한자음에 대해
이돈주(1995), 『漢字音韻學의 理解』, 탑출판사.

● 한국에서 편찬된 운서에 대해
강신항(2000), 『한국의 운서』, 태학사.
정경일(2002), 『한국운서의 이해』, 아카넷.

03 성리학의 이론으로 훈민정음을 설명하다

『훈민정음』 해례본의 ≪해례≫에는 '태극', '음양', '오행' 등 성리학의 주요 용어들이 많이 나타난다. 이것은 성리학의 핵심 이론으로 새 문자의 창제를 설명할 수 있어야 한다고 생각했기 때문이다. 이는 곧 '훈민정음'의 창제가 당시의 학문적 논리성이나 이성적 합리성에서 벗어나는 것이 아님을 증명하기 위한 것으로 보인다.[1]

성리학은 북송 시절 주돈이의 『태극도설』에서 발단이 되어 정호程顥 정이程頤를 거쳐 남송의 주희에 이르러 체계를 갖춘 새로운 성격의 유학이다. 이를 신유학이라고도 하고 주자학, 또는 이학理學이라고도 부른다. 성리학은 '성즉리性卽理' 곧 '본성이 이치'라는 명제를 표방하고, '성명의리性命義理를 연구하는 학문'으로 불린다. 이 학문의 가장 핵심 개념은 이理와 기氣, 태극太極, 음양陰陽 등이다. 이러한 성리학은 조선 왕조의 주도적인 교학敎學이자 통치 이념이었다. 성리학의 각종 대표적 저술과 그 핵심적 내용을 포괄적으로 담은 책인 『성리대전』이 명나라에서 1415년에 편찬되었다. 이 책은 모두 70권으로 호광을 비롯한 42명의 학자가 황제인 영락제永樂帝의 명을 받고 편찬한 것으로, 서문에서 밝혔듯이 명 제국 통치 철학의 확립 차원에서 이루어졌다. 『성리대전』은 그 후 4년이 지나 세종 원년 (1419년)에 우리나라에 전래되었다. 이 책을 처음 본 세종은 그 가치를 인정하고 조선조 초기 유교 국가의 기틀을 마련하기 위해 경연에서 공부하고, 중국에서 추가로 더 구해오고, 선비들이 읽을 수 있도록 인쇄하여 보급하는 데 심혈을 기울였다. 세종의 수많은 업적이 여기에서 힘입은 바 매우 크다.

그렇다면 왜 『훈민정음』 ≪해례≫에는 문자에 대한 설명에 성리학적 내용을 반영하였던 것일까? 새로운 문자의 제정·반포·시행은 당시 중국과 조선의 정치 문화적 관계에 비추어 볼 때 결코 용이하지 않은 일이었다. 최만리 등의 반대 상소가 당시 만만치 않은 저항 분위기를 잘 반영해 준다. 새로 만든 문자가 아무리 효용성이 높고 통치자의 위민·애민 의식의 산물임을 부각한다 하더라도, 한자를 사용하고 있는 지식인들이나 정치·외교적 측면에서 명나라의 동의와 수용을 얻기 어려웠을 것이다. 이러한 까닭에 새로 만든 문자의 정당화를 위해 중화 문화 체계, 성현의 가르침 체계, 당시 주도적인 성리학적 세계관과 가치 체계로 설명하고자 하였던 것이다.

『훈민정음』≪해례≫에 담겨 있는 성리학적 이론들의 원천은 『주역』의 「계사전」, 주돈이周敦頤(1017~1073)의 『태극도설』과 이에 대한 주희朱熹(1130~1200)의 해석인 『태극해의』, 소옹邵雍(1011~1077)의 『황극경세서』, 『역학계몽』, 그리고 주희의 『사서집주』 등이다. 여기에 활용된 성리학적 주요 이론은 대체로 태극·음양론, 오행론, 삼재론, 그리고 개물성무開物成務 등의 역학적 개념이다. 이 가운데 태극·음양론은 본원本源 탐구론에 해당한다. 우리가 알고 있는 『용비어천가』나 개천절 노랫말에 "나무라면 뿌리, 물이라면 샘"이라 하였듯이 만물의 뿌리 같은 것, 샘 같은 것에 대한 추구를 본원론이라 한다. 이에 해당하는 것으로는 '도, 태극, 음양, 기, 이, 심' 등이 있다. 유학에서는 송대에 이르러 우주론, 존재론에 대한 본격적인 탐구의 논리를 발전시켜 왔는데, 그 발단은 주돈이의 『태극도설』과 이에 대한 주희의 『태극해의』이다. 따라서 훈민정음의 창제 원리를 이해하기 위해서는 이와 같은 제학설과 이론에 관한 이해가 필요하다.

『훈민정음』≪해례≫에도 '태극', '음양', '오행' 등과 관련된 내용이 많이 나타난다.[2] 〈제자해〉의 첫머리에 기술된 坤復之間爲太極, 즉 "곤괘坤卦(☷)와 복괘復卦(☳)의 사이가 태극이 되고"라는 부분은 소옹의 발언으로 전한다. 그는 '태극'이라는 용어가 『주역』의 「계사전」에서 비롯된 것이기에 괘를 가지고 '태극'을 설명하고자 하였다. 그래서 채택된 것이 '곤괘와 복괘 사이'이다. 사실 소옹은 "곤괘와 복괘 사이가 무극이다."라고 하여 '태극' 대신에 '무극'이라는 용어를 사용하였는데, 그 까닭은 '무극'이 곧 '태극'이기 때문이다. 곤괘는 여섯 효가 모두 음효이며 열두 달에 배치하면 10월에 해당한다. 복괘는 맨 아래에 하나의 양효가 있고, 그 위로 다섯 개의 음효가 있는데 이는 11월 동지冬至에 해당한다. 동지는 역학에서 정월 초하루의 의미를 갖는데 이는 이때부터 낮의 길이가 늘어나기 때문이다. 그래서 "곤복지간"은 '음기의 성장이 멈추고 양기가 처음으로 생기는 것'이라 할 수 있다. "곤괘와 복괘의 사이"에서 '사이'는 틈이나 간극이 아니라 서로 만나는 지점이라는 뜻이 된다. 그리고 곤괘에서 복괘로 바뀔 때 나타나는 형상이 없기 때문에 '무극'이라고 한 것이다.[3]

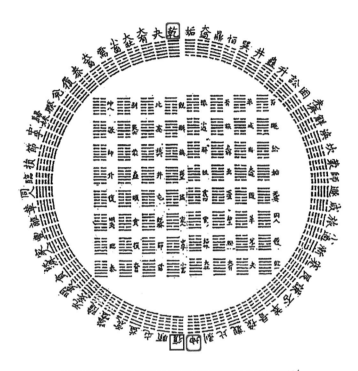

[그림 7] 선천원도[복희64괘방원도(伏羲六十四卦方圓圖)][4]

　태극과 관련한 주요 개념이 '음양'이다. 『주역』에서는 "역易에는 태극이 있는데 이것이 양의兩儀를 낳는다."라고 하였다. 이때의 '양의'가 바로 '음양'이다. 주돈이는 이를 『태극도설』에서 "태극이 움직여 양을 낳고, 고요하여 음을 낳는다."라고 하였다. 여기서 '낳는다'는 말은 어미가 새끼를 낳는다고 할 때의 의미라기보다는 어떤 상황의 영향으로 어떤 결과가 나타남을 의미하는 것이다. 태극이 움직여 양을 낳는다는 것은 태극의 움직임을 양이라고 한다는 뜻이다. 고요하여 음을 낳는다는 것도 태극의 움직임이 없는 고요한 측면을 음이라고 한다는 뜻이다. 이러한 음과 양은 만물의 온갖 생성 변화를 일으키는 기氣이다.[5]

　음양론에는 통상 두 가지 원리가 있다. 하나는 '유행流行'인데 '흘러감'이라는 이 말은 음과 양이 서로 시간의 흐름에 따라 바뀐다는 뜻이다. 곧 낮이 지나면 밤이 되고, 올라가는 것이 끝나면 내려가게 되는 것을 말한다. 양이 극단에 이르면 음이 되고, 음이 자라다가 그 극단에 이르면 다시 양이 된다는 것이다. 다른 하나는 음과 양은 서로 맞서면서도 자신의 존립을 위해서는 상대를 절실히 필요로 한다는 뜻으로 이를 '대대對待'라 한다. 양이 있으면 음이 있다는 것은 선이 있으면 악이 있다는 것과 같은 관계이다. 이는 남녀, 고저, 장단, 명암 등 일체 대립적인 것들이 실제로는 상호 의존적, 조화적인 관계에 있음을 뜻한다.

그리고 음양론에는 '억음존양抑陰尊陽', 즉 '음을 억누르고 양을 끌어올린다.'라는 마음의 법이 있다. 여기서 마음의 법이란 유학자들이 마음을 다스리기 위한 법칙을 말한다. 음과 양은 자연 과학적으로는 가치중립적이라고 할 수 있으나 이를 가치 판단의 차원에 적용한 것이다. 즉 선이 양이면 악이 음이고, 군자가 양이면 소인은 음이며, 생명이 양이면 죽음은 음이 된다. 따라서 유학자들은 음을 억압하고 양을 지지하거나 끌어 올리는 마음가짐을 가져 왔다. '음양이 그 시작이 없고 단서가 없다'고 하지만 그럼에도 불구하고 가장 근원적인 것, 최종적 주재자는 음이 아니고 양이라 하며 이는 같은 맥락에서 땅보다 하늘이, 그리고 곤보다 건이 일차적이고 근원적인 주재자라고 한다. 이러한 생각은 〈제자해〉에서도 종종 드러나는데, 건乾이 건곤乾坤을 주재한다거나 양陽이 음양陰陽을 주재한다는 것이 바로 그것이다.

또한 음양과 뗄 수 없는 개념이 '오행'이다. 『태극도설』에 의하면 "음양이 나뉘어 오행이 되었다."라고 힌다. 이는 실제로 음양 두 기가 나뉘어 다섯이 되있다는 밀이 아니라 오행이라고 하지만 이는 실상 음양 두 기운일 따름이라는 의미이다. 오행은 물[水], 나무[木], 불[火], 흙[土], 쇠[金]이다. 음양과 오행은 사실 따로따로 발전해 온 개념이다. 오행이 문헌상 처음 나타난 것은 『서경』의 「홍범」에서이다. 여기서는 오행의 1번이 수水인데 물은 흘러내리는 것이라 하였고, 2번은 화火로서 타오르면서 퍼지는 것이며, 3번은 목木으로 굽고 곧은 것이 특징이요 자라남을 뜻하며, 4번은 금金인데 빛을 내고 녹여서 온갖 기구를 만들어 낸다. 5번은 토土인데 가장 바탕이 되는 것이다. 〈제자해〉에서는 이 오행 사상을 적극적으로 활용하여 발성 기관의 위치, 소리의 성격 등을 설명하고 있다.[6]

이 오행과 관련하여 후대 사람들은 하도河圖가 그 원형에 해당한다고 생각하였다.[7] 『주역』의 「홍범」「계사」에서는 1부터 10까지의 수에서 홀수인 1 3 5 7 9를 천수天數에, 짝수인 2 4 6 8 10을 지수地數에 배당하였다. 이를 정현鄭玄의 『역법易法』에서는 1에서 5까지를 생위^{生位}, 6에서 10까지를 성수^{成數}라 하였다. 그리고 여기에다 오행과 사계, 방위를 결부하였으며, 홀수를 양^{陽}, 짝수를 음^{陰}으로 보았다. 다음 [그림 8], [그림 9]와 같이 하도^{河} ^{圖}에는 1·6 水, 2·7 火, 3·8 木, 4·9 金, 5·10 土로 되어 있다. 물[水]은 북방, 불[火]은 남방, 나무[木]는 동방, 쇠[金]는 서방, 흙[土]은 중앙이다. 이처럼 오행에는 정해진 수와 주어진 방위가 있다. 다만 土토는 중앙이어서 수는 있어도 방위는 없다고 보기도 한다.

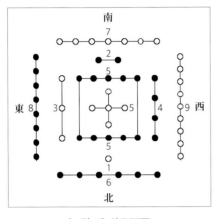

[그림 8] 하도(河圖)

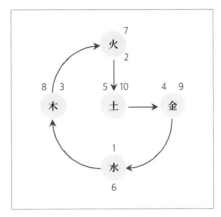

[그림 9] 하도(河圖)의 상생 순환

한편, 오행론에서는 오행의 기^{氣}와 질^{質}이라는 용어가 나온다. 오행의 기라는 것은 천도^{天道}에서의 오행을 말하고, 오행의 질이라는 것은 지도^{地道}에서의 오행을 말한다. 대개 천도는 음양으로 설명하고, 지도는 강유로 설명한다. 천도에서의 음양이 다섯으로 분화하면 오행의 기가 되고, 강유가 다섯으로 분화하면 오행의 질이 된다는 것이다. 이는 주희의 "오행은 그 질은 땅에서 갖추어지고, 그 기는 하늘에서 운행된다."라고 한 말에 드러나 있다. 오행의 기가 하늘에서 운행된다는 것은 목기^{木氣}가 봄, 화기^{火氣}가 여름, 금기^{金氣}가 가을, 수기^{水氣}가 겨울, 토기^{土氣}가 사시에 붙어서 왕성하게 순환되는 것을 말한다. 오행의 질이 땅에 갖추어져 있다는 것은 땅에 수화목금토^{水火木金土} 등의 형체를 지니고 있는 것들이 존재한다는 것을 말한다. 이를 사람에게 적용하면 오행의 질에 해당하는 것은 아래로는 비^{脾}·폐^{肺}·간^{肝}·심^{心}·신^{腎}의 오장이고, 위로는 이^{耳}·목^{目}·구^{口}·비^{鼻}·설^{舌}의 오관이 된다.

이 밖에 〈제자해〉에는 삼재^{三才} 사상을 활용하고 있다. 삼재는 천^{天}·지^{地}·인^{人}을 가리키는데 이는 삼극^{三極} 또는 삼원^{三元}이라고도 한다. 천은 음양^{陰陽}, 지는 강유^{剛柔}, 인은 인의^{仁義}

로 설명한다. 하늘과 땅이 펼치는 만물 조화造化의 사업에 사람이 참여하여 그것을 돕는 역할을 수행할 때 비로소 천과 지와 더불어 삼재가 된다는 뜻이다. 그런데 사람은 하늘과 땅의 기를 받아 태어나지만 그 한 몸에 하늘과 땅의 요소가 다 포함되어 있다. 사람은 하늘과 땅의 조화로 만들어진 것들 가운데서 가장 영험한 존재이며, 천지가 만물을 주재하듯 사람이 또한 만물을 주재함으로써 천지가 하는 일을 돕는다는 것이다. 이를 일러 사람이 만물의 영장靈長이라고 표현한다.

이상에서 설명한 성리학의 용어와 이론은 『훈민정음』 ≪해례≫ 주요 부분 여기저기에 담겨 있다. 그러므로 성리학에 대한 이해가 있어야만 '훈민정음'이 어떠한 철학적 원리에 의하여 제작되었는지 제대로 이해할 수 있을 것이다.

주석

1   성리학은 북송 시대 주돈이(1017~1073)의 『태극도설』이 발단이 되어 남송 시기 주희(1130~1200)에 의하여 정리되고 체계를 갖춘 철학적 성격이 농후한 유학이다. 이는 한당 시대의 유학과 많은 점에서 다르므로 신유학이라고도 불리고, 체계화를 이룬 사람의 이름을 따서 주자학이라고도 한다. 춘추 시대의 공자를 창시자로 하는 유학은 전국 시대를 거쳐 한나라 때 제국을 통치하는 종합적 성격의 통치 철학이 되었는데, 이는 공자가 편찬한 오경을 중심으로 제국의 정치·경제·윤리 등의 근간을 제공하는 학문이었다. 이 시대는 유교 경전이 확립되는 시기이기도 했기에 고대의 문자에 대한 풀이가 중요하였다. 따라서 이 시대 유학은 훈고학訓詁學이라고 불렸다. 한나라와 당나라를 거치면서 유학 외에 노·장 사상과 불교가 점차 성행하여 그 위세가 유학을 압도할 지경에 이르렀다. 그러자 유학자들은 사람들이 노·장 사상이나 불교에 기우는 이유가 노·장의 자연 철학적 우주론과 불교의 주체에 집중하는 마음의 철학에 있다고 판단하였다. 상대적으로 유교 경전에는 우주론이나 심성 철학에 대한 부분이 취약하다고 할 수 있다. 따라서 유학자들은 유교 경전에서 노장의 자연 철학과 불교의 심성 철학을 대체할 방안을 모색하게 되었고, 다른 한편 유학이 노장이나 불교와 뚜렷이 구별할 수 있는 성인의 학문이라는 정체성을 찾는 데 주력하였다. 그 결과 그들은 『대학』에서 격물치지格物致知와 수신修身·제가齊家·치국治國·평천하平天下의 방법과 이념에 다시 눈을 뜨게 되었고, 형이상학적 본체론과 우주적 규모의 사업을 『중용』에서 찾았다. 그리고 『맹자』에서 마음의 주재성과 궁극성을 찾고, 『주역』 「계사전」에서 우주론적 사유와 창의적 발상의 논리를 찾게 되었다. 그리하여 기존의 5경 중심의 유학에서 『대학』, 『중용』,

『논어』, 『맹자』의 4서와 『주역』의 「계사전」을 바탕으로 삼아 불교와 도교 철학의 방법론과 이념까지도 아우르는 철학적 체계를 구성해 냈다. 그것이 바로 성리학이다. 중국에서는 이를 이학^{理學}이라고 부른다. 이미 고려 말 목은 이색(1328~1396)의 문하 정몽주, 정도전, 권근 등에서 드러나듯 성리학에 대한 상당한 수준의 이해와 수용이 이루어졌다. 그리고 이들 문하에서 배출된 인재들이 세종 시대 집현전의 주요한 학자들이었다. 성리학의 주요 개념은 '성리^{性理}'와 '이기^{理氣}'이다. 『중용』에서는 하늘의 명령이 인간과 만물에 내재한 것이 본성이며, 그 본성을 따르는 것이 바로 도이고, 그 도를 잘 따르기 위한 수양의 방침과 도구가 바로 가르침이며 문명의 내용이라고 보았다. 따라서 성리학에서는 천명, 본성, 도리, 예악, 형정과 같은 일체의 문화를 동일한 선상에서 파악한다. 성리학자들은 또한 만물과 마음을 설명하는 틀로 '이^理'와 '기^氣'라는 개념을 사용한다. 때로는 '수^數'를 말하기도 한다. '이'는 사물이 존재하게 된 필연적인 이유이자 당위적인 이유이다. '기'는 우리의 이목구비와 같은 감각 기관으로 포착할 수 있는 형상이나 색깔·냄새·소리 등이 갖고 있는 재료적인 부분을 설명하는 용어이다. '이'는 태극에서 '기'는 음양에서 발전시키고 오행과 연관시킨 개념이다. 전통적으로 '이'는 유학자들이 도리나 윤리적인 의미로 많이 사용하였고, '기'는 도학자가 우주의 근원적인 힘으로 규정해 왔던 것이다. 가장 근원적인 '이'를 '태극'이라 하고, '기'는 '음양' 또는 '오행'이라고 말해온 것이다.

2   <제자해>의 첫머리에 "天地之道, 一陰陽五行而已"가 가장 먼저 나온다. 이때 "道"를 많은 사람들이 '이치'로 번역하고 있는데, 여기에 약간의 문제가 있다는 점을 염두에 두어야 한다. 성리학자들은 '도^道'와 '이^理'를 때로는 엄격하게 구별하기 때문이다. '도^道'는 천명이 만물에 시공간적으로 유행하는 것을 가리키고, '성^性'은 천명이 사람에게 있는 것을 말하는데 그것이 일에 있을 때는 '의^義'라고 하고, 물^物에 들어 있을 때는 '이^理'라고 하기 때문이다. 그래서 '도^道'는 '이^理'이지만, '이^理'가 곧 '도^道'라고는 말할 수 없다. 따라서 "天地之道"에서 "道"는 '도^道'이지 '이치'라고 번역하지 않는 것이 합당하다. 이어서 "一陰陽五行"에서의 "一"을 '태극'으로 보고자 하는 견해가 있으나 그것은 적합한 의미가 아니다. '태극'으로 보는 견해를 살펴보면 '태극'에 '동정'이 있어 그로 인하여 '음양'이 생기고 '음양'이 다시 분화하여 '오행'이 된다고 보기 때문에 하나가 태극이라는 해석이다. 그러나 여기서의 "一"은 부사로서 '오직'에 가까우며, '하나의'라고 하는 것이 타당하다. 『태극도설』에서도 "오행은 하나의 음양이고, 음양은 하나의 태극이며, 태극은 본래 무극이다."라고 했다. 실제로 주희도 "다만 한 개의 음양오행의 기가 천지 가운데 뒤섞여 있다."라고 하였다.

3   소옹이 말한 "곤괘 복괘 사이가 태극이 된다."라고 한 것은 그의 선천원도([그림 7])를 가지고 말한 것이어서 주돈이가 말한 '태극'과는 관점이 다르다. 주돈이는 태극을 동정을 포함하여 말한 것이고, 소옹은 음양이 교접하는 자리에서 태극을 말한 것이다. 주희는 태극에 대한 소옹의 관점을 이해하였으나 수용하지는 않았다. 대체로 '태극'을 원기元氣로 규정하거나 만물의 생성 모체로 보았고, 태극을 '무無'로 규정하며 우주 만물의 본체라고 말하기도 했다. 원기는 『회남자』에서 처음 사용했는데, '태극을 원기로 보는 견해'는 『역전』과 관련하여 유흠이 제시했다. 원기와 태극의 결합은 위진 현학玄學의 전형이다. 그런데 주희는 태극이 '소리도 없고 냄새도 없지만' 실제로는 '조화造化의 중심축이고, 만물의 뿌리'라고 한다. 그는 주돈이가 말한 '무극이면서 태극이다'라고 했을 때, 태극 밖에 다시 무극이 있는 것이 아니라고 한다. 그에 따르면 태극이란 본연의 오묘함이고, 움직임과 고요함이란 이 태극을 태우고 운반하는 수레와 같다. 태극은 형이상의 도이고 음양은 형이하의 기이다. 그 현저함의 관점에서 보면, 움직임과 고요함이 때가 같지 않고 음과 양이 위치가 같지 않지만 태극이 있지 않음이 없고, 그 은미함의 관점에서 보면 텅 비고 고요하여 아무런 조짐이 없지만 움직임과 고요함, 음과 양의 이가 이미 모두 그 가운데 구비되어 있다. 앞으로 미루어 보아도 그 처음에 태극과 음양이 합쳐지는 것을 볼 수 없고, 뒤로 당겨 보아도 그 끝에서 분리되는 것을 볼 수 없다. 단서도 없고 시초가 없다. 참으로 도를 아는 사람이 아니면 식별할 수 없는 것이다.

4   [그림 기에서 밖에 있는 둥근 것이 원도圓圖로 양이 되고, 안에 있는 네모난 것이 방도方圖로 음이 된다. 이는 원圓은 동動하여 하늘이 되고 방方은 정靜하여 땅이 되는 것으로, 천원지방天圓地方은 이와 관련하여 이해할 수 있다. 원도에서 왼쪽에 놓인 건괘乾卦에서 복괘復卦로 이어지는 32괘는 양생陽生으로 양이 되고, 오른쪽에 놓인 구괘姤卦에서 곤괘坤卦로 이어지는 32괘는 음생陰生으로 음이 된다. [그림 기을 보면 곤괘 다음이 복괘이며, 여섯 효가 모두 양인 건괘 다음에는 한 개의 효가 음인 구괘가 배치되었다. 방도에서 오른쪽 맨 아래에 곤괘가 놓여 있고 왼쪽 맨 위에 건괘가 놓여 있다. 시간적으로 보면 복괘는 자중子中에 해당하는 것이고 건괘는 오중午中에 해당하는 것이다. 이를 음양과 관련지어 이해하면 양은 자중에 생겨서 오중에 극에 달하는 것이며, 음은 오중에 생겨서 자중에 극에 달하는 것이다. 방위와 관련지어 보면 건괘는 서북쪽이며 곤괘는 동남쪽으로, 양은 북쪽에 있는 것이고 음은 남쪽에 있는 것이 된다.

5   이 용어가 갖는 본래의 의미는 햇빛이 비치는 곳과 그늘이다. 이것이 나중에 동물의 암컷과 수컷을 비롯한 세상의 대립되는 여러 형체와 속성들, 이를테면 군신君臣, 동정動靜, 모임과 흩어짐, 오르고 내림, 나아감과 물러섬, 앞과 뒤, 선과 악, 빛과 어둠 등을

나타내게 되었다.

6 오행 사상은 전국 시대 이래로 오방^{五方}, 오미^{五味}, 오색^{五色}, 오장^{五臟}, 오성^{五聲}, 오음^{五音} 등 다방면으로 확장되고 그 외연을 넓혀 왔다. 또 오행 상호 간의 상생^{相生} 상극^{相剋}론을 바탕으로 하여 역사의 발전과 왕조의 교체를 설명하는 데 활용되기도 하였다.

오행	오방	오색	오미	오성*	오음	오장
목	동	청	신맛	각	아	간
화	남	적	쓴맛	치	설	심
토	중	황	단맛	궁	순	비
금	서	백	매운맛	상	치	폐
수	북	흑	짠맛	우	후	신

* '오성'은 흔히 음악의 다섯 음계를 가리키는 용어인데, 이를 '오음'이라고도 한다. 그런데 '오음'은 '아설순치후'의 다섯 소리를 가리키는 용어로도 사용되므로 이 둘을 구별할 필요가 있다. 여기서는 음악의 다섯 음계를 가리키는 '오음'을 '오성'이라고 일컫기로 한다. '오성'의 배합은 문헌마다 다른데 이 표에서는 『훈민정음』의 체계를 따른다.

7 하도^{河圖}는 옛날 복희씨 때에 황하^{黃河}에서 용마^{龍馬}가 나왔는데 그 등에 그림이 그려져 있었다는 데에서 이름이 붙여졌다. 하도^{河圖}는 모두 1에서 10까지 55개의 점으로 된 그림이다. 하도^{河圖}는 여러 그림들이 전해지는데 아래 [그림 10]은 주희의 『주역본의』에 있는 것을 택하였다.

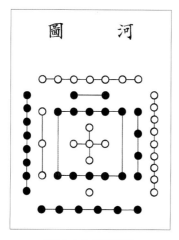

[그림 10] 하도(河圖)

한편, [그림 8]의 '하도(河圖)'는 후대 사람들이 이해를 돕기 위해 주희의 『주역본의』에 있는 하도^{河圖}에 숫자와 글자를 넣은 것이다. [그림 9]의 '하도(河圖)의 상생 순환' 또한 하도^{河圖}의 원리 해설을 바탕으로 하여 후대 사람들이 그린 것이다.

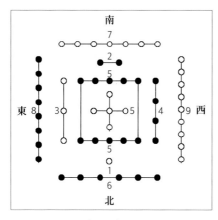

[그림 8] 하도(河圖)

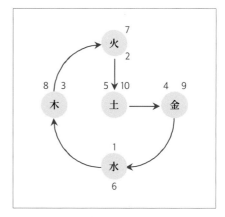

[그림 9] 하도(河圖)의 상생 순환

◎ 더 알고 싶을 때

● '태극', '음양', '오행', '이기'에 대해
주희(朱熹) 저/곽신환 외 2인 옮김(2009), 『태극해의』, 소명출판사.

● 성리학의 발생 및 진행, 역사적 의의 등에 대해
천라이(陳來) 저/안재호 옮김(1997), 『송명 성리학』 예문서원.

해례본 해설

04 책『훈민정음』을 살펴보다

발견과 보사補寫

'훈민정음'은 두 가지 뜻을 가지고 있다. 하나는 문자의 이름이고 또 하나는 책의 이름이다. 세종은 1443년에 문자 훈민정음을 만들었고, 1446년에 이 훈민정음을 만든 이유, 새 문자에 관한 창제 원리와 운용 방법 등을 설명한 책인『훈민정음』해례본을 편찬했다. 당시 몇 권을 인쇄하였는지 알 수 없는데, 현재 간송미술관 소장의『훈민정음』해례본은 1940년에 발견된 것으로 1446년 이후 494년 만에 처음 세상에 알려지게 되었다.

이 책은 경북 안동시 와룡면 주하리 이한걸 씨 집안의 세전가보世傳家寶로 전해 내려오던 것으로 알려졌다. 1940년 당시 경학원經學院(성균관대학교의 전신)에 다니던, 이한걸 씨의 셋째 아들인 이용준이 김태준 교수에게 알림으로써 책의 존재가 비로소 세상에 알려졌다. 발견 당시 표지와 앞 두 장, 즉 〈어제 서문〉과 〈어제 예의〉의 초성자 ㄱ부터 ㄹ에 해당하는 부분이 낙장落張된 상태였다. 김태준 교수는 이 책이 1446년에 간행된『훈민정음』진본임을 확인하였고, 이용준과 함께 낙장된 부분을 보사補寫하는 데 많은 노력을 기울였다. 도산 서원에서 한지를 구하여 원본과 비슷한 색을 내기 위해 쇠죽솥에 넣어 삶고 말리기를 수차례 반복하였다. 그리고 내용을 복원하는 데『훈민정음』언해본과『조선왕조실록』 관련 기사를 참고하였다. 이와 더불어 조선미술전람회에서 특선할 정도로 서예에 조예가 깊은 이용준에게 글씨를 적게 했다. 그런데 보사 과정에서 당시 조선 초기 문헌에 관한 지식이 부족한 탓에 여러 가지 오류를 범하였다.

① <어제 서문>에 대한 보사補寫

<어제 서문>은 대체로 <세종실록> 113권 세종 28년(1446) 9월 29일(甲午갑오) 4번째 기사를 토대로 보사한 것으로 보인다. <세종실록> 기사는 "是月 訓民正音成 御製曰이달에 『훈민정음』이 완성되었다. 임금께서 지으시기를"로 시작하는데, 우리가 세종대왕께서 지으신 서문을 두고 '어제 서문'이라고 부르는 것은 바로 '御製曰어제왈'이라는 이 기록 때문이다. 곧이어 "國之 語音 異乎中國 與文字不相流通 故愚民有所欲言 而終不得伸其情者多矣 予爲此憫然 新制二十八字 欲使人易習 便於日用耳"라는 내용이 이어지는데, 이 부분과 『훈민정음』 언해본의 <어제 서문>을 바탕으로 해례본의 <어제 서문>을 복원한 것으로 보인다.

그런데 <세종실록>과 해례본의 <어제 서문> 간에 일부 차이가 발견된다. 해례본 원문의 "欲使人人易習욕사인인이습"이 <세종실록>에는 "欲使人易習"으로 되어 있다. 다음 [사진 1]과 같이 해례본 원문의 '人人인인'이 <세종실록>에서는 '人인'으로 되어 있음을 확인할 수 있는데, 이 부분은 『훈민정음』 언해본의 것을 참고하여 보사한 것으로 보인다.[1]

---

1   아래 [사진 1]~[사진 8]에 해당하는 사진의 출처는 다음과 같다.
•『훈민정음』 해례본: 문화재청 국가문화유산포털, 간송미술문화재단 편(2015), 『훈민정음 해례본』, 교보문고.
    www.heritage.go.kr/heri/cul/culSelectDetail.do?VdkVgwKey=11,00700000,11&pageNo=5_1_1_0#
•<세종실록>: 조선왕조실록 홈페이지
    sillok.history.go.kr/popup/viewer.do?id=kda_12809029_004&type=view&reSearchWords=&reSearchWords_ime=
•『훈민정음』 언해본: 조규태 외(2007), 『훈민정음 언해본 이본 조사 및 정본 제작 연구』(발간등록번호 11-1550000-000436-01), 문화재청.

『훈민정음』해례본   <세종실록>   『훈민정음』언해본

[사진 1] <어제 서문>의 '人人'과 '人'

위 [사진 1]을 보면 '易찝^{이습}'에서의 '易'가 <세종실록>에서는 '昜^양'으로 적혀 있다.
이때 '昜'은 '쉽다'는 뜻의 '易'와 동일한 의미를 갖는 이체자異體字이다.(아래 [사진 2]
참조). 또한 '易'는 파음자破音字이므로 '쉽다'는 뜻을 나타낼 때는 성점聲點으로 거성을
표시하여 '易'와 같이 표기해야 하는데 보사 과정에서 성점聲點을 정확하게 표시하지 않았다
(성점 관련 내용은 이 책의 57쪽 참조). 아래 [사진 2]와 같이 『훈민정음』언해본에는
한자 '易'에 대해 거성 '·잉'으로 주음해 두었는데 보사 과정에서 이를 제대로 확인하지
못한 것으로 보인다.

『훈민정음』해례본   <세종실록>   『훈민정음』언해본

[사진 2] <어제 서문>의 '易'

이처럼 해례본 원문과 〈세종실록〉이 다르게 기록된 이유를 정확하게 파악하기 어려우나 〈세종실록〉의 기록을 오기誤記로 볼 가능성이 있다. 임진왜란을 거치면서 그때까지 제작한 『조선왕조실록』은 전주사고全州史庫의 것을 제외하고는 모두 병화兵火로 소실되었다. 현재 전하는 『조선왕조실록』은 전주사고에 보존된 실록을 기반으로 임진왜란 이후 1603년부터 1606년까지 짧은 기간에 복원한 것이다. 이 과정에서 일부 오기가 발생했을 가능성이 있는데, 원본이라 할 수 있는 전주사고의 실록은 후에 강화도로 옮겨졌다가 병자호란 때 크게 파손되어 현재로서는 정확한 확인이 불가능한 상황이다. 현재 남아 있는 〈세종실록〉의 어제 서문은 앞서 언급한 '人人인인'과 '易역'등 해례본의 것과 차이를 보인다. 이뿐만 아니라 〈어제 예의〉의 부서법과 관련한 부분에서도 해례본의 자모는 ㅏ, ㅓ, ㅑ, ㅕ의 순서로 제시되었는데 〈세종실록〉에는 ㅓ, ㅏ, ㅑ, ㅕ의 순으로 기록되어 ㅏ와 ㅓ의 순서가 뒤바뀌어 있다. 이러한 점들을 미루어 보아 〈세종실록〉에 기록된 내용을 바탕으로『훈민정음』 해례본의 〈어제 서문〉을 보사補寫할 때 실록의 오류를 어떻게 수정해서 옮길 것인지 많은 고심이 있었을 것으로 추정되며, 이때 『훈민정음』 언해본을 참고했던 것으로 보인다.

이 밖에도 〈어제 서문〉의 보사 과정에서 몇 가지 실수가 더 발견된다. 아래 [사진 3]과 같이 마지막 문장을 끝맺는 데 '耳이'로 써야 할 것을 '矣의'로 잘못 쓰기도 하였다.

『훈민정음』 해례본   〈세종실록〉   『훈민정음』 언해본

[사진 3] 〈어제 서문〉의 '耳'와 '矣'

또한 두점讀點을 찍어야 할 부분을 모두 구점句點으로 표시하였다. 구두점句讀點은 문장에서 끊어 읽어야 할 자리를 표시해 주는 부호이다. '구점句點'은 하나의 문장이 끝나는 곳에 찍는 부호로, 문장의 의미가 끝나는 글자의 곁 아래에 '。'으로 표시한다. 그리고 '두점讀點'은 의미가 끝나지는 않았지만 읽기 편하도록 끊어 읽는 곳에 찍는 부호로, 글자와 글자 사이 가운데에 '。'으로 표시한다. 아래 [사진 4]에서 붉은색 'O'로 표시한 부분을 보면 모두 두점이 찍혀야 할 부분에 구점이 찍혀 있다. 그리고 파란색 'O'로 표시한 부분은 아래 "有所欲言" 다음에 두점을 찍어야 하는데 잘못된 위치에 두점이 아닌 구점을 찍었다. 또한 연두색 'O'로 표시한 부분은 불필요한 구점을 잘못 찍은 것이다. 흰색 'O'로 표시한 부분 역시 구점을 잘못 찍은 것인데, 여기에는 두점을 찍거나 아예 구두점을 찍지 말아야 한다.

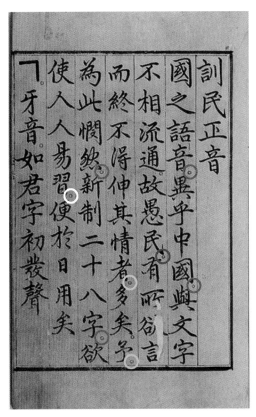

[사진 4] <어제 서문>의 구점 처리 오류

그 밖에 파음자^{破音字}에 붙여야 할 성점^{聲點}을 제대로 표시하지 않은 경우도 있다. 예컨대 평성의 '爲'는 '하다, 되다'의 의미를 갖고, 거성의 '爲'는 '위하다'라는 의미를 갖는다. 따라서 〈어제 서문〉에서는 '위하다'의 뜻을 갖는 거성의 '爲'로 성점이 표기되어야 한다. 아래 [사진 5]의 오른쪽에 잘 나타나 있듯이 『훈민정음』 언해본에서도 '爲'를 거성 '·윙'로 표기하고 있다. 이는 앞서 '易'의 경우와 마찬가지로 성점에 대한 이해가 부족했기 때문이다.

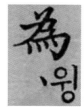

『훈민정음』 해례본　　　　　　『훈민정음』 언해본

[사진 5] 〈어제 서문〉의 '爲' 자에 대한 성점 표기 오류

② 〈어제 예의〉에 대한 보사^{補寫}

일반적으로 이 부분을 '예의^{例義}'라고 하는데, 이 책에서는 '어제 예의'라고 부르기로 한다. 그 이유는 실록에서 이 부분이 '御製曰^{임금께서 지으시기를}'로 시작하여 어제 서문과 함께 기술되어 있기 때문이다. 이 책에서는 〈어제 서문〉과의 균형을 고려하여 〈어제 예의〉라 부른다.

『훈민정음』 해례본 발견 당시 낙장된 〈어제 예의〉의 일부 또한 〈세종실록〉 113권, 세종 28년(1446) 9월 29일(甲午^{갑오}) 4번째 기사를 기반으로 복원되었다. "是月 訓民正音成 御製曰"로 시작하여 〈어제 서문〉과 더불어 "ㄱ牙音如君字初發聲並書如虯字初發聲 … (중략) … 左加一點則去聲二則上聲無則平聲入聲加點同而促急"이라는 내용이 이어진다. 내용 면에서는 〈어제 예의〉가 실록의 것과 일치하지만, 해례본의 원문에는 형식상 문제가 되는 부분이 발견된다.

다음 [사진 6]의 왼쪽 "ㅿ。半齒音。如穰字初發聲"으로 시작되는 부분이 발견 당시 원본에 해당한다. 다시 말해 ㄱ부터 ㄹ에 해당하는 부분이 낙장되었는데, 이 부분은 〈세종실록〉 기사 내용을 그대로 옮겨 복원할 수 있었다. 옮기는 과정에서 [사진 6]의 하늘색 'ㅇ'로 표시한 부분을 보면, "ㄹ。半舌。音如閭字初發聲"과 같이 '音' 다음에 찍어야 할 구점을 '舌' 다음에 찍은 오류가 나타났다.

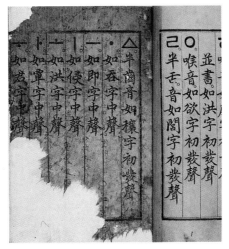

[사진 6] <어제 예의> 원본 부분(좌)과 보사 부분(우)

이렇게 앞 두 장이 보사된 『훈민정음』 해례본은 간송 전형필 선생의 보화각葆華閣(간송미술관의 전신)에 안치되었다. 우리 문화와 역사를 사랑하는 간송 전형필 선생이 소장하여 안전하게 보존한 덕분에 『훈민정음』 해례본은 1962년에 국보 제70호로 지정되었고, 1997년에는 유네스코가 세계기록유산(UNESCO Memory of the World)으로 지정해 세계적으로 그 가치를 인정받게 되었다. 하지만 국보이자 세계기록유산임에도 불구하고 보사된 부분의 오류가 여전히 바로잡히지 않은 상태로 남아 보존되어 왔다. 그러다가 지난 2017년 문화재청의 지원을 받아 책임연구원 한재영 교수(한신대) 외 7인의 공동 연구로 국어학·서지학·서예학 관련 전문가들의 정밀한 검증 과정을 거쳐 낙장 부분에 대한 정본定本 제작 사업을 완료하였다. 이로써 세종이 쓴 〈어제 서문〉과 〈어제 예의〉의 일부에 발생한 내·외적 오류를 바로잡게 되었다.

구성과 형식

① 『훈민정음』 해례본의 내용 구성

『훈민정음』 해례본은 문자 훈민정음의 제자 원리와 응용 방법을 설명한 책이다. 세종은 1443년에 문자 훈민정음을 만들고, 집현전 학사 정인지, 최항, 박팽년, 신숙주, 성삼문, 강희안, 이개, 이선로 등 8명에게 훈민정음을 만든 원리와 운용 방법 등을 자세히 풀이하도록 명하였다. 1446년 음력 9월 상순(1일~10일 사이)에 『훈민정음』 해례본이라는 한 권의 책이 완성되었고, 이를 통해 새 문자 훈민정음과 그것을 만든 원리와 운용 방법을 밝혔다. 이처럼 『훈민정음』 해례본에는 훈민정음을 만든 사람, 창제의 취지와 만든 원리, 역사적 의미 등을 비롯해 훈민정음을 사용하여 표기한 다양한 예시 등이 실려 있다.

『훈민정음』 해례본은 한 권이지만 세종이 쓴 부분과 집현전 학사들이 쓴 부분으로 나뉜다. 세종이 쓴 부분은 〈어제 서문〉과 〈어제 예의〉로 구성되었다. 집현전 학사 8인이 쓴 부분은 〈제자해〉, 〈초성해〉, 〈중성해〉, 〈종성해〉, 〈합자해〉, 〈용자례〉, 〈정인지 서문〉으로 구성되어 있다. 새로운 글자 훈민정음을 만든 원리를 설명하는 〈제자해〉, 초성 글자를 설명하는 〈초성해〉, 중성 글자를 설명하는 〈중성해〉, 종성 글자를 설명하는 〈종성해〉, 그리고 초성 글자, 중성 글자, 종성 글자를 합해서 음절을 적는 방식을 설명하는 〈합자해〉, 이 글자들이 쓰이는 실제 예를 보여 주는 〈용자례〉가 이어진다. 마지막으로 집필자인 집현전 학사 8명을 대표해서 정인지가 마무리 글을 쓴 것이 〈정인지 서문〉이다.

구성	정음 편		정음해례 편	
	어제 서문	어제 예의	해례	정인지 서문
집필자	세종		정인지, 최항, 박팽년, 신숙주, 성삼문, 강희안, 이개, 이선로	정인지

집현전 학사들이 쓴 「정음해례 편」 가운데 글자를 만들고 운용하는 원리를 자세히 설명한 다섯 개의 풀이[5해]와 한 개의 예시[1례] 텍스트를 합하여 '해례解例'라고 한다. 다시 말해 '해례'는 자세히 풀어쓰고[해解] 예를 들어 설명한다[례例]는 뜻이다. 우리가

이 책을 『훈민정음』 해례본이라고 부르는 것은 바로 이 '해례'에서 비롯한 것으로, 이를 도식화하면 아래와 같다.

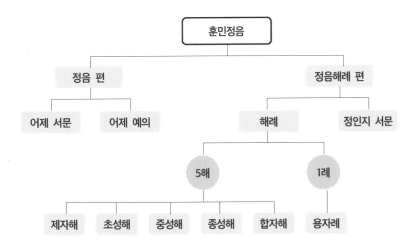

② 해례본의 형식적 특성

　여기에서는 해례본의 형식적 특성으로 「정음 편」과 「정음해례 편」의 짜임새, 그리고 글씨체의 차이 및 임금을 높이는 방식에 대해 설명한다.

가. 「정음 편」과 「정음해례 편」의 짜임새

　『훈민정음』 해례본은 33장 1책의 목판본으로, 왕과 신하의 저술이 구분되어 있었다는 것을 책의 형식적인 측면으로부터 확인할 수 있다. 먼저 세종이 쓴 「정음 편」은 총 4장 7면에 각 면마다 7행 11자로 구성되어 있다. 그리고 신하들이 쓴 「정음해례 편」은 총 26장 51면 3행에 각 면마다 8행 13자로 구성되어 있다. 이렇듯 한 면에 수록된 행수와 한 행에 들어 있는 글자 수에 차이를 보인다. 이는 세종이 쓴 부분의 글자 크기가 상대적으로 크기 때문에 판식板式을 달리한 것으로, 한 권의 책 안에 「정음 편」과 「정음해례 편」이 체제를 달리하고 있음을 보여 준다.

[사진 7] <어제 예의> [정음 3ㄱ]

[사진 8] <용자례> [정음해례 25ㄱ]

나. 글씨체의 차이[2]

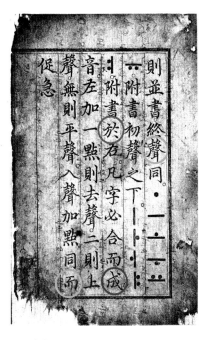

[사진 9] <어제 예의> 일부 [정음 4ㄱ]

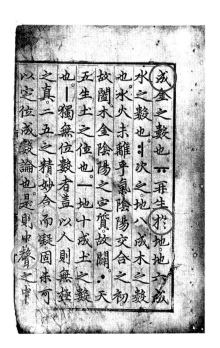

[사진 10] <제자해> 일부 [정음해례 7ㄱ]

정음 편	聲	於	成	而
정음해례 편	聲	於	成	而

세종이 집필한 「정음 편」과 신하들이 집필한 「정음해례 편」에서 대조적으로 눈에 띄는 것은 글씨체이다. 왼쪽 [사진 9-10]과 같이 동일한 한자에 대해 「정음 편」〈어제 예의〉의 글씨체는 흐트러짐 없이 반듯한 데 반해, 「정음해례 편」〈제자해〉의 글씨체는 조금 흘려 쓰였다. 「정음 편」의 글씨체는 대단히 정연하고 방정한 해서체楷書體이다. 당시 왕의 어제御製를 신하가 대필代筆할 경우 해서체를 쓰는 것이 관례였다. 이와 대조적으로 「정음해례 편」의 글씨체는 해서체와 행서체의 중간 정도인 해행서체楷行書體이다. 이렇듯 글씨체로서 왕이 집필한 부분과 신하가 집필한 부분이 확연히 구별된다.

다. 왕을 높이는 방식

『훈민정음』 해례본에는 세종에 대한 존경을 표하는 방법이 시각적으로 대단히 잘 나타나 있다. 신하의 개인적 글은 한 칸 내려 쓰거나, 세종 또는 세종과 관련된 대상을 언급할 때에는 줄을 바꾸거나 칸을 비우는 방법 등이 그것이다. 이는 『훈민정음』 해례본이 세종이 집필한 부분과 신하들이 쓴 부분을 합본한 것으로 출판 관례상 군신君臣의 구별이 반드시 필요했기 때문이다. 이에 「정음해례 편」에는 세종을 높이는 방법으로 칸 내리기, 줄 바꾸기, 칸 비우기 등이 나타난다.

---

2   [사진 9]~[사진 13]의 출처: 이상백(1957), 『한글의 기원』, 통문관.

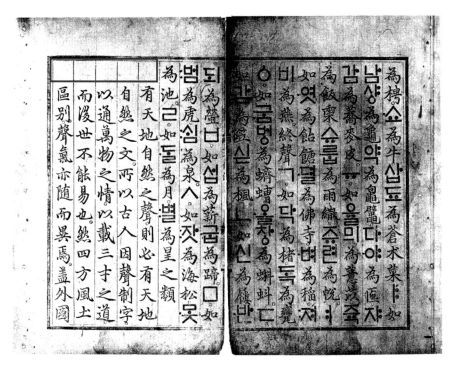

[사진 11] <용자례>와 <정인지 서문> 일부 [정음해례 26ㄱ~26ㄴ]

위 [사진 11]은 「정음해례 편」의 <용자례>에서 다음 텍스트인 <정인지 서문>으로 넘어가는 부분인데, <정인지 서문>은 <용자례>보다 한 글자 내려 적고 있음을 확인할 수 있다. 이는 <정인지 서문>에서만 나타나는 방식이다. <정인지 서문>의 경우 8인의 「정음해례 편」 집필자를 대표하여 정인지가 직접 지은 부분이기 때문에 한 칸을 내려쓴 '칸 내리기 방식'을 택하였다. 오른쪽 [사진 12]는 '칸 내리기 방식'뿐 아니라 '행 바꾸기 방식'과 '칸 비우기 방식'을 함께 보여 준다.

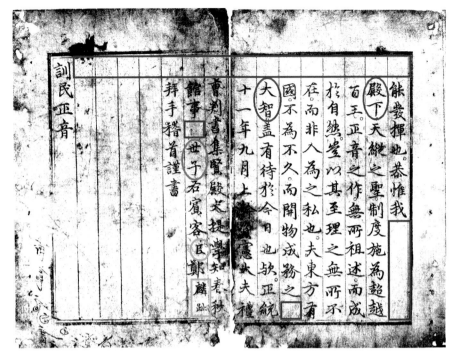

[사진 12] <정인지 서문>의 마지막 부분 [정음해례 29ㄱ~29ㄴ]

"殿下^{전하}", "大智^{대지}" 등은 쓰던 행을 비워 놓고 다음 행의 첫머리에 썼다. 세종을 직접 지칭하는 말이나 세종과 관련된 말이 나올 때 행이 끝나지 않아도 빈칸으로 처리하고 행을 아예 바꾸어 새로 시작하는 방식이다. 이와 달리 "世子^{세자}"의 경우에는 같은 행에서 한 글자 정도를 비워 놓았다. 세자는 세종에 비해 예우의 격이 낮으므로 행 바꾸기를 하지 않고 '칸 비우기 방식'으로 신하로서 세자에 대한 존경을 표시한 것이다.

한편, <정인지 서문>에는 ≪해례≫ 집필에 참여한 최항, 박팽년, 신숙주, 성삼문, 강희안, 이개, 이선로의 이름이 차례로 열거되고 정인지의 이름은 서문의 끝에 등장한다. 특이한 것은 신하들의 이름이 행의 반만 차지할 정도의 작은 글씨로 적혀 있다는 점이다. 위 [사진 12]에서 보듯 신하임을 가리키는 "臣^신"자는 글씨 크기를 작게 하고, 성^姓인 "鄭^정"은 일반 크기로, 이름인 "麟趾^{인지}"는 다시 작게 썼다. 이 또한 왕에 대한 존경과 군신^{君臣}의 구별을 책의 형식에 반영한 것이다.

③ 본문과 결訣의 구성

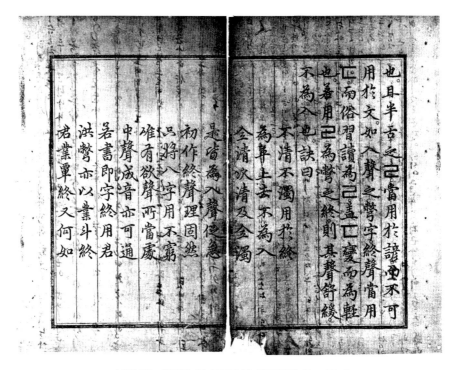

[사진 13] <종성해>의 본문과 결 [정음해례 19ㄱ~19ㄴ]

위 [사진 13]은 <종성해> 본문과 결訣의 구성을 보인 것인데,「정음해례 편」중 5해解인 <제자해>, <초성해>, <중성해>, <종성해>, <합자해>의 마지막 부분에는 이처럼 결訣이 구성되어 있다. 각 해解의 본문 내용을 구점(。)으로 마무리하고 곧바로 "訣曰결왈"이라 밝힌 후 행을 바꾸어 운문을 제시하였다. 7언 고시古詩의 성격을 띤 이 결訣은 본문과 달리 글자 석 자를 낮추어 적음으로써 일곱 자를 중앙에 위치시켰다. 이 결訣은 본문의 긴 설명을 읽고 난 뒤 곧바로 압축된 시를 한 번 더 읽음으로써 각 해解의 내용을 간략히 정리해 주는 기능을 한다. 앞서 기술한 산문의 내용을 운문으로 요약해 반복·암송하게 함으로써 주요 내용을 보다 쉽게 이해시키기 위한 전략적 장치라 할 수 있다.

◎ 더 알고 싶을 때

● 『훈민정음』 해례본의 발견과 보사 과정에 대해
안병희(2007), 『훈민정음연구』, 서울대출판부.
김주원(2013), 『훈민정음: 사진과 기록으로 읽는 한글의 역사』, 민음사.
한재영 외(2017), 『국보 제70호 훈민정음 정본 제작 연구 용역』(발간등록번호 11-1550000-001754-01),
　　　　　　문화재청.

● 『훈민정음』 해례본의 구성과 형식에 대해
백두현(2009), 《훈민정음》 해례본의 텍스트 구조 연구, 『국어학』 54, 국어학회, 75-107.
정우영(2014), 《훈민정음》 해례본의 '예의편' 구조와 '해례편'과의 상관관계, 『국어학』 72, 국어학회,
　　　　　　103-153.
김유범(2018), 『훈민정음』 ≪예의≫와 ≪해례≫의 성립 과정에 대한 재검토, 『우리말연구』 55, 우리말
　　　　　　학회, 121-141.
김부연(2018), 『훈민정음』 해례본의 텍스트 분석을 통한 국어교육적 연구, 고려대학교 박사학위논문.

제2부

자세히 읽어 보는

『훈민정음』 해례본

1. 맞춤법과 문장부호	- 맞춤법과 띄어쓰기는 '한글 맞춤법'(1988. 01. 19. 고시)을 따르는 것을 원칙으로 한다.
	- 국어사전은 국립국어원에서 간행한 『표준국어대사전』을 사용하는 것을 원칙으로 한다.
	- 문장부호의 사용은 다음과 같다.

( )
- 어려운 한자어를 풀이할 때: 예 아음(어금닛소리)
- 동일한 특성을 갖는 요소를 묶을 때: 예 수水(ㅗ, ㅠ)
- 그 밖에 필요한 설명을 제시할 때: 예 오음(아음, 설음, 순음, 치음, 후음)

[ ]
- 발음을 표기할 때: 예 한자 君(군)의 초성 발음([k])과 같다.
- 의미를 한자로 제시하고 풀이할 때: 예 ·붇[筆필, 붓]
- 원문의 한자를 제시하고 풀이할 때: 예 닫힌 특성[闔 원순모음]

『 』
- 책명을 표시할 때: 예 『태극도설太極圖說』

2. 문체	번역문의 문체는 다음과 같이 함을 원칙으로 한다.
	- 평이하고 간결한 현대문을 사용한다.
	- 시제는 현재형을 사용한다.
	- 피동사, 사동사, 이중부정의 표현은 가급적 사용하지 않는다.
3. 한자 병기	- 원문의 한자를 제시할 필요가 있거나 고유어에 해당하는 한자를 제시할 필요가 있을 때에는 위첨자를 사용하여 한자를 병기한다.
	예 음양은 하늘의 원리이고, 강유剛柔는 땅의 원리이다.
	예 사람[人], 땅[地], 하늘[天]
	- 최초 1회만 병기하는 것을 원칙으로 한다.
	- 한글과 한자가 동음(同音)일 때에는 ( ) 안에, 이음(異音)일 때에는 [ ] 안에 넣는다.
4. 한자음 표기	『훈민정음』 해례본과 언해본은 한자음 표기에서 차이가 있는데, 일부 종성 표기에서 그 차이를 살펴볼 수 있다.

해례본	언해본
쾌(快)	쾡(快)
ㅠ(虯)	뀰(虯)
변(彆)	볋(彆)
⋮	⋮

여기에서 언해본의 한자음 표기는 『동국정운』의 한자음 표기와 같다. 본서에서 제시하는 한자음 표기는 해례본의 한자음 표기 방식을 따랐다.

5. 한자음 제시 방식

원문의 한자는 한자음을 한자 바로 위에 병기한다. 원문 외에 한자음을 병기하는 경우는 다음과 같은 방식을 따른다.

- 한자음이 직접적인 설명의 대상이 될 때에는 '군(君)', '업(業)'과 같이 제시한다. 예 '군(君)' 자의 초성자 ㄱ은 중성자 ㅜ 위에 놓인다.
- 그 밖에 한자음에 대한 정보를 제공할 경우에는 위첨자로 제시한다. 예 八字可足用也[팔자가족용야]

6. 원문의 성점(聲點) 표시

종	상	위	색
縱	上	爲	索
평성	상성	거성	입성

7. 원문의 구두점(句讀點) 표시

구두점(句讀點)은 원문을 따른다. 다만 구점(句點)에서 두점(讀點)으로 수정한 것은 ◎로 표시한다.

8. 『훈민정음』 이미지 출전

- [정음], [정음해례]: 이상백(1957), 『한글의 기원』, 통문관.
- [정본안(1)], [정본안(2)]: 한재영 외(2017), 『국보 제70호 훈민정음 정본 제작 연구 용역』(발간등록번호 11-1550000-001754-01), 문화재청.
- [정음 언해]: 조규태 외(2007), 『훈민정음 언해본 이본 조사 및 정본 제작 연구』(발간등록번호 11-1550000-000436-01), 문화재청.

01 정음 편

1. 어제 서문

우리나라 말은 중국말과 달라서 한자로 쓴 글과 서로 통하지 않는다. 그러므로 백성 중에는 하고 싶은 말이 있어도 끝내 자신의 뜻을 글로 표현하지 못하는 사람이 많다. 내가 이를 딱하게 여겨 새로 28자를 만드니 사람마다 쉽게 익혀 날마다 사용함에 편안케 하고자 할 따름이다.

[정음 1ㄱ]

[원문]

國之語音◎異乎中國◎與文字不相流通。故愚民有所欲言◎而

終不得伸其情者多矣。予爲º¹此憫然◎新制二十八字◎欲使人

人易²習便於日用耳 [정음1ㄱ:2~6]

[정본안(1) 1ㄱ]

[언해문]

나·랏 :말ᄊᆞ·미 中듕國·귁·에 달·아 文문字ᄍᆞᆼ·와·로 서르 ᄉᆞᄆᆞᆺ·디 아·니

ᄒᆞᆯ·ᄊᆡ ·이런 젼·ᄎᆞ·로 어·린 百·ᄇᆡᆨ姓·셩·이 니르·고·져 ·홇 ·배 이·셔·도

ᄆᆞ·ᄎᆞᆷ:내 제 ·ᄠᅳ·들 시·러 펴·디 :몯 ᄒᆞᆯ ·노·미 하·니·라 ·내 ·이·ᄅᆞᆯ

爲·윙·ᄒᆞ·야 :어엿·비 너·겨 ·새·로 ·스·믈 여·듧 字·ᄍᆞᆼ·ᄅᆞᆯ 밍·ᄀᆞ노·니

:사ᄅᆞᆷ:마·다 :히·ᅇᅧ :수·ᄫᅵ 니·겨 ·날·로 ·ᄡᅮ·메 便뼌安한·킈 ᄒᆞ·고·져

ᄒᆞᆯ ᄯᆞᄅᆞ·미니·라 [정음 언해 1ㄱ:5~3ㄴ:2]

[정본안(2) 1ㄱ]

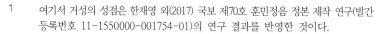

1   여기서 거성의 성점은 한재영 외(2017) 국보 제70호 훈민정음 정본 제작 연구(발간등록번호 11-1550000-001754-01)의 연구 결과를 반영한 것이다.

2   여기서 거성의 성점 역시 한재영 외(2017) 국보 제70호 훈민정음 정본 제작 연구(발간등록번호 11-1550000-001754-01)의 연구 결과를 반영한 것이다.

[해설]

이 부분은 세종대왕이 직접 지으신 서문으로서 새로운 문자를 만든 목적에 대해 언급한 것이다. 우리나라 말이 중국말과 달라서 한자로 쓴 글과 서로 통하지 않는다는 것은 중국어를 대상으로 만들어진 문자인 한자를 이용하여 우리말을 적는 일이 자연스럽지 못함을 말한다. 즉, 고립어에 해당하는 중국어는 "我愛人^{아애인}"(내가 남을 사랑한다)에서 볼 수 있듯이 각각의 단어 '我'(나), '愛'(사랑하다), '人'(남)이, 우리말의 조사 '가'나 '을', 어미 '-ㄴ다'와 같이 문법적인 기능을 하는 요소 없이 문장을 이룬다. 이때 한자 '我', '愛', '人'은 중국어 단어 하나하나가 각각 문자로 표현된 것으로서 차례로 주어, 서술어, 목적어의 순서로 결합해 중국어의 문장을 표현하게 된다.

반면 "내가 남을 사랑한다."와 같은 우리말 문장을 한자를 이용해 적는다면 어떻게 해야 할까? 단어 '나', '남', '사랑하다'는 각각 한자 '我', '人', '愛'를 이용해 적을 수 있겠으나, 우리말의 조사 '가'나 '을', 어미 '-ㄴ다'는 적기 어려우며 단어들의 순서도 '我愛人'이 아닌 '我人愛'의 순서로 결합되어야 우리말 문장이 된다. 실제로 향가에서는 우리말 '몸올'(몸을)을 한자 '身乙'로 적었는데, 이때 '身'(몸 신)은 한자의 뜻을, '乙'(새 을)은 한자의 음을 이용한 것이다. 이는 마치 몸에 맞지 않는 옷을 걸친 것처럼 어색하고 부자연스러운 상황이었다. 그래서 세종대왕은 우리말의 특성에 꼭 맞는 문자를 만들고자 했던 것이다.

원문의 '文字^{문자}'를 풀이하는 일은 쉽지 않다. 가장 먼저, 인간의 언어를 적는 데 사용하는 시각적인 기호 체계라는 '文字^{문자}'의 일반적인 뜻과 관련해 이를 중국의 문자인 '한자^{漢字}'로 파악해 보는 관점이 있을 수 있다. 이는 이제까지 제시된 가장 보편적인 견해이지만, 이렇게 파악했을 때 문장의 주어인 '國之語音^{국지어음}'이 '中國^{중국}'과 달라 '한자^{漢字}'로 서로 통하지 않는다는 전체 문장의 의미가 쉽게 이해되지 않는다. 이와는 달리 '文字^{문자}'를 중국의 문자인 한자로 보지 않고 이를 한자로 된 숙어나 성구^{成句} 또는 문장을 의미하는 것으로 보려는 관점도 있다. 예를 들면, "國之語音"이라는 구절 전체가 하나의 성구로서 '文字^{문자}'에 해당하고, 이러한 '文字^{문자}'를 우리말로 풀어 말한 것이 "나랏 말ᄊᆞ미"로서 이를 정음^{正音}이라고 파악하려는 입장이다. 실제로 『조선왕조실록』에서 사용된 '文字^{문자}'라는 용어는 매우 다양한 의미를 지니고 있는데, 많은 경우 '문서'의 의미로 쓰인 것을 볼 수 있다. '文字^{문자}'가 지닌 이와 같은 다양한 용법을 고려해 여기에서는 '文字^{문자}'를 '한자로 쓴 글'로 번역했다. 즉 이때 '文字^{문자}'는 '한자' 자체만을 가리키는 것이 아니라, 한자로 쓰인 다양한 내용의 글 전체를 가리킴으로써 백성들이 말하고자 하는 바를 한자로 적은 것이라고 이해해 볼 수 있다. "나랏 말ᄊᆞ미"라고 소리 낸 백성의 말을 "國之語音"이라

[정음 언해 1ㄱ]

[정음 언해 1ㄴ]

[정음 언해 2ㄱ]

고 적음으로써 말과 문자가 서로 소통되지 못하는 상황을 세종대왕은 안타깝게 여겼던 것이다. 뜻이 중심이 되어 말을 적는 한자와는 달리, 소리 나는 대로 우리말을 적을 수 있는 문자, 소리가 곧 문자가 되는 '훈민정음訓民正音'이 바로 세종대왕이 백성들을 위해 창제한 새로운 문자였다.

사용하는 말과 이를 적는 글이 전혀 달랐던 우리의 오랜 어문생활 전통은 백성 누구나가 자신이 말하고 싶은 바를 쉽게 글로 적을 수 있게 해 주지 못했다. "나는 너를 사랑하노라."라고 말하고 한문으로 '我愛汝아애여' 또는 향찰로 '我隱(나는)汝乙(너를)愛奴羅(사랑하노라)'라고 적음으로써 입으로 소리 내는 말과 손으로 쓰는 글이 일치하지 못했다. 세종대왕은 이에 대해 심각하게 고민하고 '말과 글의 일치'를 새 문자의 기본 정신으로 삼았다. 새 문자의 이름이 '訓民正字훈민정자'가 아니라 '訓民正音훈민정음'인 것도 말소리가 바로 문자가 되고, 문자를 소리 내어 읽으면 그것이 곧 말소리가 되도록 한 세종대왕의 깊은 뜻이 새 문자에 담겼기 때문이다. '訓民正音훈민정음'에 대한 언해문의 풀이, 즉 "百姓백성 ᄀᆞ르치시논 正정ᄒᆞᆫ 소리"는 우리들로 하여금 이러한 뜻을 되새겨 보도록 한다.

한편, 원문의 '愚民우민'을 '백성'으로 풀이하였다. '愚民우민'은 통상 '어리석은 백성'이라고 풀이되고 있지만, 『조선왕조실록』 등을 보면 백성이나 평민을 가리킬 때 '愚民우민'이라는 표현을 많이 사용하고 있음을 확인할 수 있다. 여기 서문에서도 세종이 자기 백성을 '愚民우민'이라 표현했다고 해서 이것이 백성을 비하한 것이라 보기는 어렵다. 이 서문에는 글을 배우지 못해 자신이 하고 싶은 말을 글로 표현할 줄 모르는 백성들에 대한 사랑과 안타까운 마음이 담겨 있기 때문이다. 더불어 '어엿비 너겨'로 언해된 원문의 '憫然민연'은 '딱하게 여겨'로 풀이했는데, 이 역시 글 모르는 백성에 대한 안타까운 연민이 배어나도록 풀이하고자 한 것이다.

또한 원문 "而終不得伸其情者多矣이종부득신기정자다의"의 '者자'를 '경우'로 번역해야 한다는 입장도 있다. 한문에서 '者자'가 '사람'뿐만 아니라 '경우'라는 의미로 쓰이는 때가 많다는 점이 이러한 입장의 근거가 된다. 물론 이러한 견해도 가능할 수 있겠으나, 언해문에서 '者자'를 '놈'으로 언해하였고 일반적으로 많은 경우 언해문의 '놈'은 '사람'으로 번역되었으므로 여기에서도 이를 따랐다.

[정음 언해 2ㄴ]

[정음 언해 3ㄱ]

[정음 언해 3ㄴ]

2. 어제 예의

❶ 초성자   ❺ 나란히쓰기[並書^{병서}]

❷ 중성자   ❻ 붙여쓰기[附書^{부서}]

❸ 종성자   ❼ 음절 단위로 모아쓰기

❹ 이어쓰기[連書^{연서}]   ❽ 점찍기

❶ 초성자

[정음 1ㄱ]

[정본안(1) 1ㄱ]

[정본안(2) 1ㄱ]

ㄱ은 아음(어금닛소리) 글자이니, 그 소리는 한자 君(군)의 초
성 발음([k])과 같다.

나란히 쓰면(ㄲ), 그 소리는 한자 虯(뀨)의 초성 발음
([k*])과 같다.

ㅋ은 아음(어금닛소리) 글자이니, 그 소리는 한자 快(쾌)의 초
성 발음([kʰ])과 같다.

ㆁ은 아음(어금닛소리) 글자이니, 그 소리는 한자 業(업)의
초성 발음([ŋ])과 같다.

ㄷ은 설음(혓소리) 글자이니, 그 소리는 한자 斗(두)의 초성
발음([t])과 같다.

나란히 쓰면(ㄸ), 그 소리는 한자 覃(땀)의 초성 발음([t*])
과 같다.

ㅌ은 설음(혓소리) 글자이니, 그 소리는 한자 呑(툰)의 초성
발음([tʰ])과 같다.

ㄴ은 설음(혓소리) 글자이니, 그 소리는 한자 那(나)의 초성
발음([n])과 같다.

ㅂ은 순음(입술소리) 글자이니, 그 소리는 한자 彆(변)의 초성 발음([p])과 같다.

나란히 쓰면(ㅃ), 그 소리는 한자 步(뽀)의 초성 발음([p*])과 같다.

ㅍ은 순음(입술소리) 글자이니, 그 소리는 한자 漂(표)의 초성 발음([pʰ])과 같다.

ㅁ은 순음(입술소리) 글자이니, 그 소리는 한자 彌(미)의 초성 발음([m])과 같다.

ㅈ은 치음(잇소리) 글자이니, 그 소리는 한자 卽(즉)의 초성 발음([ts])과 같다.

나란히 쓰면(ㅉ), 그 소리는 한자 慈(쯔)의 초성 발음([ts*])과 같다.

ㅊ은 치음(잇소리) 글자이니, 그 소리는 한자 侵(침)의 초성 발음([tsʰ])과 같다.

ㅅ은 치음(잇소리) 글자이니, 그 소리는 한자 戌(슏)의 초성 발음([s])과 같다.

나란히 쓰면(ㅆ), 그 소리는 한자 邪(쌰)의 초성 발음([s*])과 같다.

ㆆ은 후음(목구멍소리) 글자이니, 그 소리는 한자 挹(흡)의 초성 발음([ʔ])과 같다.

ㅎ은 후음(목구멍소리) 글자이니, 그 소리는 한자 虛(허)의 초성 발음([h])과 같다.

나란히 쓰면(ㆅ), 그 소리는 한자 洪(뽕)의 초성 발음([h*])과 같다.

ㅇ은 후음(목구멍소리) 글자이니, 그 소리는 한자 欲(욕)의 초성 발음(ø)과 같다.

ㄹ은 반설음(반혓소리) 글자이니, 그 소리는 한자 閭(려)의 초

[정음 1ㄴ]

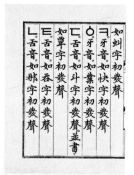

[정본안(1) 1ㄴ]

[정본안(2) 1ㄴ]

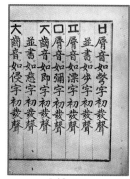

[정음 2ㄱ]

[정본안(1) 2ㄱ]

[정본안(2) 2ㄱ]

[정음 2ㄴ]

[정본안(1) 2ㄴ]

성 발음([l])과 같다.

△은 반치음(반잇소리) 글자이니, 그 소리는 한자 穰(샹)의

초성 발음([z])과 같다.

[원문]

ㄱ。牙音。如君字初發聲

並書◎如虯字初發聲

ㅋ。牙音。如快字初發聲

ㆁ。牙音。如業字初發聲

ㄷ。舌音。如斗字初發聲

並書◎如覃字初發聲

ㅌ。舌音。如吞字初發聲

ㄴ。舌音。如那字初發聲

ㅂ。脣音。如彆字初發聲

並書◎如步字初發聲

ㅍ。脣音。如漂字初發聲

ㅁ。脣音。如彌字初發聲

ㅈ。齒音。如卽字初發聲

並書◎如慈字初發聲

ㅊ。齒音。如侵字初發聲

ㅅ。齒音。如戌[3]字初發聲

---

3   여기에서의 '戌' 자는 해례본과 언해본 및 실록에서 자형이 다르게 나타난다.

해례본	언해본		실록	
戌	戌	戌	戌	戌

해례본과 실록의 자형, 그리고 언해본의 두 번째 자형이 '戌' 자처럼 보이기 때문에

並書◦如邪字初發聲

ㆆ◦喉音◦如挹字初發聲

ㅎ◦喉音◦如虛字初發聲

並書◦如洪字初發聲

ㅇ◦喉音◦如欲字初發聲

ㄹ◦半舌音◦如閭字初發聲

ㅿ◦半齒音◦如穰字初發聲 [정음 1ㄱ:7~3ㄱ:1]

[정본안(2) 2ㄴ]

[언해문]

ㄱ·는 :엄쏘·리·니 君군ㄷ字·쭝 ·처섬 ·펴·아 ·나는 소·리 ·ᄀᆞ·트·니
골·ᄫᅡ ·쓰·면 虯ᅟᅲᆯᄫ字·쭝 ·처섬 ·펴·아 ·나는 소·리 ·ᄀᆞ·트니·
라

ㅋ·는 :엄쏘·리·니 快쾡ᅙ字·쭝 ·처섬 ·펴·아 ·나는 소·리 ·ᄀᆞ·트니·라

ㆁ·는 :엄쏘·리·니 業업字·쭝 ·처섬 ·펴·아 ·나는 소·리 ·ᄀᆞ·트니·라

ㄷ·는 ·혀쏘·리·니 斗ᅟᅮᇂᄫ字·쭝 ·처섬 ·펴·아 ·나는 소·리 ·ᄀᆞ트·니
골·ᄫᅡ ·쓰·면 覃땀ㅂ字·쭝 ·처섬 ·펴·아 ·나는 소·리 ·ᄀᆞ·트니·
라

[정음 3ㄱ]

[정음 언해 3ㄴ]

이를 따라 원문의 '如戌字初發聲'의 '戌' 자를 '戍' 자로 보아야 한다는 입장도
있다. 그러나 언해본의 첫 번째 자형은 '戌' 자로 기록되어 있으며, 첫 번째 자형과
두 번째 자형 모두 언해본에서는 ':슗'과 같이 한자음을 기록하고 있다. 또한 〈어제
예의〉의 '❷ 중성자' 부분에서 중성자를 설명하는 데 사용된 한자들을 보면 모두
받침을 가지고 있음을 알 수 있는데, 만약 '如戌字初發聲'의 '戌' 자를 '戍' 자로
본다면 중성자를 설명하는 데 사용된 한자 중 '戍' 자만 받침을 갖지 않은 한자가
된다. 이러한 점들을 고려하여 이 책에서는 해례본 원문의 글자를 '戌' 자로 파악하
였다. 『說文解字』(戌部)에서는 "「戌」爲「戌」之異體."라고 하여 '戌' 자가 '戌'
자의 이체異體가 된다고 하였으므로 해례본과 언해본 및 실록에서 '戌' 자처럼
보이는 것은 '戌' 자의 이체자異體字로 볼 수 있다.

[정음 언해 4ㄱ]

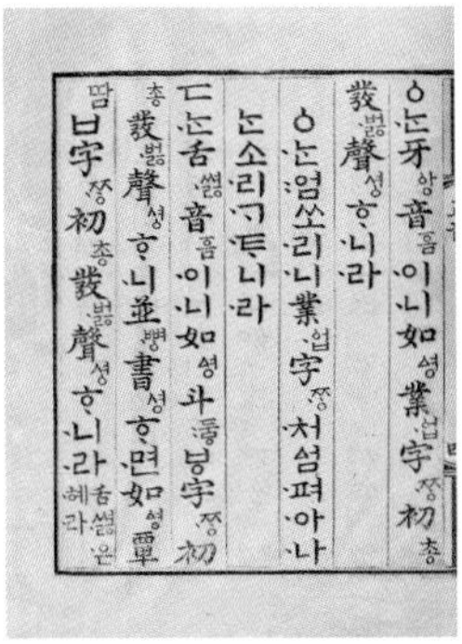
ㆁᄂᆞᆫ牙音이니如業字初
發聲ᄒᆞ니라
ㆁᄂᆞᆫ엄쏘리니業字처ᅀᅥᆷ펴아나
ᄂᆞᆫ소리ᄀᆞᄐᆞ니라
ㄷᄂᆞᆫ舌音이니如斗ᇢ字初
發聲ᄒᆞ니並書ᄒᆞ면如覃
ㅂ字初發聲ᄒᆞ니라 舌ᄋᆞᆫ혜라

[정음 언해 4ㄴ]

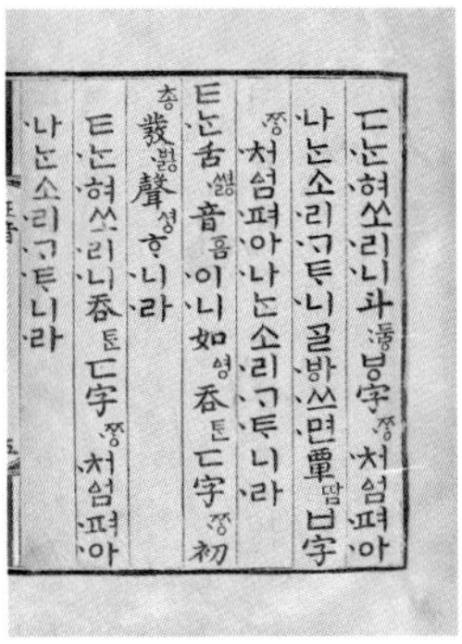
ㄷᄂᆞᆫ혀쏘리니斗ᇢ字처ᅀᅥᆷ펴아
나ᄂᆞᆫ소리ᄀᆞᄐᆞ니ᄀᆞᆯᄫᅡ쓰면覃ㅂ字
처ᅀᅥᆷ펴아나ᄂᆞᆫ소리ᄀᆞᄐᆞ니라
ㅌᄂᆞᆫ舌音이니如呑ㄷ字初
發聲ᄒᆞ니라
ㅌᄂᆞᆫ혀쏘리니呑ㄷ字처ᅀᅥᆷ펴아
나ᄂᆞᆫ소리ᄀᆞᄐᆞ니라

[정음 언해 5ㄱ]

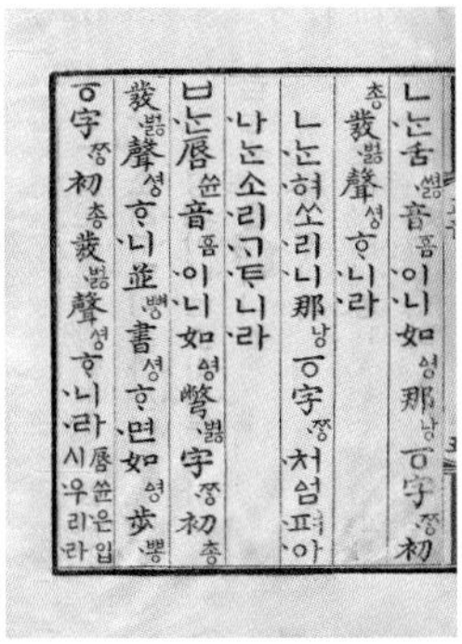
ㄴᄂᆞᆫ舌音이니如那ㆆ字初
發聲ᄒᆞ니라
ㄴᄂᆞᆫ혀쏘리니那ㆆ字처ᅀᅥᆷ펴아
나ᄂᆞᆫ소리ᄀᆞᄐᆞ니라
ㅂᄂᆞᆫ脣音이니如彆字初
發聲ᄒᆞ니並書ᄒᆞ면如步
ㆆ字初發聲ᄒᆞ니라 脣ᄋᆞᆫ입시우리라

[정음 언해 5ㄴ]

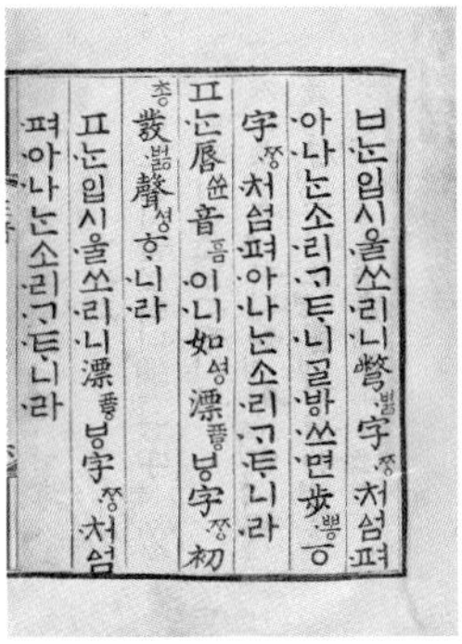
ㅂᄂᆞᆫ입시울쏘리니彆字처ᅀᅥᆷ펴
아나ᄂᆞᆫ소리ᄀᆞᄐᆞ니ᄀᆞᆯᄫᅡ쓰면步ㆆ
字처ᅀᅥᆷ펴아나ᄂᆞᆫ소리ᄀᆞᄐᆞ니라
ㅍᄂᆞᆫ脣音이니如漂ᄫ字初
發聲ᄒᆞ니라
ㅍᄂᆞᆫ입시울쏘리니漂ᄫ字처ᅀᅥᆷ
펴아나ᄂᆞᆫ소리ᄀᆞᄐᆞ니라

[정음 언해 6ㄱ]

ㅌ·ᄂᆞᆫ ·혀쏘·리·니 呑ᄐᆫㄷ字·ᄍᆼ ·처ᅀᅥᆷ ·펴·아 ·나ᄂᆞᆫ 소·리 ·ᄀᆞ·ᄐᆞ니·라

ㄴ·ᄂᆞᆫ ·혀쏘·리·니 那낭ㆆ字·ᄍᆼ ·처ᅀᅥᆷ ·펴·아 ·나ᄂᆞᆫ 소·리 ·ᄀᆞ·ᄐᆞ니·라

ㅂ·ᄂᆞᆫ 입시·울쏘·리·니 彆볋字·ᄍᆼ ·처ᅀᅥᆷ ·펴·아 ·나ᄂᆞᆫ 소·리 ·ᄀᆞ·ᄐᆞ·니 ᄀᆞᆯ·ᄫᅡ ·쓰·면 步뽕ㆆ字·ᄍᆼ ·처ᅀᅥᆷ ·펴·아 ·나ᄂᆞᆫ 소·리 ·ᄀᆞ·ᄐᆞ니·라

ㅍ·ᄂᆞᆫ 입시·울쏘·리·니 漂푷ᄫ字·ᄍᆼ ·처ᅀᅥᆷ ·펴·아 ·나ᄂᆞᆫ 소·리 ·ᄀᆞ·ᄐᆞ니·라

ㅁ·ᄂᆞᆫ 입시·울쏘·리·니 彌밍ㆆ字·ᄍᆼ ·처ᅀᅥᆷ ·펴·아 ·나ᄂᆞᆫ 소·리 ·ᄀᆞ·ᄐᆞ니·라

ㅈ·ᄂᆞᆫ ·니쏘·리·니 卽·즉字·ᄍᆼ ·처ᅀᅥᆷ ·펴·아 ·나ᄂᆞᆫ 소·리 ·ᄀᆞ·ᄐᆞ·니 ᄀᆞᆯ·ᄫᅡ ·쓰·면 慈ᄍᆼㆆ字·ᄍᆼ ·처ᅀᅥᆷ ·펴·아 ·나ᄂᆞᆫ 소·리 ·ᄀᆞ·ᄐᆞ니·라

ㅊ·ᄂᆞᆫ ·니쏘·리·니 侵침ㅂ字·ᄍᆼ ·처ᅀᅥᆷ ·펴·아 ·나ᄂᆞᆫ 소·리 ·ᄀᆞ·ᄐᆞ니·라

ㅅ·ᄂᆞᆫ ·니쏘·리·니 戌·슗字·ᄍᆼ ·처ᅀᅥᆷ ·펴·아 ·나ᄂᆞᆫ 소·리 ·ᄀᆞ·ᄐᆞ·니 ᄀᆞᆯ·ᄫᅡ ·쓰·면 邪썅ㆆ字·ᄍᆼ ·처ᅀᅥᆷ ·펴·아 ·나ᄂᆞᆫ 소·리 ·ᄀᆞ·ᄐᆞ니·라

ㆆ·ᄂᆞᆫ 목소·리·니 挹·흡字·ᄍᆼ ·처ᅀᅥᆷ ·펴·아 ·나ᄂᆞᆫ 소·리 ·ᄀᆞ·ᄐᆞ니·라

ㅎ·ᄂᆞᆫ 목소·리·니 虛헝ㆆ字·ᄍᆼ ·처ᅀᅥᆷ ·펴·아 ·나ᄂᆞᆫ 소·리 ·ᄀᆞ·ᄐᆞ·니 ᄀᆞᆯ·ᄫᅡ ·쓰·면 洪ᅘᅩᆼㄱ字·ᄍᆼ ·처ᅀᅥᆷ ·펴·아 ·나ᄂᆞᆫ 소·리 ·ᄀᆞ·ᄐᆞ니·라

ㅇ·ᄂᆞᆫ 목소·리·니 欲·욕字·ᄍᆼ ·처ᅀᅥᆷ ·펴·아 ·나ᄂᆞᆫ 소·리 ·ᄀᆞ·ᄐᆞ니·라

ㄹ·ᄂᆞᆫ 半·반혀쏘·리·니 閭령ㆆ字·ᄍᆼ ·처ᅀᅥᆷ ·펴·아 ·나ᄂᆞᆫ 소·리 ·ᄀᆞ·ᄐᆞ니·라

ㅿ·ᄂᆞᆫ 半·반·니쏘·리·니 穰ᅀᅣᇰㄱ字·ᄍᆼ ·처ᅀᅥᆷ ·펴·아 ·나ᄂᆞᆫ 소·리 ·ᄀᆞ·ᄐᆞ니·라 [정음 언해 4ㄱ:1~9ㄱ:7]

[해설]

이 부분은 초성에 쓰이는 17개의 글자, 보다 정확히는 6개의 나란히 쓴 글자(ㄲ, ㄸ, ㅃ, ㅉ, ㅆ, ㆅ)를 포함한 23개의 글자가 오음(아음, 설음, 순음, 치음, 후음) 중 어떤 말소리를 적을 때 사용되는지와 더불어 그 글자가 나타내는 음가를 한자의 음을 통해 설명한 것이다.

오늘날 [기역]이라고 읽는 'ㄱ'은 당시에는 [기]로 읽었을 가능성이 높은 것으로 생각된다. 그것은 최세진이 편찬한 한자 학습서 『훈몽자회訓蒙字會』(1527)의 「언문자모諺文字母」에 'ㄱ'의 음가를 초성에서는 한자 '其(기)'로 소개하고 있는 점과 더불어 『훈민정음』 언해본의 "ㄱ는 엄쏘리니 君ㄷ字 처엄 펴어 나는 소리 ㄱ 튼니"에서 'ㄱ' 다음에 보조사 '는'이 쓰인 점을 통해 추정해 볼 수 있다.

한편, 이때 사용된 한자의 음은 세종대왕 때의 현실 한자음이 아닌, 『훈민정음』 집필 당시에 새로 정하고 있던 규범적인 한자음이었다는 것이 특징이다. 후에 '동국정운식 한자음'으로 불리게 된 이 한자음은 본래의 중국 한자음과 당시 우리나라의 현실 한자음을 절충한 인위적인 특성을 지니고 있다. 한자의 음을 활용해 새로 만든 17개 초성자(병서자를 포함하면 23개)의 음가를 보인 이와 같은 설명 방식은 당시로서는 최선이자 또 다른 선택의 여지가 없었던 유일한 방안이었다고 할 수 있다.

초성자의 음가 설명 중 ㅈ, ㅉ, ㅊ이 나타내는 소리를 각각 [ts], [ts*], [tsʰ]로 적은 것에 유의할 필요가 있다. 현대 국어에서 ㅈ, ㅉ, ㅊ은 경구개 파찰음([tɕ], [tɕ*], [tɕʰ])을 적는 데 쓰이지만, 이 글자들이 만들어질 당시인 15세기에는 오늘날과는 달리 치경(또는 치조) 파찰음을 적는 데 쓰였다는 점이 주목된다. 이것으로부터 우리말 자음 ㅈ, ㅉ, ㅊ의 발음 위치가 역사적으로 변화했다는 것을 알 수 있다.

[정음 언해 6ㄴ]

[정음 언해 8ㄱ]

[정음 언해 7ㄱ]

[정음 언해 8ㄴ]

[정음 언해 7ㄴ]

[정음 언해 9ㄱ]

❷ 중성자

[정음 3ㄱ]

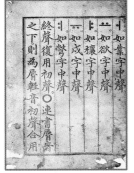

[정음 3ㄴ]

[정음 언해 9ㄴ]

[정음 언해 10ㄱ]

· 의 소리는 한자 呑(톤)의 중성 발음([ʌ])과 같다.

ㅡ 의 소리는 한자 卽(즉)의 중성 발음([ɨ])과 같다.

ㅣ 의 소리는 한자 侵(침)의 중성 발음([i])과 같다.

ㅗ 의 소리는 한자 洪(뽕)의 중성 발음([o])과 같다.

ㅏ 의 소리는 한자 覃(땀)의 중성 발음([a])과 같다.

ㅜ 의 소리는 한자 君(군)의 중성 발음([u])과 같다.

ㅓ 의 소리는 한자 業(업)의 중성 발음([ə])과 같다.

ㅛ 의 소리는 한자 欲(욕)의 중성 발음([jo])과 같다.

ㅑ 의 소리는 한자 穰(샹)의 중성 발음([ja])과 같다.

ㅠ 의 소리는 한자 戌(슌)의 중성 발음([ju])과 같다.

ㅕ 의 소리는 한자 彆(변)의 중성 발음([jə])과 같다.

[원문]

·。如呑字中聲
　여 탄 자 중 성

ㅡ。如卽字中聲
　여 즉 자 중 성

ㅣ。如侵字中聲
　여 침 자 중 성

ㅗ。如洪字中聲
　여 홍 자 중 성

ㅏ。如覃字中聲
　여 담 자 중 성

ㅜ。如君字中聲
　여 군 자 중 성

ㅓ。如業字中聲
　여 업 자 중 성

ㅛ。如欲字中聲
　여 욕 자 중 성

ㅑ。如穰字中聲
　여 양 자 중 성

ㅠ。如戌字中聲 ^{여 술 자 중 성}

ㅕ。如彆字中聲 [정음 3ㄱ:2~3ㄴ:5] ^{여 별 자 중 성}

[언해문]

·· 는 呑_툰ㄷ字_쫑 가·온·딧 소·리 ·ㄱ·ㅌ·니·라

ㅡ·는 卽_즉字_쫑 가·온·딧 소·리 ·ㄱ·ㅌ니·라

ㅣ·는 侵_침ㅂ字_쫑 가·온·딧 소·리 ·ㄱ·ㅌ·니·라

ㅗ·는 洪_뽕ㄱ字_쫑 가·온·딧 소·리 ·ㄱ·ㅌ·니·라

ㅏ·는 覃_땀ㅂ字_쫑 가·온·딧 소·리 ·ㄱ·ㅌ·니·라

ㅜ·는 君_군ㄷ字_쫑 가·온·딧 소·리 ·ㄱ·ㅌ·니·라

ㅓ·는 業_업字_쫑 가·온·딧 소·리 ·ㄱ·ㅌ니·라

ㅛ·는 欲_욕字_쫑 가·온·딧 소·리 ·ㄱ·ㅌ니·라

ㅑ·는 穰_샹ㄱ字_쫑 가·온·딧 소·리 ·ㄱ·ㅌ·니·라

ㅠ·는 戌_슗字_쫑 가·온·딧 소·리 ·ㄱ·ㅌ니·라

ㅕ·는 彆_볋字_쫑 가·온·딧 소·리 ·ㄱ·ㅌ니·라 [정음 언해 9ㄴ:3~11ㄴ:1]

[해설]

　이 부분은 초성자의 경우와 마찬가지로 중성에 쓰이는 11개 글자의 음가를 한자의 음을 통해 소개한 것이다. 일례로 새로운 문자 ·는 한자 '呑'의 음 [튼]/[tʰʌn]에서 가운뎃소리 [·]/[ʌ]의 음가를 지니고 있다는 설명 방식을 취했다. 이때 동원된 한자들은 초성의 음가를 설명할 때 사용되었던 한자들을 다시 활용하고 있는데, 이것은 새로운 문자의 음가를 설명하기 위해 제시된 한자들이 매우 신중하고 치밀하게 선정되었음을 보여 준다.

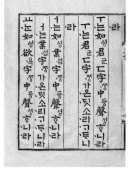

[정음 언해 10ㄴ]

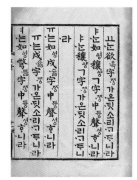

[정음 언해 11ㄱ]

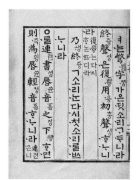

[정음 언해 11ㄴ]

❸ 종성자

종성자는 초성자를 다시 사용한다.

[원문]

終聲復用初聲。 [정음 3ㄴ:6]
^{종 성 부 용 초 성}

[정음 3ㄴ]

[언해문]

乃:냉終쭝ㄱ 소·리·논 다·시 ·첫소·리·롤 ·쓰·ᄂᆞ니·라 [정음 언해 11ㄴ:4~5]

[해설]

　이 부분은 종성을 적는 데 사용할 글자를 별도로 만들지 않고 초성을 적는 데
사용한 글자를 다시 사용한다고 설명한 것이다. 초성과 종성은 모두 자음에 해당하는
소리로 기본적으로는 같은 특성을 지니고 있기 때문에, 이를 별도의 글자로 만들지
않은 것은 뛰어난 음성학적 관찰과 음운론적 해석을 보인 것으로 평가된다.

　『훈몽자회』의 언문자모에서는 초성을 적는 데에만 쓰이는 글자에 대해서는 초성
을 적은 예 하나만을 제시했다. 즉, 초성을 적는 데에만 쓰이는 ㅈ에 대해서는
그 음가를 '之(지)' 한 글자로만 소개했다. 반면 초성과 종성을 적는 데 모두 쓰이는
글자에 대해서는 초성을 적는 데 쓰인 예와 종성을 적는 데 쓰인 예를 각각 제시했다.
한 예로 초성과 종성을 모두 적는 데 쓰이는 ㄱ에 대해서는 그 음가를 초성에서는
한자 '其(기)'로, 종성에서는 한자 '役(역)'으로 소개했다. 이러한 사실은 당시 사람들
이 초성과 종성은 기본적으로 같은 특성을 지닌 소리라는 것을 분명하게 이해하고
있었음을 보여 준다.

[정음 언해 11ㄴ]

❹ 이어쓰기[連書^{연서}]

　○ 글자를 순음(입술소리) 글자 아래에 이어 쓰면 순경음(입술 가벼운소리) 글자가 된다.

[원문]

○連書^{순음}脣音^{지하}之下[○]。則爲脣輕音^음。[정음 3ㄴ:6~7]

[정음 3ㄴ]

[언해문]

ㅇ·를 입시·울쏘·리 아래 니·서 ·쓰·면 입시·울 가·비야·ᄫᆞᆫ 소·리 ᄃᆞ외ᄂᆞ·니·라 [정음 언해 12ㄱ:3~4]

[해설]

　이 부분은 15세기 당시의 순경음(입술가벼운소리)을 표기하는 방법을 설명한 것이다. 즉 순음(입술소리) 글자 ㅂ 아래에 후음(목구멍소리) 글자 ㅇ을 이어서 쓴 ㅸ이 순경음(입술가벼운소리) 글자가 됨을 설명했다. 순음(입술소리)에는 순중음(脣重音 입술무거운소리)과 순경음(脣輕音 입술가벼운소리)이 있는데, 전자는 파열음(폐쇄음)의 특성을, 후자는 마찰음의 특성을 갖는다. ㅸ 외에도 ㅹ, ㅱ과 같은 순경음 글자들이 있다.

[정음 언해 11ㄴ]

[정음 언해 12ㄱ]

[정음 3ㄴ]

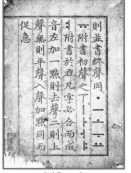

[정음 4ㄱ]

[정음 언해 12ㄱ]

[정음 언해 12ㄴ]

❺ 나란히쓰기[並書병서]

초성자들을 합쳐 쓰려면 나란히 쓴다. 종성자들도 마찬가지다.

[원문]

초 성 합 용 즉 병 서　종 성 동
初聲合用則並書○終聲同 。 [정음 3ㄴ:7~4ㄱ:1]

[언해문]

·첫소·리·를 어·울·워 ·쓿 ·디·면 골·바 ·쓰·라 乃:냉終즁ㄱ 소·리·도 호가·지·라 [정음 언해 12ㄴ:1~2]

[해설]

　이 부분은 자음 글자들을 왼쪽에서부터 오른쪽으로 차례로 나란히 쓰면 당시 우리말의 된소리나 어두 자음군(2개 이상의 자음이 연속해 발음되는 자음 결합체)을 표기할 수 있다고 규정한 것이다. 이는 ㄲ, ㄸ, ㅃ, ㅉ 등과 같은 이른바 각자병서뿐만 아니라 ㅄ, ㅼ, ㅴ 등과 같은 합용병서도 포함해 설명한 것인데, 초성을 적을 때는 물론이고 ㄺ, ㄹㅂ, ㅄ 등과 같은 종성을 적을 때에도 마찬가지라는 점을 언급하고 있다.

　한편, "골바 쓰라"에서 볼 수 있듯이 언해문이 명령문으로 되어 있는 것과는 달리 여기에서는 "나란히 쓴다."와 같이 평서문으로 현대어 번역을 제시했다. 그동안 언해문이 현대어 번역에 끼친 영향은 매우 컸다고 할 수 있다. 그러나 이번 번역에서는 텍스트의 전체적인 상황과 더불어 자연스러운 현대어 번역의 필요성을 고려해 평서문 형식의 새로운 번역을 제시했다.

❻ 붙여쓰기[附書^{부서}]

‧, ㅡ, ㅗ, ㅜ, ㅛ, ㅠ는 초성자의 아래에 붙여 쓰고 ㅣ, ㅏ, ㅓ, ㅑ, ㅕ는 초성자의 오른쪽에 붙여 쓴다.

[원문]

‧ㅡㅗㅜㅛㅠ。附書初聲之下^{부서초성지하}。ㅣㅏㅓㅑㅕ。附書於右^{부서어우}。

[정음 4ㄱ:1~3]

[언해문]

‧‧와 ㅡ와 ㅗ와 ㅜ와 ㅛ와 ㅠ와란 ‧첫소‧리 아래 브‧텨 ‧쓰‧고 ㅣ‧와 ㅏ‧와 ㅓ‧와 ㅑ‧와 ㅕ‧와란 ‧올흔 녀‧긔 브‧텨 ‧쓰‧라

[정음 언해 12ㄴ:5~13ㄱ:3]

[해설]

이 부분은 숭성자를 초성사의 어느 위치에 붙어 쓸 것인가에 대해 중성자의 유형, 즉 가로형인지 세로형인지에 따라 그 위치가 달라짐을 언급한 것이다. 이와 같은 내용은 초성자, 중성자, 종성자를 음절 단위로 모아쓰는 것이 기본적으로 전제되어 있음을 말해 준다.

[정음 4ㄱ]

[정음 언해 12ㄴ]

[정음 언해 13ㄱ]

❼ 음절 단위로 모아쓰기

무릇 글자는 반드시 초성, 중성, 종성을 합쳐 음절을 이루어
써야 한다.

[원문]

범 자 필 합 이 성 음
凡字·必合而成音。 [정음 4ㄱ:3~4]

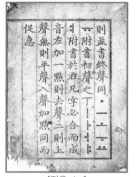

[정음 4ㄱ]

[언해문]

믈읫 字·쫑ㅣ 모·로·매 어·우러·사 소·리 :이ᄂᆞ·니 [정음 언해 13ㄱ:6~7]

[정음 언해 13ㄱ]

[해설]

이 부분은 말소리에서 초성, 중성, 종성이 결합해 음절이라는 더 큰 말소리 단위를
이루는 것처럼, 새로운 문자를 사용함에 있어서도 초성자, 중성자, 종성자를 하나의
단위, 즉 음절 단위로 모아쓴다는 점을 규정한 것이다. 이처럼 음소 단위로 만들어진
문자를 다시 음절 단위로 모아쓰는 것은 독특한 문자 운용 방식이라고 할 수 있는데,
이를 통해 발음 단위와 표기 단위가 일치하게 됨으로써 문자의 가독성 또한 높아졌다
는 점이 높이 평가될 수 있다.

"믈읫~소리 이ᄂᆞ니"로 되어 있는 [언해문]의 번역 양상을 참고하면 이 부분을
종결형이 아닌 연결형으로 번역해 볼 수도 있다. 특히 다음 부분의 성조를 나타내기
위한 점찍기가 모아쓴 음절 단위를 전제로 한다는 점을 고려하면, 연결형으로 된
번역이 내용의 유기성을 보다 잘 드러낼 수 있는 장점도 있다고 생각된다. 그러나
이번 번역에서는 [원문]의 "凡字必合而成音범자필합이성음" 뒤에 구점을 찍어 문장을
종결시킨 의도에 충실하고자 했다. 더불어 그동안 [언해문]을 참고했던 많은 번역들
에서 이를 종결형으로 번역한 점 역시 고려되었다.

❽ 점찍기

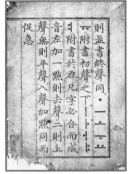

[정음 4ㄱ]

음절 단위로 모아쓴 글자의 왼쪽에 점 하나를 찍으면 거성이고, 점 두 개를 찍으면 상성이며, 점을 찍지 않으면 평성이다. 입성은 점을 찍는 방식은 마찬가지이나 그 소리가 촉급하다.

[원문]

_{좌 가 일 점 즉 거 성 이 즉 상 성 무 즉 평 성 입 성 가 점 동 이 촉 급}
左加一點則去聲。二則上聲。無則平聲。入聲加點同而促急

[정음 4ㄱ:4~6]

[정음 언해 13ㄴ]

[언해문]

:왼녀·긔 혼 點:뎸·을 더으·면 ·뭇 노·푼 소·리·오 點:뎸·이 :둘히·면 上·쌍聲셩·이·오 點:뎸·이 :업스·면 平뼝聲셩·이·오 入십聲셩·은 點:뎸 더·우·믄 혼가·지로·딕 샐·리·니·라 [정음 언해 13ㄴ:4~14ㄴ:1]

[해설]

이 부분은 각 음절이 지닌 성조의 특성을 나타내기 위해 음절의 왼쪽에 점을 찍는 방식을 규정한 것이다. 일반적으로 언어는 자음이나 모음과 같은 분절음을 기본으로 하여 의미를 변별하지만, 이와는 달리 말소리의 장단, 고저, 강약 등과 같은 비분절적인 요소가 작용해 의미를 변별하기도 한다. 현대 국어에서는 장단이, 중국어에서는 고저가, 영어에서는 강약이 이러한 역할을 하고 있다. 훈민정음은 당시 음절마다 나타났던 고저의 특성을 표기하고자 했다는 점에서도 매우 특별한 문자이다.

[정음 언해 14ㄱ]

훈민정음이 창제된 중세 국어 시기에는 현대 국어와는 달리 각 음절의 고저가 단어의 의미를 변별하였다. 각 음절이 갖는 고저를 성조라고 하는데, 중세 국어의 성조에는 낮은 소리인 평성, 높은 소리인 거성, 낮다가 높아지는 소리인 상성의 세 가지 유형이 있었다. 다만 입성은 종성이 ㄱ, ㄷ, ㅂ 등인 경우 촉급하게 끝나는 음절의 속성을 말하므로 중세 국어에서는 독자적인 성조 유형에 들지 않고, 점을

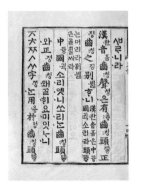

[정음 언해 14ㄴ]

찍는 방식은 평성, 거성, 상성의 경우를 따랐다. 예를 들어 중세 국어에서 '귿', '붇', ':낟'은 종성이 ㄷ이므로 모두 입성에 해당하지만, 성조로는 '귿'은 평성, '붇'은 거성, ':낟'은 상성이었다.

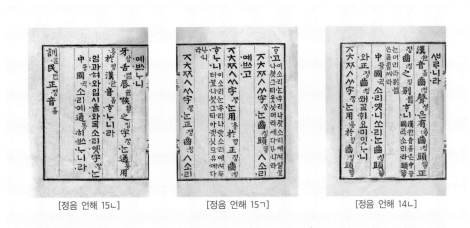

[정음 언해 15ㄴ]   [정음 언해 15ㄱ]   [정음 언해 14ㄴ]

『훈민정음』 언해본의 나머지 부분은 중국말을 적는 데에 필요한 치음(잇소리) 글자에 대해 설명하고 있다. 'ᅎ ᅔ ᅏ ᄼ ᄽ'은 중국말의 치두음齒頭音을, 'ᅐ ᅕ ᅑ ᄾ ᄿ'은 중국말의 정치음正齒音을 적기 위한 글자이다.

정음 편 전체 풀이

1. 어제 서문

우리나라 말은 중국말과 달라서 한자로 쓴 글과 서로 통하지 않는다. 그러므로 백성 중에는 하고 싶은 말이 있어도 끝내 자신의 뜻을 글로 표현하지 못하는 사람이 많다. 내가 이를 딱하게 여겨 새로 28자를 만드니 사람마다 쉽게 익혀 날마다 사용함에 편안케 하고자 할 따름이다.

2. 어제 예의

초성자

ㄱ은 아음(어금닛소리) 글자이니, 그 소리는 한자 君(군)의 초성 발음([k])과 같다.

　　나란히 쓰면(ㄲ), 그 소리는 한자 虯(뀨)의 초성 발음([k*])과 같다.

ㅋ은 아음(어금닛소리) 글자이니, 그 소리는 한자 快(쾌)의 초성 발음([kʰ])과 같다.

ㆁ은 아음(어금닛소리) 글자이니, 그 소리는 한자 業(업)의 초성 발음([ŋ])과 같다.

ㄷ은 설음(혓소리) 글자이니, 그 소리는 한자 斗(두)의 초성 발음([t])과 같다.

　　나란히 쓰면(ㄸ), 그 소리는 한자 覃(땀)의 초성 발음([t*])과 같다.

ㅌ은 설음(혓소리) 글자이니, 그 소리는 한자 呑(툰)의 초성 발음([tʰ])과 같다.

ㄴ은 설음(혓소리) 글자이니, 그 소리는 한자 那(나)의 초성 발음([n])과 같다.

ㅂ은 순음(입술소리) 글자이니, 그 소리는 한자 彆(변)의 초성 발음([p])과 같다.

　　나란히 쓰면(ㅃ), 그 소리는 한자 步(뽀)의 초성 발음([p*])과 같다.

ㅍ은 순음(입술소리) 글자이니, 그 소리는 한자 漂(표)의 초성 발음([pʰ])과

같다.

ㅁ은 순음(입술소리) 글자이니, 그 소리는 한자 彌(미)의 초성 발음([m])과
같다.

ㅈ은 치음(잇소리) 글자이니, 그 소리는 한자 卽(즉)의 초성 발음([ts])과 같다.
나란히 쓰면(ㅉ), 그 소리는 한자 慈(쯔)의 초성 발음([ts*])과 같다.

ㅊ은 치음(잇소리) 글자이니, 그 소리는 한자 侵(침)의 초성 발음([tsʰ])과 같다.

ㅅ은 치음(잇소리) 글자이니, 그 소리는 한자 戌(슏)의 초성 발음([s])과 같다.
나란히 쓰면(ㅆ), 그 소리는 한자 邪(쌰)의 초성 발음([s*])과 같다.

ㆆ은 후음(목구멍소리) 글자이니, 그 소리는 한자 挹(흡)의 초성 발음([ʔ])과
같다.

ㅎ은 후음(목구멍소리) 글자이니, 그 소리는 한자 虛(허)의 초성 발음([h])과
같다.
나란히 쓰면(ㆅ), 그 소리는 한자 洪(뽕)의 초성 발음([h*])과 같다.

ㅇ은 후음(목구멍소리) 글자이니, 그 소리는 한자 欲(욕)의 초성 발음(ø)과
같다.

ㄹ은 반설음(반혓소리) 글자이니, 그 소리는 한자 閭(려)의 초성 발음([l])과
같다.

ㅿ은 반치음(반잇소리) 글자이니, 그 소리는 한자 穰(샹)의 초성 발음([z])과
같다.

중성자

•의 소리는 한자 呑(툰)의 중성 발음([ʌ])과 같다.

ㅡ의 소리는 한자 卽(즉)의 중성 발음([ɨ])과 같다.

ㅣ의 소리는 한자 侵(침)의 중성 발음([i])과 같다.

ㅗ의 소리는 한자 洪(뽕)의 중성 발음([o])과 같다.

ㅏ의 소리는 한자 覃(땀)의 중성 발음([a])과 같다.

ㅜ의 소리는 한자 君(군)의 중성 발음([u])과 같다.

ㅓ의 소리는 한자 業(업)의 중성 발음([ə])과 같다.

ㅛ의 소리는 한자 欲(욕)의 중성 발음([jo])과 같다.

ㅑ의 소리는 한자 穰(샹)의 중성 발음([ja])과 같다.

ㅠ의 소리는 한자 戌(슏)의 중성 발음([ju])과 같다.

ㅕ의 소리는 한자 彆(변)의 중성 발음([jə])과 같다.

종성자

종성자는 초성자를 다시 사용한다.

이어쓰기[連書연서]

ㅇ 글자를 순음(입술소리) 글자 아래에 이어 쓰면 순경음(입술가벼운소리) 글자가 된다.

나란히쓰기[並書병서]

초성자들을 합쳐 쓰려면 나란히 쓴다. 종성자들도 마찬가지다.

붙여쓰기[附書부서]

ㆍ, ㅡ, ㅗ, ㅜ, ㅛ, ㅠ는 초성자의 아래에 붙여 쓰고 ㅣ, ㅏ, ㅓ, ㅑ, ㅕ는 초성자의 오른쪽에 붙여 쓴다.

음절 단위로 모아쓰기

무릇 글자는 반드시 초성, 중성, 종성을 합쳐 음절을 이루어 써야 한다.

점찍기

음절 단위로 모아쓴 글자의 왼쪽에 점 하나를 찍으면 거성이고, 점 두 개를 찍으면 상성이며, 점을 찍지 않으면 평성이다. 입성은 점을 찍는 방식은 마찬가지이나 그 소리가 촉급하다.

02 정음해례 편

1. 제자해

> ❶ 천지만물의 원리   ❾ 초출자와 재출자
>
> ❷ 말소리와 음양의 원리   ❿ 중성자와 삼재
>
> ❸ 초성 17자의 제자 원리   ⓫ 중성자와 음양오행
>
> ❹ 오음으로 본 초성자: 음양, 오행, 방위
>
> ❺ 청탁으로 본 초성자   ⓬ 중성과 초성의 대비
>
> ❻ 전탁자의 특성   ⓭ 초성, 중성, 종성의 결합
>
> ❼ 순경음 글자의 특성   ⓮ 천지만물의 원리를 담은 문자
>
> ❽ 중성 11자의 제자 원리

❶ 천지만물의 원리

천지만물의 원리는 오직 **음양**과 **오행**일 뿐이다. **곤괘**坤卦(☷)와
복괘復卦(☳) 사이가 **태극**太極이 되고 이 태극이 움직이면 양, 멈추
면 음이 된다. 천지만물 가운데 생명을 지닌 것들은 이 음양의
원리를 벗어나지 못한다.

[원문]

천지지도　일음양오행이이　　곤복지간위태극　이동정지후위
天地之道。一陰陽五行而已。坤復之間爲太極。而動靜之後爲

음양　범유생류재천지지간자　사음양이하지
陰陽。凡有生類在天地之間者。捨陰陽而何之。 [정음해례 1ㄱ:3~6]

[정음해례 1ㄱ]

[주석]

— **천지만물의 원리**: 원문에서 천지지도 곧 천지의 도라고 한 것은 자연의 원리, 즉 만물을 산출하는 천지와 천지에 의해 산출된 만물을 지배하는 원리를 말한다. '천지'는 하늘과 땅이지만 여기서는 '자연' 또는 '세상', '만물'이라는 뜻으로 사용되었다. '도'는 사람이 행할 규범, 만물의 원리 등 여러 뜻이 있지만 여기서는 원리, 법칙의 의미이다.

— **음양**: 초기에는 햇빛이 비치는 곳을 양, 그늘진 곳을 음이라고 했다. 이것이 나중에 세계의 생성, 소멸, 존재 구조 등을 설명하는 개념이 되었다. 성리학에서는 천지만물의 궁극적 본원인 태극이 운동하는 양상을 양, 멈추어 고요한 상태를 음이라고 한다. 이 양과 음은 하늘과 땅, 해와 달, 남자와 여자, 낮과 밤, 동과 서, 높음과 낮음, 선과 악, 오름과 내림, 모임과 흩어짐, 차가움과 뜨거움, 열림과 닫힘 등등 세상에 존재하는 사물이나 현상 간의 대립과 상호 존립의 근거가 된다. 양과 음은 때로는 실체를 갖는 것으로 규정되기도 하고, 때로는 어떤 기능이나 역할로 규정되기도 한다.

— **오행**: 오행은 하늘과 땅 사이에 존재하는 모든 것, 곧 만물의 생성 과정과 특성을 설명하는 나무[木], 불[火], 흙[土], 쇠[金], 물[水]을 말한다. 이들 다섯 개의 기질 사이에는 서로 맞서 다투는 상극의 관계가 있고, 서로 돕고 살리는 상생의 관계가 있다. 오행은 음양이 분화한 것으로서 목과 화는 양으로, 수와 금은 음으로, 토는 양과 음의 바탕으로 본다. 음양은 오행에 비하여 포괄적이고, 오행은 음양에 비하여 구체적이다. 따라서 경우에 따라 음양으로 설명하는 것이 편한 때도 있고 오행으로 말하는 것이 더 적절할 때도 있다. ≪해례≫에서도 음양과 오행을 함께 거론한 경우도 있지만, 음양만을 언급하거나 오행만을 언급한 경우가 많다.

— **곤괘**: 『주역』에는 기본 도형인 8괘가 있고 64괘가 있다. 음과 양을 나타내는 부호를 효爻라 하는데 ▬는 양효陽爻이고 ▬ ▬는 음효陰爻이다. 이를 사용하여 3개의 효로 구성된 8개의 도형, 곧 하

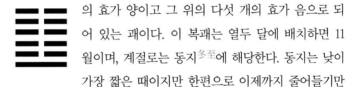

늘[天]을 나타내는 건괘乾(☰), 연못[澤]을 나타내는 태괘兌(☱), 불[火]을 나타내는 리괘離(☲), 우레[雷]를 나타내는 진괘震(☳), 바람[風]을 나타내는 손괘巽(☴), 물[水]을 나타내는 감괘坎(☵), 산[山]을 나타내는 간괘艮(☶), 땅[地]을 나타내는 곤괘坤(☷)가 8괘이다. 이들 8개의 도형을 상하로 중첩시켜 나타낸 것이 64괘이며 각각의 괘 이름이 따로 있다. <제자해>에서 말하는 곤괘坤卦(䷁)는 땅을 상징하는 괘이며, 여섯 개의 효가 모두 음으로 되어 있다. 열두 달에 배치하면 10월에 해당한다. 반면, 건괘乾卦(䷀)는 하늘을 상징하는 괘로, 여섯 개의 양효로 되어 있다. 천天과 지地는 형상을 나타낼 때 쓰이고, 건과 곤은 그 하늘과 땅의 성질, 또는 기능을 나타낼 때 사용한다.

복괘: 주역의 64괘의 하나로서, 여섯 개의 효 중에서 가장 아래의 효가 양이고 그 위의 다섯 개의 효가 음으로 되어 있는 괘이다. 이 복괘는 열두 달에 배치하면 11월이며, 계절로는 동지冬至에 해당한다. 동지는 낮이 가장 짧은 때이지만 한편으로 이제까지 줄어들기만 하던 낮의 길이가 이 날을 기점으로 늘어나기 시작한다. 이처럼 낮의 길이가 늘어나기 시작하는 것을 양이 회복되었다는 것으로 보아 복復이라 이름 지었다.

태극: 나무의 뿌리, 물의 샘처럼 만물에는 그것의 뿌리나 샘에 해당하는 본원本源이 있다고 보고, 그 최종적 단계에 해당하는 본원을 태극이라 한다. 이 태극은 이치라는 관점도 있고 기운이라는 견해도 있다. <제자해>에서는 "곤괘와 복괘 사이가 태극이 된다."라고 하였는데, 이는 송대 소옹邵雍(1011~1077)의 관점을 취한 것이다. 소옹의 64괘 방원도는 건괘와 곤괘를 정북과 정남에, 나머지 62개의 괘를 음과 양이 자라는 방향과 그 세를 고려하여 둥글게 배치하였다.

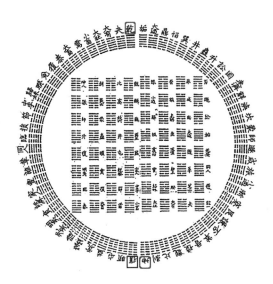

이 그림에 따르면 곤괘 다음이 복괘이다. 또 여섯 효가 모두 양인 건괘 다음에는 한 개의 효가 음인 구괘姤卦를 배치하였다. <제자해>에서 말하는 '곤괘 복괘 사이'는 공간을 가리키는 것이 아니라 곤괘에서 복괘로 넘어가는 때, 곧 음기의 성장이 멈추고 양기가 자라나는 시점을 말한다.

[해설]

이 부분은 성리학에 기반한 음양오행론의 입장에서 훈민정음 제자에 대한 철학적·사상적 근본 원리를 설명한 것이다. <제자해>는 글자를 만든 원리에 대해 설명하는 부분인데 "천지만물의 원리는 오직 음양과 오행일 뿐이다."라는 단호한 어조로 음양과 오행을 앞세움으로써 성리학에 바탕을 두고 제자 원리를 설명하겠다는 의도를 나타낸다.

사람을 포함하여 자연의 모든 존재와 현상의 근거 및 원리는 태극, 음양, 오행으로 해명할 수 있다. 태극은 천지 만물의 최종적 본원인데, 그것은 마치 캄캄한 어둠 속에 한 줄기 빛이, 죽음에서 생명이 처음 생기는 것과 같다. 태극에는 움직임과 고요함이라는 두 개의 대표적인 상반된 양상이 있는데, 이를 양과 음이라 부른다. 양과 음에는 움직임과 고요함, 오르고 내림, 자극과 반응, 모임과 흩어짐, 나아가고 물러섬, 남자와 여자, 밝음과 어두움, 선과 악 등 인간 사회와 자연 세계에 있는 모든 대립 개념이 각각 적용될 수 있다. 따라서 생명을 가진 것을 포함하여 세상에 존재하는 모든 것은 이 음양의 원리에서 벗어나지 않는다.

❷ 말소리와 음양의 원리

그러므로 사람의 말소리도 모두 **음양의 원리**를 지니고 있으나 사람이 살펴보지 않았을 뿐이다. 이제 훈민정음을 만든 것도 처음부터 머리를 써서 애써 찾아낸 것이 아니라, 말소리에 따라 그 원리를 깊이 추구했을 뿐이다. **그 원리는 하나이니 천지가 만물을 창조하거나 귀신이 인간사의 길흉을 주재하는 원리와 다르지 않다.**

[원문]

[정음해례 1ㄱ]

고인지성음 개유음양지리 고인불찰이 금정음지작 초비지
故人之聲音。皆有陰陽之理。顧人不察耳。今正音之作。初非智
영이력색 단인기성음이극기리이이 리기불이 즉하득불여
營而力索。但因其聲音而極其理而已。理旣不二。則何得不與
천지귀신동기용야
天地鬼神同其用也。 [정음해례 1ㄱ:6~1ㄴ:2]

[주석]

[정음해례 1ㄴ]

— **음양의 원리**: 음양에는 일정한 원리가 있다. 이를 나타내는 대표적인 표현은 『주역』「계사전」에 있는 "한 번 음이 되고 한 번 양이 되는 것을 도라고 한다."는 것이다. 이에 대한 해석은 크게 두 가지이다. 하나는 음이 극성하면 양이 되고 양이 극성하면 다시 음이 된다는 것이다. 이때 음과 양은 서로에게 뿌리가 된다. 다른 하나는 음과 양은 서로 맞서면서도 서로의 존립을 위해 상대를 절실히 필요로 하는 관계에 있다는 것이다. 시간의 진행에 따라 음과 양이 교대로 나타나는 것을 '유행'이라 하고, 맞서면서 필요로 하는 관계를 '대대'라고 한다. 또한 현실에 존재하는 음에 속하는 물건에는 양의 정수가 들어 있고 양에 속하는 물건에는 음의 정수가 들어 있다. 음 없는 양이 없고, 양 없는 음이 없다고 한다.

— **그 원리는 하나이니 천지가 만물을 창조하거나 귀신이 인간사의 길흉을 주재하는 원리와 다르지 않다**: 세상의 모든 존재들에 스며 있는 이치는 천지나 일월, 사계절, 귀신에 모두 통용된다. 따라서 훈민정음을 만들 때 쓴 원리는 천지가 만물을 조화할 때, 귀신이 길흉을 좌우할 때 쓴 것과 다를 바가 없는 것이다. 주역 건괘 5효 문언^{文言}에서 "대인은 천지와 더불어 그 덕을 합하고, 해와 달과 더불어 그 밝음을 합하고, 사계절과 더불어 그 질서를 합하고, 귀신과 더불어 그 길흉을 합한다."라고 하였다. 여기서 '합한다'라는 표현은 서로 짝을 이루어 돕는다는 뜻을 갖는데, 원문의 "同其用 _{동 기 용} 그 쓰임을 같이 한다는 뜻"의 '동^同'과 그 의미가 통한다. 하늘과 땅을 나타내는 천지는 만물이 존재하는 공간을 뜻하기도 하고, 만물을 생성하고 조화하는 주체를 말하기도 하는데 여기서는 후자의 의미로 쓰였다. 즉, 만물은 하늘과 땅의 기능과 역할에 의해 만들어진다. 만물은 하늘 아래에 있다. 그래서 하늘은 덮어 주지 않는 것이 없어 덕을 지닌다고 칭송한다. 또한 하늘은 만물의 조화와 만사의 시작을 주도한다. 만물은 땅 위에 실려 있지 않은 것이 없다. 이것을 두고 땅은 실어 주지 않는 것이 없어 덕을 지닌다고 한다. 이런 덕으로 땅은 만물의 조화를 완성하고 만사를 끝맺음을 주도한다고 믿었다. 한편, 귀신은 시대에 따라 그 의미가 많이 달라졌다. 고대에는 인귀^{人鬼} 천신^{天神}이라 하여 사람이 죽으면 그 혼백을 '귀'라고 하고, 만물을 오묘하게 창조 변화시키는 주재자를 '신'이라고 했다. 통속적으로는 '귀'와 '신'을 붙여서 '귀신'이라 하며 길흉을 좌우하는, 알 수 없는 오묘한 힘을 지닌 존재를 가리킨다. 성리학자들은 음의 기운과 양의 기운이 저절로 모이고 흩어지며 만물의 생성과 소멸을 이루어내는 작용을 '귀신'으로 나타내기도 하였다. 여기서는 '귀신'이 세상의 모든 길흉을 좌우하는 힘의 의미로 사용되었다.

[해설]

이 부분은 <제자해>의 화두로서 문자 제자의 철학적 원리를 설명한 것이다. 문자 제자에 대한 구체적인 설명에 앞서 자연의 모든 존재와 현상의 원리가 음양오행에 있음을 말하였다. 음양오행은 성리학을 대표하는 중심 사상으로서 이 세계관에

입각하여 훈민정음을 만들었음을 정당화한 것이다.

　모든 것들이 음양오행의 원리를 갖고 있다고 했으니 당연히 사람의 성음에도 음양오행의 원리가 있을 것이다. 그런데 여태까지 성음을 이 원리로 분석 해명한 일이 없었다. 그것은 다름 아니라 사람들이 살피고 시도하지 않았기 때문이다. 그러나 이제 만든 훈민정음은 결코 억지 꾀를 내어 만들거나 인위적으로 힘써 찾아낸 것이 아니다. 그저 사람의 성음에 담긴 음양오행의 자연적 원리를 깊이 탐구하는 과정에서 만들어진 것일 따름이다. 훈민정음을 만들기 위해 사용한 원리는 천지가 만물을 창조할 때 사용한 원리와 같고, 인간사의 길흉을 주재하는 귀신이 사용하는 원리와도 동일하다.

　한편, 이 부분에 '귀신'이라는 용어가 등장하는데 민간이나 통속적으로 이해하는 '귀신'은 길흉화복을 주재하는 어떤 근원적인 힘이다. 이는 오랜 역사를 지니고 있는 개념이다. 그런데 성리학에서는 '귀'와 '신'을 나누어 음과 양이라는 대립적이면서도 상호보완적인 기운의 자발적인 운동과 현상이라고 본다. 음과 양 두 기운은 물러남과 나아감, 내림과 오름, 닫힘과 열림, 차가움과 뜨거움 등의 현상으로 대립하여 나타나는데, 이 대립적인 두 기운이 서로 부딪쳐 이루어낸 현상이나 그로 인하여 만물의 조화가 이루어낸 자취를 귀신의 작용이라고 보았다. 그래서 인간사의 길흉 또한 귀신의 작용이 이루어 낸 결과라고 본 것이다.

❸ 초성 17자의 제자 원리

새로운 문자 훈민정음은 모두 28자로서 발음기관과 삼재(天천·地지·人인)의 모양을 본떠 만들었다. 초성자는 모두 17자이다. **아음(어금닛소리) 글자** ㄱ은 혀뿌리가 목구멍을 막는 모양을, **설음(혓소리) 글자** ㄴ은 혀가 윗잇몸에 닿는 모양을, **순음(입술소리) 글자** ㅁ은 입 모양을, **치음(잇소리) 글자** ㅅ은 이 모양을, **후음(목구멍소리) 글자** ㅇ은 목구멍 모양을 본뜬 것이다. ㅋ은 ㄱ에 비해 소리가 조금 세므로 ㄱ에 획을 더하여 만들었다. ㄴ에서 ㄷ, ㄷ에서 ㅌ, ㅁ에서 ㅂ, ㅂ에서 ㅍ, ㅅ에서 ㅈ, ㅈ에서 ㅊ, ㅇ에서 ㆆ, ㆆ에서 ㅎ을 만든 것이 모두 **소리가 세어지는 원리에 따라** 획을 더한 뜻이 같은데, **오직 ㆁ만은 다르다.** 반설음(반혓소리) 글자 ㄹ과 반치음(반잇소리) 글자 ㅿ 또한 각각 혀가 윗잇몸에 닿는 모양과 이의 모양을 본떴지만 **그 체(體)를 달리한 것으로 획을 더한 뜻은 없다.**

[정음해례 1ㄴ]

[원문]

正音二十八字。各象其形而制之。初聲凡十七字。牙音ㄱ。象舌根閉喉之形。舌音ㄴ。象舌附上腭之形。脣音ㅁ。象口形。齒音ㅅ。象齒形。喉音ㅇ。象喉形。ㅋ比ㄱ。聲出稍厲。故加畫。ㄴ而ㄷ。ㄷ而ㅌ。ㅁ而ㅂ。ㅂ而ㅍ。ㅅ而ㅈ。ㅈ而ㅊ。ㅇ而ㆆ。ㆆ而ㅎ。其因聲加畫之義皆同。而唯ㆁ爲異。半舌音ㄹ。半齒音ㅿ。亦象舌齒之形而異其體。無加畫之義焉。 [정음해례 1ㄴ:2~2ㄱ:4]

[정음해례 2ㄱ]

[주석]

— **아음(어금닛소리) 글자**: 혀의 뒷부분을 들어 입천장의 안쪽인 여린입천장을 막고 내는 소리인 아음을 적는 글자이다. 훈민정음 초성자의 ㄱ, ㅋ, (ㄲ), ㆁ 등이 아음을 적는 글자이다. '아음'이라고 한 것은 혀를 여린입천장(연구개)에 대서 소리를 낼 때, 혀의 뒷부분과 여린입천장이 만나는 양쪽에 어금니가 있기 때문인데 이 아음은 현대 음성학의 용어로는 연구개음^{velar}이다. 연구개음을 적는 글자 ㄱ, ㅋ, (ㄲ), ㆁ 중에서 ㆁ은 공기가 코로 나오는 비음을 적는 글자이며, 나머지는 공기가 입으로 나오는 구강음을 적는 글자이다.

— **설음(혓소리) 글자**: 혀끝을 윗잇몸이나 센입천장에 대서 내는 소리인 설음을 적는 글자이다. 혀가 작용하는 것을 주요한 특징으로 삼았기 때문에 '설음'이라는 용어를 사용한 것이다. 훈민정음 초성자 중 ㄷ, ㅌ, (ㄸ), ㄴ 등이 설음을 적는 글자이고, ㅅ, (ㅆ), ㅈ, ㅊ, (ㅉ) 등은 치음을 적는 글자이다. 중세 국어에서 설음과 치음은 소리가 나는 곳은 치경^{alveolar}으로서 같지만, 파열음 계통은 설음이라 하고, 마찰음과 파찰음 계통을 치음이라고 한다.

— **순음(입술소리) 글자**: 입술이 작용해 만들어지는 소리인 순음을 적는 글자이다. 중국어의 '순음'에는 아랫입술과 윗입술이 작용하는 양순음^{bilabial}과 아랫입술과 윗니가 작용하는 순치음^{labiodental}이 있지만, 우리말의 순음에는 양순음만 존재한다. 국어의 표기에 쓰인 ㅂ, ㅍ, (ㅃ), ㅁ은 양순 폐쇄음을 적는 글자이며, ㅸ은 양순 마찰음을 적는 글자이다.

— **치음(잇소리) 글자**: 혀끝을 윗잇몸이나 센입천장에 바짝 붙이거나, 댔다가 조금만 열어서 내는 소리인 치음을 적는 글자이다. 이가 주요 발음 기관이 된다고 하여 '치음'이란 용어를 쓴 것이다. 훈민정음 초성 중에서 ㅅ, (ㅆ), ㅈ, ㅊ, (ㅉ) 등이 치음이며, ㄷ, ㅌ, (ㄸ), ㄴ 등이 설음이다. 중세 국어에서 치음과 설음은 소리가 나는 곳은 치경^{alveolar}으로서 같지만, 마찰음과 파찰음 계통은 치

음이라 하고, 파열음 계통을 설음이라고 한다.

— **후음(목구멍소리) 글자:** 후두^{larynx}나 성문^{glottis} 등이 작용하여 나는 소리인 후음을 적는 글자이다. '후음'은 그 소리를 내는 발음 기관이 목에 위치하고 있으므로 후음이라고 한다. 훈민정음의 ㅇ, ㆆ, ㅎ, (ㆅ) 등이 후음자이다. 이 중에서 ㆆ은 후두파열음 [ʔ]를 표기한 것인데 후두파열음은 중세 국어의 음운 체계에 속하지 않는다. 불청불탁음 ㅇ은 하나의 글자이지만 기본적으로 무음가^{zero}이다.

— **소리가 세어지는 원리에 따라:** 소리가 세어진다는 것은 자음의 강도가 더 커진다는 것을 뜻한다. 자음의 강도가 커진다는 것은 소리가 커진다는 뜻이 아니라 공명성이 약해지면서 거친 소리가 된다는 것을 뜻한다. 자음 중에서 비음보다는 장애음이 강도가 세며, 장애음 중에서는 마찰음보다 파찰음이나 파열음이 더 세다. 또한 같은 파열음이나 파찰음이라도 평음보다는 격음이 더 세다. 즉 ㄴ보다는 ㄷ이, ㄷ보다는 ㅌ이 각각 상대적으로 자음의 강도가 더 크므로 소리가 세다고 한 것이다. 이를 반영하여 자음자를 만들 때 기본자보다 소리가 세어지면 기본자에 획을 더하여 새로운 글자들을 만들었다. 가획의 원리는 소리의 세기에 따라 획을 더하는 것이다.

— **오직 ㆁ만은 다르다:** ㆁ은 아음자임에도 불구하고 후음자 ㅇ에 획을 더해 글자를 만들었다는 점에서 여타의 경우와 차이가 있다. 그 이유는 <제자해>에서 청탁^{清濁}의 관점에서 초성자를 설명한 부분에 나와 있다. 아음자 ㆁ이 나타내는 소리가 후음자 ㅇ이 지닌 소리와 유사하기 때문이라는 것이 그 이유인데, 마치 나무의 새싹(ㆁ)이 물(ㅇ)에서 생겨난 것과 같이 아음과 후음이 관련성을 가지고 있다는 것이다. 이처럼 초성에서 ㆁ과 ㅇ이 소리가 유사하기 때문에, 아음자 ㆁ은 후음자 ㅇ에 획을 더해서 만들어진 것이다. 이는 소리가 세어지는 원리에 따라 획을 더한 것이 아니므로 '오직 ㆁ만은 다르다'라고 한 것이다.

— **반설음(반혓소리) 글자 ㄹ**: 유음流音 흐르는 소리에 해당하는 소리를 나타내는 글자로 반설음에는 설측음lateral [l]과 탄설음tap [ɾ]이 있다. 설측음은 혀끝을 윗잇몸에 대고 혀의 옆으로 기류를 통과시켜 내는 소리로 주로 종성에 위치한다. 반면 탄설음은 혀끝이 윗잇몸에 잠깐 닿았다가 떨어지는 소리로 주로 초성에 위치한다. 이 두 소리는 서로 다른 음성이지만 우리말에서는 하나의 /ㄹ/ 음소에 속하므로 ㄹ 글자 하나로 둘 모두를 표기해도 충분하다.

— **반치음(반잇소리) 글자 ㅿ**: 반치음 글자 ㅿ이 나타내는 음가는 ㅅ[s]의 유성음인 [z]이다. 성운학에서 반치음에 해당하는 자모字母는 일모日母이며, 불청불탁음으로 분류된다. 원래 일모의 옛날 음가는 공명음으로서 비음이었기 때문에 불청불탁으로 분류되었으며, 이후에도 계속 불청불탁으로 분류된 것은 이러한 역사적 근거에 의한 것이다. 일모는 특히 북방의 관화에서는 근대음 이후 치경 유성 마찰음으로 변화하였으며, 훈민정음의 반치음 글자 ㅿ이 나타내는 소리는 이와 같이 변화된 일모의 음가와 일치한다.

— **그 체體를 달리한 것으로 획을 더한 뜻은 없다**: 반설음 글자 ㄹ과 반치음 글자 ㅿ의 자형은 각각 설음의 기본자 ㄴ과 치음의 기본자 ㅅ으로부터 획을 더해 만들어진 것으로 생각된다. 일반적으로 소리가 세어질 때 획을 더하지만, ㄹ과 ㅿ은 ㄴ과 ㅅ에 비해 소리가 세어진 것이 아님에도 불구하고 획을 더하여 만들어졌다. 이렇게 ㄹ과 ㅿ은 기본자에 획을 더하긴 했지만, 소리가 세어지는 특성에 따라 획을 더하는 일반적인 원리를 따르지 않았다는 점에서 그 체體를 달리했다고 설명한 것이다.

기존 번역서들에서는 '體'를 '모양'으로 풀이한 경우가 많았다. 그러나 초성 17자의 모양은 어느 것이나 서로 다르기 때문에 '體체'를 단순히 '모양'으로 풀이해서는 이체자異體字의 개념을 정립하기 어렵다. 게다가 원문의 "亦象舌齒之形而異其體역상설치지형이이기체"라는 문장에서는 '形형'과 '體체'를 구분하여 사용하고 있는데, 여기서 '形형'이 '모양'으로 풀이되고 있으므로 '體체' 또한 '모양'으로 풀이하기는 어렵다.

ㄹ이나 △등의 이체자는 ㅋ, ㄷ, ㅂ, ㅊ 등과 같은 가획자들과 달리 소리가 세어짐에 따라 획을 더한 것이 아니기 때문에 문자를 형성하는 원리 혹은 체제 측면에서 다르다고 볼 수도 있다. 이렇게 본다면 '體^체'를 '문자의 체제'로 풀이할 수도 있다. 혹은 이체자는 [+유성성] 자질을 지니고 있다는 점에서 다른 가획자^{加劃字}들과 그 '본성^{本性}'이 다르므로, '體^체'를 '본성^{本性}'으로 볼 수도 있다. 이 책에서는 위와 같은 다양한 해석들을 염두에 두고 '體'를 단순히 '체^體'라고 번역하였다.

[해설]

　이 부분은 철학적 원리에 이어서 훈민정음에 대한 문자학적 차원의 제자 원리를 설명한 것이다. 상형은 말 그대로 사물의 형상을 본뜬 것으로 문자 발달의 원리에서 가장 기본이 되는 보편적인 원리이다.

　새로운 문자 훈민정음은 모두 28자로서 기본적으로 무언가의 모양을 본떠 만들었다. 이 중 초성자, 즉 자음이 17자인데 ㄱ, ㄴ, ㅁ, ㅅ, ㅇ 5자를 오음(아·설·순·치·후음)의 각 기본자로 삼았다. 이들 기본자는 각각 혀뿌리가 목구멍을 막는 모양, 혀가 윗잇몸에 닿는 모양, 입 모양, 이 모양, 목구멍 모양을 본뜬 것이다. 이들 기본자에 소리가 세어지는 특성에 따라 획을 더하여 나머지 글자들을 만들었다. 오직 ㆁ만은 아음(어금닛소리)임에도 불구하고 후음(목구멍소리)의 기본자에 획을 더한 것이므로 다른 글자들과 그 특성이 구별된다. 한편, ㄹ과 △은 각각 ㄴ, ㅅ에 획을 더해 만든 글자이지만, 획을 더한 것이 소리가 세어진 특성과 관계가 없는, 또 다른 체^體에 따라 만들어졌다는 점에서 차이가 있다.

❹ 오음으로 본 초성자: 음양, 오행, 방위

무릇 사람의 말소리는 오행火水木金土에 근본을 두고 있다. 그러므로 말소리에 대한 오행의 적용은 춘하추동 사계절이나 음악의 **오음**宮궁 商상 角각 徵치 羽우과도 맞아 어그러지지 않는다.

목구멍은 깊숙하고 젖어 있어서 오행 중 수水에 해당한다. 소리가 비어서 통하니 마치 물이 비고 투명하며 흐르고 왕래하는 것과 같다. 계절로는 겨울이며 오음으로는 우羽이다.

어금니는 우툴두툴하고 기니 목木에 해당한다. 소리가 목구멍 소리와 비슷하나 채워져 있어 마치 나무가 물에서 생겨나 형체가 만들어진 것과 같다. 계절로는 봄이며 오음으로는 각角이다.

혀는 날카로우며 움직이니 화火에 해당한다. 소리가 구르고 날리니 마치 불이 이글이글 타오르는 것과 같다. 계절로는 여름이며 오음으로는 치徵이다.

이는 단단하고 **끊을 수 있으니** 금金에 해당한다. 소리가 부서지고 걸리니 마치 쇠가 가루가 되었다가 단련되어 이루어지는 것과 같다. 계절로는 가을이며 오음으로는 상商이다.

입술은 **네모나며 합쳐지니** 토土에 해당한다. 소리가 **머금으며 넓어지니** 마치 흙이 만물을 담고 있어 넓고 큰 것과 같다. **계절로는 늦여름이며** 오음으로는 궁宮이다.

그런데 물은 만물을 탄생시키는 근원이고, 불은 만물을 이루어 주는 작용을 하므로 오행 중에서 수水와 화火가 으뜸이 된다. 목구멍은 소리를 내고 혀는 소리를 구별해 주는 기관이니 오음(아음, 설음, 순음, 치음, 후음) 중에서 후음과 설음이 중심이 된다. **말소리가 시작되는 목구멍이 가장 뒤에 위치하고, 어금니가**

그 앞이니 각각 북쪽과 동쪽의 방위를 갖는다. 혀와 이는 그 앞이니 남쪽과 서쪽의 방위를 갖는다. 입술은 끝에 있는데 토土는 정해진 방위가 없으며, 사계절의 순행을 왕성하게 하는 뜻을 갖는다. 이렇듯 초성 가운데 자연히 음양, 오행, **방위의 수**가 있게 되는 것이다.

[원문]

夫人之有聲本於五行。故合諸[4]四時而不悖이며叶之五音而不戾。
喉邃而潤。水也。聲虛而通。如水之虛明而流通也。於時爲冬。
於音爲羽。牙錯而長。木也。聲似喉而實。如木之生於水而有
形也。於時爲春。於音爲角。舌銳而動。火也。聲轉而颺。如火
之轉展而揚揚也。於時爲夏。於音爲徵。齒剛而斷。金也。聲
屑而滯。如金之屑瑣而鍛成也。於時爲秋。於音爲商。脣方而
合。土也。聲含而廣。如土之含蓄萬物而廣大也。於時爲季夏。
於音爲宮。然水乃生物之源。火乃成物之用。故五行之中。水火
爲大。喉乃出聲之門。舌乃辨聲之管。故五音之中。喉舌爲主
也。喉居後而牙次之。北東之位也。舌齒又次之。南西之位
也。脣居末。土無定位而寄旺四季之義也。是則初聲之中。自
有陰陽五行方位之數也。 [정음해례 2ㄱ:4~3ㄱ:8]

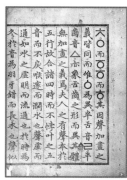

[정음해례 2ㄱ]

[정음해례 2ㄴ]

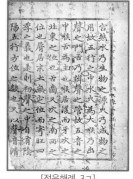

[정음해례 3ㄱ]

[주석]

　　오음: '오음五音'의 원래의 의미는 음악의 음계인 '궁宮', '상商', '각

4　이곳의 '諸'는 '之於'의 용법을 보이는 것으로 그 음을 [저]로 읽었다. '反求諸己'(반구저기, 자신에게서 잘못을 구함)와 같은 유명한 구절에서도 '之於'의 용법을 보이는 '諸'는 [저]로 읽는 것이 일반적이다. 그러나 사전에 따라 이러한 용법을 보이는 '諸'도 그 음을 [제]로 제시한 경우를 찾아볼 수 있다.

角’, ‘치徵’, ‘우羽’를 말하며, 이것은 동양의 전통적 5음계를 나타 낸 것이다. 이를 서양 음계와 관련지어 이해해 보면 각각 ‘도’, ‘레’, ‘미’, ‘솔’, ‘라’에 해당한다. 이러한 음악의 5음계를 말소리에 적용하여 분류한 것이 ‘아음, 설음, 순음, 치음, 후음’의 오음이다. ‘궁상각치우’와 ‘아설순치후’의 배합은 문헌에 따라 차이가 난다. 즉 『칠음략七音略』과 『절운지장도切韻指掌圖』는 ‘궁/후음’, ‘상/치 음’, ‘각/아음’, ‘치/설음’, ‘우/순음’ 등으로 대응시켰으나, 『사성 등자四聲等子』는 ‘궁/순음’, ‘상/치음’, ‘각/아음’, ‘치/설음’, ‘우/ 후음’ 등으로 짝을 지었다. 『사성등자』의 대응 관계는 『고금운회 거요古今韻會擧要』에서도 그대로 사용되고 있으며, 『훈민정음』의 체계는 『사성등자』와 같다.

— **끊을 수 있으니:** 강유의 대비로 본다면 ‘부러지다’로 풀이할 여지 도 있으나, 여기서는 쇠의 특성상 사물을 끊을 수 있다는 의미로 보는 것이 자연스럽다. ‘강이단’, ‘강능단’ 등의 용례가 대개 ‘단단 하여 사물을 끊을 수 있다’로 풀이되고, ‘강단’ 역시 굳세고 과단 성 있음을 나타내는 말로 사용된다.

— **네모나며 합쳐지니:** 입술이 네모나며 합쳐지는 성질을 토土와 연 결시켰다. ‘네모나다’는 것은 천원지방, 즉 ‘하늘은 둥글고 땅은 네모나다’는 설을 따른 것으로 보인다. ‘합쳐진다’는 것은 토土가 나머지 목, 화, 금, 수의 성질을 두루 포함하고 있음을 의미하는 것으로 보이며, 입술이 합쳐지면서 음식을 머금는 것을 토土가 만 물을 담고 있는 속성에 견준 것으로 보인다.

— **머금으며 넓어지니:** 토土가 만물을 함축하며 넓고 큰 것처럼 토土 의 성질을 지닌 입술에서 만들어지는 순음(입술소리) 또한 소리 를 머금으며 넓어진다고 설명한 것이다. 그러나 이러한 설명이 음성학적으로 정확히 말소리의 어떠한 특성을 이야기한 것인지 분명하게 지적하기는 쉽지 않다. 다만, 순음을 발음할 때에는 다 른 조음 위치의 음을 발음할 때에 비해 구강 내에 공기가 차는 부 분의 부피가 가장 넓어지는데, 이런 상태를 이처럼 ‘머금으며 넓 어지니’로 표현했다고 이해해 볼 수 있을 듯하다.

— **계절로는 늦여름이며**: 계절이나 방위는 통상 다섯이 아니라 넷이다. 오행과 짝을 짓기 위해 방위에는 중앙을, 계절에는 계하季夏, 곧 늦여름을 설정하고 이들을 오행 가운데 토土에 할당하였다.

— **말소리가 시작되는 목구멍이 가장 뒤에 위치하고 ~ 사계절의 순행을 왕성하게 하는 뜻을 갖는다**: 사람의 입 안에 있는 발음 기관의 위치를 오행에 적용하고, 또 그에 상응하는 방위에 배당하여 설명하고 있다. 이를 정리하면 아래와 같다.

발음기관	기관의 특성	오행	소리의 특성	오행과의 연관	방위	계절	오음
후(喉)	邃而潤 깊숙하고 젖어 있다	수(水)	虛而通 비어서 통한다	虛明而流通 비고 투명하며 흐르고 왕래한다	북	겨울	우(羽)
아(牙)	錯而長 우툴두툴하고 길다	목(木)	似喉而實 목구멍소리와 비슷하나 채워져 있다	生於水而有形 물에서 생기나 형체가 만들어진다	동	봄	각(角)
설(舌)	銳而動 날카로우며 움직인다	화(火)	轉而颺 구르고 날린다	轉展而揚揚 이글이글 타오른다	남	여름	치(徵)
치(齒)	剛而斷 단단하고 끊을 수 있다	금(金)	屑而滯 부서지고 걸린다	屑瑣而鍛成 가루가 되었다가 단련되어 이루어진다	서	가을	상(商)
순(脣)	方而合 네모나며 합쳐진다	토(土)	含而廣 머금으며 넓어진다	含蓄萬物而廣大 만물을 담고 있어 넓고 크다	중앙	늦여름	궁(宮)

오행의 목, 화, 토, 금, 수는 각각 동쪽, 남쪽, 중앙, 서쪽, 북쪽의 방위이니 사람의 발음 기관 아, 설, 순, 치, 후를 각각 동쪽, 남쪽, 중앙, 서쪽, 북쪽이라고 한 것이다. 발음이 시작되는 곳이 목구멍이고, 이것이 가장 뒤쪽에 있기에 후음을 북쪽, 그 다음의 아음, 설음, 치음을 각각 동쪽, 남쪽, 서쪽에 배치하였으니, 차례가 북쪽, 동쪽, 남쪽, 서쪽이고 계절로는 겨울, 봄, 여름, 가을이다. 순음은 그 기능이 마치 토가 계절의 순행을 왕성하게 하는 것과 같다는 데에 착안하여 늦여름[계하]에 배치하였다. 결국 이는 방위와 관련된 계절 순환의 차례를 빌린 것이다. 한편 목, 화, 금, 수

가 각기 동, 서, 남, 북에 해당하는 데 반해서 토는 중앙으로 배정하기도 하고 정해진 방위가 없다고 보기도 한다. 사계절의 순환과 관련해서도 토는 어느 한 계절에 나누어 소속시키지 않는다. 앞서 입술이 계절로는 늦여름에 해당한다고 한 것처럼, 여름인 화와 가을인 금 사이의 중앙에 토를 두기도 한다. 하지만 여기서는 '기왕사계'라는 표현을 썼으므로 토를 각 계절의 마지막에 배당하는 설을 따른 것으로 보인다. 즉, 오행이 돌아가며 1년에 72일씩을 맡아 왕성해지는데, 목, 화, 금, 수는 각기 봄, 여름, 가을, 겨울에 72일씩 왕성한 기운을 펼치는 반면, 토는 정해진 계절이 없기 때문에 네 계절의 끝에 붙어서 각각 18일씩 왕성한 기운을 펼친다. 그래서 '기왕'이라고 한 것이다. '사계'는 봄, 여름, 가을, 겨울 네 계절을 뜻하기도 하지만, 각 계절의 마지막 달인 네 개의 계월, 즉 춘삼월, 하뉴월, 추구월, 동십이월을 의미하기도 한다. 여기서는 후자의 뜻을 취하여 늦봄, 늦여름, 늦가을, 늦겨울 각각의 마지막 18일씩을 가리키는 것으로 이해할 수 있다.

방위의 수: 음양, 오행과 방위는 수로도 나타낼 수 있다. 1, 3, 5, 7, 9의 홀수는 하늘의 수이고 2, 4, 6, 8, 10의 짝수는 땅의 수라고 한다. 또 1에서 5까지를 생수, 6에서 10은 성수라고 한다. 생수 1과 성수 6은 그 방위는 북쪽이고 오행으로는 수이다. 2와 7은 남쪽이고 화, 3과 8은 동쪽이고 목, 4와 9는 서쪽이고 금, 5와 10은 중앙이며 토이다. 이는 하도河圖에 근거를 둔 사유이다. 하도河圖는 복희씨伏羲氏 때에 황하黃河에서 용마가 등에 지고 나왔다는 55개의 점으로 이루어진 그림으로 주역周易 이치의 기본이 된 것이다. 이런 하도는 北/水(겨울) → 東/木(봄) → 南/火(여름) → 中央/土(늦여름) → 西/金(가을)의 순환을 보인다.

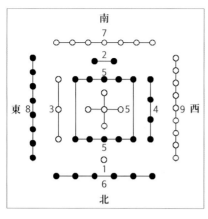

[그림 8] 하도(河圖)

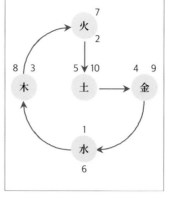

[그림 9] 하도(河圖)의 상생 순환

[해설]

　이 부분은 초성자 제자에 대한 성리학적 원리를 설명한 것이다. 사람의 말소리에도 오행의 이치가 담겨 있다는 전제하에 아설순치후의 오음을 계절, 방위, 음악과 관련지어 설명하였다.

　존재하는 모든 것들이 그러하듯 사람의 목소리도 오행에 근본을 두고 있다. 목소리에 대한 오행의 적용은 춘하추동의 사계절이나 동서남북의 방위에 배당하여도 어그러지지 않아야 한다. 그런데 계절이나 방위는 통상 다섯이 아니라 넷이다. 그래서 방위에는 중앙을, 계절에는 모든 계절의 운행을 왕성하게 하는 기간을 따로 설정하고 그것을 늦여름, 곧 계하라고 하였으며 오행 가운데 토에 할당하였다. 입안의 발음 기관을 바로 동서남북으로 구별하기는 어렵다. 그러나 발음이 시작되는 곳이 목구멍이고 이것이 가장 뒤쪽에 있기에 후음을 북이라 하였다. 그 다음 차례인 아음, 설음, 치음을 각각 동쪽, 남쪽, 서쪽에 배치하였으니 방위로는 북쪽, 동쪽, 남쪽, 서쪽이고 계절로는 겨울, 봄, 여름, 가을이다. 순음은 그 기능이 마치 계절의 순행을 왕성하게 하는 것과 같다는 데에 착안하여 계절로는 늦여름에, 방위로는 중앙에 배치한 것이다. 결국 이는 발음 기관의 위치와 소리의 특성을 오행의 방위와 관련된 계절 순환의 차례를 빌려 해명한 것이다.

❺ 청탁으로 본 초성자

또 성음의 청탁으로써 말해 보겠다. 말소리는 **청탁**에 따라 ㄱ, ㄷ, ㅂ, ㅈ, ㅅ, ㆆ이 나타내는 소리는 **전청**, ㅋ, ㅌ, ㅍ, ㅊ, ㅎ이 나타내는 소리는 **차청**, ㄲ, ㄸ, ㅃ, ㅆ, ㅉ, ㆅ이 나타내는 소리는 **전탁**, ㆁ, ㄴ, ㅁ, ㅇ, ㄹ, ㅿ이 나타내는 소리는 **불청불탁**으로 나뉜다.

이 중 소리가 가장 세지 않은 불청불탁을 나타내는 글자를 기본자로 삼는 것이 원칙이다. 먼저 설음과 순음, 그리고 후음의 글자는 각각 불청불탁의 소리를 나타내는 ㄴ, ㅁ, ㅇ이 기본자가 된다. 반치음을 제외하면 치음에는 불청불탁이 없고 전청의 ㅅ과 ㅈ이 있을 뿐인데, ㅅ이 ㅈ보다 나타내는 소리가 세지 않으므로 ㅅ이 기본자가 된다.

아음자 ㆁ이 나타내는 소리는 혀뿌리가 목구멍을 막지만 **소리의 기운이 코로 나와** 그 소리가 불청불탁에 해당하는 후음자 ㅇ과 서로 닮았다. **운서**에서는 초성에 연구개 비음 [ŋ]을 가진 **의모**疑母와 초성의 음가가 없는 **유모**喻母가 서로 많이 혼용되고 있다. 아음 글자 ㆁ은 목구멍의 모양을 본뜬 것으로 아음 글자를 만들 때에 기본으로 삼지 않았다.

후음은 물에 속하고 아음은 나무에 속한다. 그러나 ㆁ이 비록 아음 글자에 속하면서도 후음 글자 ㅇ과 모양이 비슷한 것은, 나무의 새싹이 물에서 생겨나 부드럽고 연약하여 아직 물기가 많은 이치와 같다. 비유컨대 ㄱ은 나무가 이루어지는 바탕이고, ㅋ은 나무가 무성하게 자란 것이며, ㄲ은 나무가 오래되어 웅장하게 된 것이므로 모두 아음에서 그 모양을 취한 것이다.

[원문]

又以聲音淸濁而言之。 ㄱㄷㅂㅈㅅㆆ。爲全淸。 ㅋㅌㅍㅊㅎ。

爲次淸。 ㄲㄸㅃㅉㅆㅎㅎ。爲全濁。 ㆁㄴㅁㅇㄹㅿ。爲不淸不

濁。 ㄴㅁㅇ。其聲最不厲。故次序雖在於後。而象形制字則爲之

始。 ㅅㅈ雖皆爲全淸。而ㅅ比ㅈ。聲不厲。故亦爲制字之始。唯

牙之ㆁ。雖舌根閉喉聲氣出鼻。而其聲與ㅇ相似。故韻書疑與喩

多相混用。今亦取象於喉。而不爲牙音制字之始。 盖喉屬水而

牙屬木。ㆁ雖在牙而與ㅇ相似。猶木之萌芽生於水而柔軟。尙多

水氣也。ㄱ木之成質。ㅋ木之盛長。ㄲ木之老壯。故至此乃皆取

象於牙也。[정음해례 3ㄱ:8~4ㄱ:7]

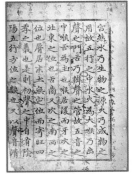

[정음해례 3ㄱ]

[정음해례 3ㄴ]

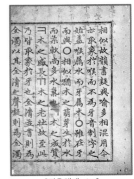

[정음해례 4ㄱ]

[주석]

— **청탁**: 성운학에서 자음을 발음할 때 성대가 진동하지 않는 무성
음을 청음, 성대가 진동하는 유성음을 탁음이라고 한다. 이것은
고대 음악에서 그 술어를 빌려온 것으로 무성음은 상대적으로 소
리가 높고 유성음은 상대적으로 소리가 낮아서, 높은 소리는 맑
은소리라는 뜻으로 청음이라고 하였고, 유성음은 낮아서 흐린소
리라고 하여 탁음이라고 한 것이다.

— **전청**: 성운학에서 무성음이고 무기음인 파열음, 파찰음, 마찰음을
말한다. 국어의 평음(예사소리)에 해당하며 온전히 맑은소리라고
하여 '전청'이라고 한 것이다.

— **차청**: 성운학에서 무성음이고 유기음인 파열음, 파찰음을 말한다.
국어의 격음(거센소리)에 해당하며, 두 번째로 맑다는 의미에서
'차청'이라고 하였다.

— **전탁**: 성운학에서 파열음, 마찰음, 파찰음에 있는 유성음을 말한
다. 대표적으로 중국의 중고음에서 아음의 파열음인 [g]~[gʰ], 설

음의 파열음인 [d]~[dʰ], 순음의 파열음인 [b]~[bʰ], 치음의 마찰음인 [z], 파찰음인 [dz], 후음의 마찰음인 [ɦ] 등이 전탁의 성질을 지닌 음에 해당한다. 이런 전탁음은 아음에서는 [k]와 [kʰ], 설음에서는 [t]와 [tʰ], 순음에서는 [p]와 [pʰ], 치음에서는 [s], [ts]와 [tsʰ], 후음에서는 [h]와 대립을 이루는 것이었다. 그런데 이런 전탁음은 당나라 말기에서부터 원나라 사이에 걸쳐 소실이 되어, 원나라의 『중원음운^{中原音韻}』(1324)에서는 모두 무성음이 되어 있다.

이처럼 중국에서 전탁음은 유성 장애음을 가리키는 것이었으나 전탁 성모 가운데 중세 국어의 현실 한자음에서는 유성의 파열음, 마찰음, 파찰음이 없다. 전청음, 차청음, 전탁음의 한자음 양상을 『훈몽자회』에 실린 한자음을 가지고서 살펴보면 예외가 적지는 않으나 전청은 예삿소리, 차청은 거센소리, 전탁은 예삿소리로 대응하는 비율이 높은 것이 일반적이다. 이를 중국어의 전청 : 차청 : 전탁의 대립과 관련지어 이해를 해 보면, 전탁은 한어의 유무성의 대립을 충실히 반영하고 있지 않다.

이런 전탁음을 『동국정운』에서는 ㄲ, ㄸ, ㅃ, ㅆ, ㅉ, ㆅ을 사용하여 일관되게 적고 있다. 이를 중국어에서의 대립과 관련지으면 유성음을 나타내기 위한 것으로 이해해 볼 수 있다. 그러나 중세 국어 현실 한자음의 실상을 통해 살펴본 바와 같이 유성음은 보이지 않으므로 유성음을 나타낸 것으로 보기가 어렵고, 의도적으로 유성음으로 발음하였다고 보기도 어렵다. 그러나 관형사형 어미 '-ㄹㆆ' 뒤의 고유어 명사 '바', '것' 등을 "아디 몯홀 빼라"<법화경언해 1:135ㄴ> (1463), "莊嚴홀 껏과"<석보상절 19:41ㄴ> (1447)와 같이 '빠', '껏'으로 적은 것으로 미루어 생각하여 보면, 『동국정운』의 ㄲ, ㄸ, ㅃ, ㅆ, ㅉ은 실제로 된소리로 발음되었던 것으로 추정된다. 다만 ㆅ은 '쌔혀~쌔혀', '혀~~혀-' 등에서와 같이 ㅎ과 공존했던 사실을 고려할 때 된소리로 발음되지는 않았던 것으로 보인다.

불청불탁: 『운경^{韻鏡}』에서는 '청탁'이라 하였고, 『사성등자』나 『절운지장도』에서는 '불청불탁'이라고 하였는데, 『훈민정음』은 후자를 따르고 있다. 이 외에도 '차탁^{次濁}', '반청반탁^{半淸半濁}'이라는

명칭이 더 있다. 음성학적으로 불청불탁음은 자음의 공명음sonorant을 가리킨다. 다만 일모日母는 이를 나타내는 데 쓰인 ㅿ이 유성 마찰 장애음이므로 전탁음에 속하는 것으로 생각되기 쉽지만, 원래 이 성모는 비음으로서 공명음에 속하는 것이었으므로 전통적인 성운학의 분류에 따라 불청불탁이 된 것이다.

— **소리의 기운이 코로 나와**: 말소리를 만들 때 기류가 코로 나온다는 것으로 이것은 콧속의 공간, 즉 비강을 울려 발음하는 이른바 비음의 특성을 말한 것이다. 예를 들어 아음 ㆁ은 연구개 비음[ŋ]으로서 구강에서는 혀의 뒷부분이 여린입천장(연구개velar)에 닿아 기류를 막고 목젖을 내려 코로 기류를 보냄으로써 비강을 울려 발음된다.

— **운서**: 한자를 음을 기준으로 분류하여 배열한 책이다. 한자음을 분류하는 기준은 성모, 운모, 성조의 셋이다. 한자는 모두 1음절어이며, 한자음의 음절 구조는 다음과 같이 이루어져 있다.

음절音節 syllable				
성모聲母 initial		성조聲調 tone		
		운모韻母 final		
	운두韻頭/ 개음介音 medial	운韻 rhyme		
		운복韻腹/ 핵모核母 vowel	운미韻尾 ending	

한시와 같은 율문에서 '운'을 맞추려면 성조는 같아야 하지만 운모에서 개음은 무시되어도 괜찮으며 성모의 차이는 상관이 없다. 그러므로 같은 운의 한자라고 하면 성조와 운이 같아야 한다. 이러한 한자음 분석을 토대로 하여 성모, 운모, 성조 등의 같고 다름을 기준으로 한자를 배열해 놓은 책이 운서이다. 중국에서는 『절운切韻』을 시작으로 하여 『광운廣韻』, 『중원음운』 등의 여러 운서가 편찬되었는데, 훈민정음 창제 당시 참조한 중요한 운서는 『몽고운략蒙古韻略』, 『고금운회거요』와 『홍무정운洪武正韻』이었다.

— **의모**疑母: 36자모 가운데 의모는 훈민정음에서 아음의 불청불탁

음인 ㆁ에 해당한다. 근대음(대략 12세기) 이후 차츰 음가를 잃어 유모와 구별할 수 없게 되었다.

— **유모**喩母: 후음의 불청불탁음으로 분류되며, 실제로는 초성에서 음가가 없는 음을 가리킨다. 성운학의 유모는 훈민정음에서 후음의 불청불탁음인 ㅇ에 해당한다. 근대음 이후 중국의 운서에서는 의모가 음가를 잃어 유모에 합류되었으며, 중세 국어의 현실 언어에서도 어두 음절의 초성에서 ㆁ은 쓰이지 않았다. 따라서 어두 음절의 초성에서 ㆁ은 후음의 불청불탁음인 ㅇ과 구별하기 어렵다고 하여, 아음 불청불탁음 ㆁ을 후음의 ㅇ에 가획하여 만들게 되었다.

[해설]

이 부분은 초성의 소리 체계에 대해 설명한 것이다. 말소리는 청탁에 따라 전청, 차청, 전탁, 불청불탁으로 나뉜다. 이 중 소리가 가장 세지 않은 불청불탁을 나타내는 글자를 기본자로 삼는 것이 원칙이다. 먼저 설음과 순음, 그리고 후음은 각각 불청불탁을 나타내는 ㄴ, ㅁ, ㅇ이 기본자가 된다. 치음에는 불청불탁을 나타내는 글자가 없고 전청을 나타내는 글자에 ㅅ과 ㅈ이 있을 뿐인데, ㅅ이 ㅈ보다 나타내는 소리가 세지 않으므로 기본자가 된다. 아음의 경우, ㆁ이 불청불탁을 나타내기는 하지만, 이는 후음의 불청불탁 ㅇ에서 만들어졌기 때문에 아음 글자의 기본자가 되지 못한다. 따라서 나머지 아음 글자 ㄱ(전청), ㅋ(차청), ㄲ(전탁) 가운데 소리가 세지 않은 전청자 ㄱ이 기본자가 된다. 이 부분을 정리하면 아래와 같다.

오음 \ 청탁	불청불탁	전청	차청	전탁
아 음	ㆁ	ㄱ	ㅋ	ㄲ
설 음	ㄴ	ㄷ	ㅌ	ㄸ
반 설 음	ㄹ			
순 음	ㅁ	ㅂ	ㅍ	ㅃ
치 음		ㅅ, ㅈ	ㅊ	ㅆ, ㅉ
반 치 음	ㅿ			
후 음	ㅇ	ㆆ	ㅎ	ㆅ

❻ 전탁자의 특성

전청자(ㄱ, ㄷ, ㅂ, ㅅ, ㅈ)를 나란히 쓰면 전탁자가 되는데, 이는 전청의 소리가 **엉기면** 전탁이 되기 때문이다. 오직 후음 글자의 경우에만 차청자를 이용하여 전탁자를 만든다. 이는 대개 **전청자 ㆆ의 소리는 깊어서 엉기지 못하지만, 이에 비해 차청자 ㅎ의 소리는 얕아서 엉기어 전탁이 될 수 있기 때문이다.**

[원문]

全淸並書則爲全濁。以其全淸之聲凝則爲全濁也。唯喉音次淸
_{전청병서즉위전탁 이기전청지성응즉위전탁야 유후음차청}

爲全濁者。盖以ㆆ聲深不爲之凝。ㅎ比ㆆ聲淺。故凝而爲全濁
_{위전탁자 개이 성심불위지응 비 성천 고응이위전탁}

也。[정음해례 4ㄱ:7~4ㄴ:3]
_야

[정음해례 4ㄱ]

[주석]

— **엉기면**: 전탁자(全濁字)는 유성음 표기를 지향하여 만들어졌지만, 우리말을 적은 경우에는 대부분 경음(된소리)을 나타낸 것이다. 따라서 '전청(全淸)이 엉기어 전탁(全濁)이 된다.'라고 했을 때, '엉기다'는 유성음이 되는 것을 가리킬 수도 있고, 경음이 되는 것을 가리킬 수도 있다. 아래 주석에서 설명되듯이 'ㆆ'이 엉기지 못하는 것을 'ㆆ'에 대당되는 유성음이 없기 때문으로 이해해 본다면 '엉기다'는 유성음이 되는 것을 가리킨다고 볼 가능성이 있다. 이와 달리 '각가[가까], 받도록[바또록], 업보[어뽀], 짓소[지 쏘]' 등에서 보는 것처럼 국어에서 전청이 연이어 소리가 날 때 소리가 서로 엉겨서 경음(된소리)이 된다고 본다면 '엉기다'는 경음이 되는 것을 가리킬 수도 있다.

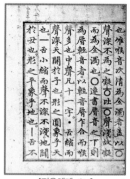

[정음해례 4ㄴ]

— **전청자 ㆆ의 소리는 깊어서 엉기지 못하지만**: 전 세계 언어의 말

소리를 표기할 수 있도록 해 주는 국제음성기호(IPA) 중 인간이 발음 가능한 후음(목구멍소리)에는 다음과 같은 것들이 있다.

THE INTERNATIONAL PHONETIC ALPHABET (revised to 2020)

CONSONANTS (PULMONIC) ⊕①⊕ 2020 IPA

	Bilabial	Labiodental	Dental	Alveolar	Postalveolar	Retroflex	Palatal	Velar	Uvular	Pharyngeal	Glottal
Plosive	p b			t d		ʈ ɖ	c ɟ	k g	q ɢ		ʔ
Nasal	m	ɱ		n		ɳ	ɲ	ŋ	ɴ		
Trill	ʙ			r					ʀ		
Tap or Flap		ⱱ		ɾ		ɽ					
Fricative	ɸ β	f v	θ ð	s z	ʃ ʒ	ʂ ʐ	ç ʝ	x ɣ	χ ʁ	ħ ʕ	h ɦ
Lateral fricative				ɬ ɮ							
Approximant		ʋ		ɹ		ɻ	j	ɰ			
Lateral approximant				l		ɭ	ʎ	ʟ			

Symbols to the right in a cell are voiced, to the left are voiceless. Shaded areas denote articulations judged impossible.

[그림 11] 국제음성기호(IPA)의 후음

[그림 11]을 통해 후음(Glottal)의 경우 파열음(Plosive)은 무성음 ([ʔ])만 발음 가능하고 유성음은 불가능하다는 것을 알 수 있다. ㆆ이 소리가 깊어 엉기지 못한다고 한 것은 바로 이러한 상황을 언급한 것으로 이해된다. 즉 후음의 전청 ㆆ은 무성음으로만 존재하고 유성음이 될 수 없음을 말한 것이다.

이에 비해 차청자 ㅎ의 소리는 얕아서 엉기어 전탁이 될 수 있기 때문이다: [그림 11]에서 볼 수 있듯이 후음 중 마찰음(Fricative)은 무성음([h])과 유성음([ɦ])으로 모두 발음 가능하다는 사실을 알 수 있다. 후음 중 파열음(Plosive) ㆆ은 성대 자체에서 조음되는 데 비해, 마찰음 ㅎ은 그것과 결합되는 모음의 조음위치를 갖게 되어 성대 위 구강에서 조음되기 때문에, ㆆ에 비해 조음위치가 얕아서 엉기어 전탁이 될 수 있다고 설명한 것이다. 그러므로 ㆆ이 아니라 ㅎ을 나란히 써서 후음의 전탁자 ㆅ을 만들었다. 후음 외 다른 전탁자들의 음가는 경음으로 설명된다. 그러나 후음의 경우 언어 보편적으로 /h/의 경음 /h*/가 존재하지 않을 뿐만 아니라, 후음의 전탁에 대응하는 중국 성운학의 성모인 갑모匣母 또한 /h*/가 아닌 유성음 /ɦ/이다. 그러므로 후음의 전탁자 ㆅ의 음가를 경음으로 보기는 어렵다.
후음의 전청자 ㆅ은 성운학의 갑모匣母의 음가 /ɦ/를 지향하여 만들어졌다. 그러나 한국어에는 유무성 대립이 없으므로 ㆅ의 음가가 유성음 /ɦ/로 실현되었다고 보기는 어렵다. 한국어에서 ㆅ은 후음 전청자 ㆆ과 음성적으로 차이가 없이 실현되었다고 생각된다. 이를 정리해 보면 아래와 같다.

	聲深淺	凝	음가	淸濁
ㆆ	深	×	[ʔ](무성 후두 파열음 Voiceless Glottal Plosive)	全淸
ㅎ	淺(比ㆆ)		[h](무성 후두 마찰음 Voiceless Glottal Fricative)	次淸
ㆅ		○	지향 음가: [ɦ](유성 후두 마찰음 Voiced Glottal Fricative) 실현 음가: [h](무성 후두 마찰음 Voiceless Glottal Fricative)	全濁

[해설]

이 부분은 앞서 청탁의 구별 가운데 탁에 관해 설명한 것이다. 전청자와 전탁자와의 관계, 후음 글자의 경우에만 차청자를 이용하여 전탁자를 만든 이유에 대해 설명하고 있다.

원래 전탁全濁은 중국 성운학에서 'bʰ, dʰ, gʰ, z' 등의 유성 장애음을 지칭하는 용어였으나, 훈민정음에서는 주로 국어의 경음(된소리)을 가리키는 개념으로 사용하였다. 이는 국어에 유성음이 존재하지 않았기 때문이다. 그러나 후음의 경우 전청 /h/에 대응하는 경음 /hˀ/가 언어 보편적으로 존재하지 않으므로 ㆆ의 전탁자 ㆅ은 실제로는 ㅎ과 동일하게 [h]의 음가로 실현되었다.

❼ 순경음 글자의 특성

ㅇ을 **순음(입술소리) 글자** 아래에 이어 쓰면 순경음(입술가벼운소리)을 나타내는 글자가 된다. ㅇ을 이어 쓴 것은 순경음(입술가벼운소리)이 입술을 살짝 다물어 **목구멍 소리가 많이 나기 때문이다.**

[원문]

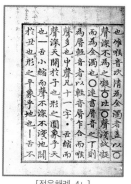

[정음해례 4ㄴ]

ㅇ ^{연 서 순 음 지 하}連書脣音之下。^{즉 위 순 경 음 자}則爲脣輕音者。^{이 경 음 순 사 합 이 후 성 다 야}以輕音脣乍合而喉聲多也。

[정음해례 4ㄴ:3~5]

[주석]

― **순음(입술소리) 글자:** 아랫입술을 윗입술에 대서 소리를 내는 순음(입술소리)을 나타내는 글자이다. 순음(입술소리)에는 무거운 소리(순중음)와 가벼운 소리(순경음)의 두 가지가 있다. 무거운 소리(순중음)는 두 입술을 완전히 막았다가 터트리며 발음하는 파열음이며, 가벼운 소리(순경음)는 두 입술을 살짝 다물어 만든 좁은 통로로 공기를 내보내며 발음하는 마찰음이다. 곧 ㅂ은 파열음인 무거운 소리(순중음)를 적은 것이고, ㅸ은 마찰음인 가벼운 소리(순경음)를 적은 것이다.

― **목구멍 소리가 많이 나기 때문이다:** 이것은 성문음(또는 후음)의 특성을 가리키는 것이 아니라, 두 입술을 좁혀 만들어 낸 통로를 통해 기류를 마찰시키는 조음의 특성을 말한 것이다. 좁은 통로를 통해 기류가 흐르는 발음의 특성을 목구멍 소리가 많다고 표현한 것이다. 참고로 '목구멍 소리'와 같이 띄어쓴 것은 후음^{喉音}을 가리키는 '목구멍소리'와 구분하기 위함이다.

[해설]

　이 부분은 순경음과 이를 나타내는 글자를 만드는 이어쓰기[連書^{연서}]에 대해 간략히 설명한 것이다. 순경음을 나타내기 위해 ㅸ과 같이 순음자 아래에 후음자 ㅇ을 이어 썼는데, 이는 두 입술 사이의 마찰성을 나타내기 위한 것이다.

❽ 중성 11자의 제자 원리

중성자는 모두 11자이다. •가 나타내는 소리를 낼 때는 **혀가 움츠러들어 소리가 깊으니 하늘이 자시**子時**에 열린 원리와 같다.** 글자의 둥근 모양은 하늘을 본뜬 것이다.

ㅡ가 나타내는 소리를 낼 때는 **혀가 조금 움츠러들어 소리가 깊지도 얕지도 않으니 땅이 축시**丑時**에 열린 원리와 같다.** 글자의 평평한 모양은 땅을 본뜬 것이다.

ㅣ가 나타내는 소리를 낼 때는 **혀가 움츠러들지 않아 소리가 얕으니 사람이 인시**寅時**에 생겨난 원리와 같다.** 글자의 곧추선 모양은 사람을 본뜬 것이다. 이하 8개 중성자를 **발음할 때에는 입이 오므려지거나 벌어진다.**

ㅗ가 나타내는 소리는 •와 동일하나 **입이 오므려지고,** 글자의 모양은 •가 ㅡ와 합쳐져 이루어졌으니 하늘과 땅이 처음 만난 뜻을 취한 것이다.

ㅏ가 나타내는 소리는 •와 동일하나 **입이 벌어지고,** 글자 모양은 ㅣ가 •와 합쳐져 이루어졌으니 하늘과 땅의 작용이 사물에 발현될 때 사람을 기다려 이루어짐을 취한 것이다.

ㅜ가 나타내는 소리는 ㅡ와 동일하나 **입이 오므려지고,** 글자 모양은 ㅡ가 •와 합쳐져 이루어졌으니 또한 하늘과 땅이 처음 만난 뜻을 취한 것이다.

ㅓ가 나타내는 소리는 ㅡ와 동일하나 **입이 벌어지고,** 글자 모양은 •가 ㅣ와 합쳐져 이루어졌으니 또한 하늘과 땅의 작용이 사물에 발현될 때 사람을 기다려 이루어짐을 취한 것이다.

ㅛ가 나타내는 소리는 ㅗ와 동일하나 **ㅣ의 소리에서 시작된다.**

ㅑ가 나타내는 소리는 ㅏ와 동일하나 ㅣ의 소리에서 시작된다.

ㅠ가 나타내는 소리는 ㅜ와 동일하나 ㅣ의 소리에서 시작된다.

ㅕ가 나타내는 소리는 ㅓ와 동일하나 ㅣ의 소리에서 시작된다.

[원문]

中聲凡十一字。・舌縮而聲深。天開於子也。形之圓。象乎天

也。ㅡ舌小縮而聲不深不淺。地闢於丑也。形之平。象乎地

也。ㅣ舌不縮而聲淺。人生於寅也。形之立。象乎人也。此下

八聲。一闔一闢。ㅗ與・同而口蹙。其形則・與ㅡ合而成。取天

地初交之義也。ㅏ與・同而口張。其形則ㅣ與・合而成。取天

地之用發於事物待人而成也。ㅜ與ㅡ同而口蹙。其形則ㅡ與・

合而成。亦取天地初交之義也。ㅓ與ㅡ同而口張。其形則・與

ㅣ合而成。亦取天地之用發於事物待人而成也。ㅛ與ㅗ同而起

於ㅣ。ㅑ與ㅏ同而起於ㅣ。ㅠ與ㅜ同而起於ㅣ。ㅕ與ㅓ同而

起於ㅣ。[정음해례 4ㄴ:5~5ㄴ:5]

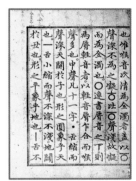

[정음해례 4ㄴ]

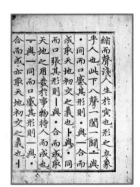

[정음해례 5ㄱ]

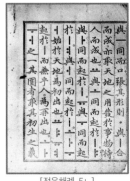

[정음해례 5ㄴ]

[주석]

ㅡ 혀가 움츠러들어 소리가 깊으니 ~ 혀가 조금 움츠러들어 소리가 깊지도 얕지도 않으니 ~ 혀가 움츠러들지 않아 소리가 얕으니: 모음의 발음을 조음적 측면, 즉 혀가 움츠러드는 정도와 음향적 관점, 즉 소리의 깊고 얕음에서 설명한 것이다. 먼저 조음적 측면에서 중성의 기본자인 ・, ㅡ, ㅣ를 혀의 전후 위치와 고저 위치로 이해해 볼 수 있다. ・[ʌ]는 혀의 전후 위치가 후설에 가깝고 혀의 높이가 낮은 모음이고, ㅡ[ɨ]는 혀의 전후 위치가 중설이며 혀의 높이가 약간 높은 모음이며, ㅣ[i]는 혀의 전후 위치가 전설이며 혀의 높이가 높은 모음으로 보인다. 이에 따라 ・[ʌ]는 혀가 뒤로 물러 움츠러들고, ㅡ[ɨ]는 혀가 조금 뒤로 물러 움츠러들며, ㅣ[i]는 혀가 움츠러들지 않는다고 설명한 것이다. 다음으로 음향

적 관점에서는 입안의 가장 깊은 곳에서 나는 ·는 소리가 깊다고 하였고, 중간 정도의 깊이에서 나는 ㅡ[ï]는 소리가 깊지도 얕지도 않다고 하였으며, 얕은 깊이에서 나는 ㅣ[i]는 소리가 얕다고 하였다.

— **하늘이 자시에 열린 원리와 같다 ~ 땅이 축시에 열린 원리와 같다 ~ 사람이 인시(寅時)에 생겨난 원리와 같다**: 천지의 시작과 끝을 논한 많은 책들 가운데 『춘추위』, 『열자』, 『황극경세서』 등이 대표적이다. 그 가운데 송나라 소옹(1011~1077)이 쓴 『황극경세서』의 '원회운세元會運世'설에서 제기한 우주 시간론이 11세기 이후 동아시아에서 그리고 조선왕조 학자들에게 가장 큰 영향력을 끼쳤다. 이 책에서 소옹은 우주가 한 번 개벽하여 소멸할 때까지를 1원元이라 하는데, 일원은 12회會, 1회는 30운運, 1운은 12세世, 1세는 30년이라고 했다. 따라서 1원은 30×12×30×12=129,600년이 된다. 12회는 '자축인묘진사오미신유술해'의 이름이 붙고 각 회는 10,800년이다. 하늘과 땅과 사람은 시차를 두고 차례로 생겨났는데 하늘이 생겨난 기간은 자회 기간이고, 땅이 생겨난 기간은 축회 기간이며, 사람이 생겨난 기간은 인회 기간이라 한다. 이를 나타내는 말이 "하늘은 자회에 열리고, 땅은 축회에 열리고, 사람은 인회에 생긴다."이다. <제자해>의 이 표현은 여기서 인용된 것이다. 결국 이것은 하늘과 땅과 사람의 순서처럼 기본자 3자도 상징하는 대상의 순서에 따라 ·, ㅡ, ㅣ가 된다는 점을 밝힌 것이다.

— **발음할 때에는 입이 오므려지거나 벌어진다**: 이는 원문의 '闔闢합벽'을 옮긴 것이다. 모음의 음가는 혀의 전후 위치 및 높낮이뿐 아니라 입술의 모양에 의해서도 결정된다. 입술의 모양과 관련해 모음은 원순 모음과 평순 모음 중 어느 하나에 속한다. '합闔'은 원순 모음을, '벽闢'은 비원순 모음, 즉 평순 모음을 지칭하는 것으로 이해된다. 8개의 중성 중 ㅗ, ㅜ, ㅛ, ㅠ는 '합闔'의 특성을, ㅏ, ㅓ, ㅑ, ㅕ는 '벽闢'의 특성을 지닌다. 실제로 같은 평순 모음인 ·, ㅡ와 비교해 볼 때 '벽闢'의 특성을 지닌 ㅏ, ㅓ, ㅑ, ㅕ가 입을 벌리는 정도, 즉 개구도가 더 크다는 점을 고려하면 '벽闢'은

실제적으로 평순과 개구의 두 가지 특성을 모두 지닌 것이라고
이해해 볼 수 있다.

— **입이 오므려지고:** 원문의 '口蹙구축'을 옮긴 것으로 원순 모음이
지니는 특성, 즉 입술을 둥글게 해 발음하는 조음적 특성을 가리
키는 것이다. ·에 이 특성이 첨가되면 ㅗ가 되고, ㅡ에 이 특성
이 첨가되면 ㅜ가 된다.

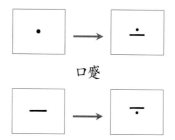

— **입이 벌어지고:** 원문의 '口張구장'을 옮긴 것으로 혀의 위치가 낮
아지는 특성, 즉 입을 벌리는 정도가 커지는 조음적 특성을 가리
키는 것이다. ·에 이 특성이 첨가되면 ㅏ가 되고, ㅡ에 이 특성
이 첨가되면 ㅓ가 된다.

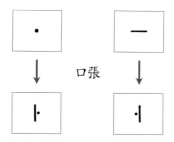

— **ㅣ의 소리에서 시작된다:** 반모음 ㅣ[j]에서 발음이 시작된다는 말
이다. 이는 반모음 ㅣ[j]가 단모음 앞에 결합해 만들어진 이른바
j계 상향 이중모음을 지칭하는 것으로 ㅛ, ㅑ, ㅠ, ㅕ는 반모음
ㅣ 뒤에 각각 단모음 ㅗ, ㅏ, ㅜ, ㅓ가 결합된 이중모음이다.

[해설]

　이 부분은 중성의 기본자 ·, ㅡ, ㅣ와 나머지 8자 ㅗ, ㅏ, ㅜ, ㅓ, ㅛ, ㅑ, ㅠ, ㅕ가 나타내는 소리의 음성적 특성을 성리학적 논의와 결부시켜 설명한 것이다. 중성의 세 기본자 ·, ㅡ, ㅣ의 소리는 혀의 전후 위치와, 혀의 높낮이에 의해 입을 벌리는 정도에 따라 나눌 수 있는데, ·의 소리는 상대적으로 입안의 뒤쪽 깊은 데서 나고, ㅣ의 소리는 앞쪽 얕은 데에서 난다. ㅡ의 소리는 그 가운데 깊지도 얕지도 않은 데서 난다. 세 글자 모두 모양을 본뜬 것인데, ·는 하늘의 둥근 모양을, ㅡ는 땅의 평평한 모양을, 그리고 ㅣ는 사람이 서 있는 모양을 본뜬 것이다. 하늘과 땅과 사람은 동시에 생긴 것이 아니라 하늘, 땅, 사람의 차례대로 생겨났다.

　한편, 나머지 8자의 소리는 입술 모양과 입을 벌리는 정도, 반모음 ㅣ의 결합 여부에 따라 여러 가지 유형으로 분류가 가능하다. 먼저 입술 모양을 둥글게 하여 발음하는 '口蹙구축'의 특성을 가진 모음에는 ㅗ, ㅜ, ㅛ, ㅠ가 있다. 다음으로 입을 상대적으로 더 벌려 발음하는 '口張구장'의 특성을 가진 모음에는 ㅏ, ㅓ, ㅑ, ㅕ가 있다. 또한 반모음 ㅣ가 결합한 '起於기어 ㅣ' 모음, 즉 j계 상향 이중모음에는 ㅛ, ㅑ, ㅠ, ㅕ가 있다. 이와 같은 내용을 표로 정리해 보면 다음과 같다.(+, -는 관련된 특성이 있고 없음을, 0은 중립적임을 나타냄)

	·	ㅡ	ㅣ	ㅗ	ㅏ	ㅜ	ㅓ	ㅛ	ㅑ	ㅠ	ㅕ
闔 / 口蹙	0	0	0	+	-	+	-	+	-	+	-
闢 / 口張	0	0	0	-	+	-	+	-	+	-	+
起於ㅣ	-	-	-	-	-	-	-	+	+	+	+

　참고로 원문의 '闔합'과 '口蹙구축'은 모두 입술이 둥근 특성을 지칭한 것으로 이해된다. 이에 비해 '闢벽'과 '口張구장'은 모두 입술이 평평한 특성을 지칭한 것으로 이해될 수 있으나 ·, ㅡ가 기본적으로 평순 모음이라는 특성을 고려하면 '口張구장'을 단지 입술이 평평한 특성으로만 파악하는 것이 충분해 보이지 않는다. 그것은 ·, ㅡ가 가지고 있지 않은 '口張구장'이라는 특성을 ㅏ와 ㅓ가 가지고 있기 때문이다. 그렇다면 ·에 대해 ㅏ가, ㅡ에 대해 ㅓ가 가지고 있는 특성이란 입을 벌리는 정도, 즉 개구도가 더 크다는 점이라고 보는 것이 합리적이다. 요컨대, 기본 모음 ·, ㅡ가 지니고 있는 특성을 기준으로 하여 '구축'은 입이 오므라들어 입술이 둥글어지는 것을, '구장'은 입술이 평평하며 입이 더 벌어지는 것을 나타내므로 나머지 8개 모음의 특성은 기본 모음과의 상대적인 비교를 통해 이해해 볼 수 있다.

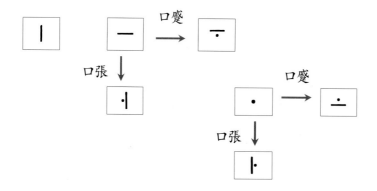

❾ 초출자와 재출자

ㅗ, ㅏ, ㅜ, ㅓ는 하늘과 땅에서 시작되어 **처음 생겨난 것이다.**

ㅛ, ㅑ, ㅠ, ㅕ는 사람을 상징하는 ㅣ가 나타내는 소리를 겸하고 있으니 **다시 생겨난 것이다.**

ㅗ, ㅏ, ㅜ, ㅓ에 ·가 하나인 것은 처음 생겨난 뜻을 취한 것이다.

ㅛ, ㅑ, ㅠ, ㅕ에 ·가 두 개인 것은 다시 생겨난 뜻을 취한 것이다.

ㅗ, ㅏ, ㅛ, ㅑ에서 ·가 위나 바깥쪽에 놓인 것은 ㅗ, ㅏ, ㅛ, ㅑ가 하늘에서 나와 양의 특성을 지니기 때문이다.

ㅜ, ㅓ, ㅠ, ㅕ에서 ·가 아래나 안쪽에 놓인 것은 ㅜ, ㅓ, ㅠ, ㅕ가 땅에서 나와 음의 특성을 지니기 때문이다.

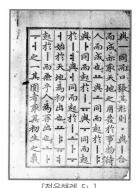

[정음해례 5ㄴ]

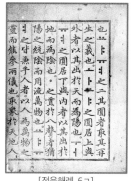

[정음해례 6ㄱ]

[원문]

ㅗㅏㅜㅓ 始於天地。爲初出也。 ㅛㅑㅠㅕ 起於ㅣ而兼乎人。爲再出也。 ㅗㅏㅜㅓ 之一其圓者。取其初生之義也。 ㅛㅑㅠㅕ 之二其圓者。取其再生之義也。 ㅗㅏㅛㅑ 之圓居上與外者。以其出於天而爲陽也。 ㅜㅓㅠㅕ 之圓居下與內者。以其出於地而爲陰也。 [정음해례 5ㄴ:5~6ㄱ:5]

[주석]

ㅡ　**처음 생겨난 것이다:** 훈민정음의 중성 11자는 기본자인 ·, ㅡ, ㅣ의 세 자를 바탕으로 하여, 처음 생겨난 4자(초출자 ㅗ, ㅏ, ㅜ, ㅓ)와 다시 생겨난 4자(재출자 ㅛ, ㅑ, ㅠ, ㅕ)를 만들어 모두 11

자가 되었다. 처음 생겨난 글자, 곧 초출자는 ㅗ, ㅏ, ㅜ, ㅓ의 넷으로 기본자와 더불어 단모음이다.

__　다시 생겨난 것이다:__ 초출자 ㅗ, ㅏ, ㅜ, ㅓ가 반모음 [j]에서 시작하면 이중 모음 ㅛ, ㅑ, ㅠ, ㅕ가 된다. 이 글자들은 초출자 ㅗ, ㅏ, ㅜ, ㅓ에 ·를 다시 첨가하여 만들었으므로 다시 생겨난 글자, 즉 재출자인 것이다. 이 재출자들은 단순 모음 ㅗ, ㅏ, ㅜ, ㅓ의 앞에 반모음 [j]가 결합되어 ㅛ, ㅑ, ㅠ, ㅕ가 되었으므로, 상향 이중 모음이다.

[해설]

　이 부분은 초출자와 재출자 제자 방식의 철학적 의미, 초출자와 재출자가 음성 모음과 양성 모음이 되는 이치에 대해 설명한 것이다.

　ㅗ, ㅏ, ㅜ, ㅓ는 단모음을 나타내는 글자이고, ㅛ, ㅑ, ㅠ, ㅕ는 반모음 ㅣ가 단모음 앞에 있는 상향 이중 모음을 나타내는 글자이다. 글자꼴에서 ·가 하나인 것은 단모음을, ·가 두 개인 것은 이중 모음을 나타낸다. 그리고 ㅗ, ㅏ, ㅛ, ㅑ는 양성 모음을, ㅜ, ㅓ, ㅠ, ㅕ는 음성 모음을 나타내는 글자이다. 글자꼴에서 양성 모음을 나타내는 글자는 ·가 위나 바깥쪽에 놓이고, 음성 모음을 나타내는 글자는 ·가 아래나 안쪽에 놓인다.

　이처럼 훈민정음은 ·, ㅡ, ㅣ를 기본자로 하여 ·가 한 번 들어간 ㅗ, ㅏ, ㅜ, ㅓ는 초출자가 되고, ·가 두 번 들어간 ㅛ, ㅑ, ㅠ, ㅕ는 재출자가 되어 시각적으로 기본자, 초출자, 재출자의 구분이 용이하다.

❿ 중성자와 삼재

・가 중성 8자에 모두 들어 있는데 이는 마치 **양이 음을 통솔하여 두루 만물을 생성하고 변화시키는 것과 같다.** ㅛ, ㅑ, ㅠ, ㅕ가 나타내는 소리에 모두 사람으로 상징되는 ㅣ 소리가 들어 있는 것은 사람이 만물의 영장으로서 하늘과 땅이 하는 모든 일에 참여하기 때문이다. 중성 글자들이 하늘(・), 땅(ㅡ), 사람(ㅣ)의 모양을 취하니 삼재의 원리가 갖추어졌다. 그러나 하늘, 땅, 사람은 만물보다 먼저 나왔으며 그 가운데 하늘이 삼재의 시초가 되는 것은, ・, ㅡ, ㅣ 세 글자가 중성 여덟 글자 ㅗ, ㅏ, ㅜ, ㅓ, ㅛ, ㅑ, ㅠ, ㅕ의 선두가 되며 ・가 또한 ・, ㅡ, ㅣ 세 글자의 으뜸이 되는 것과 같다.

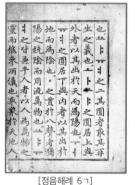

[정음해례 6ㄱ]

[정음해례 6ㄴ]

[원문]

_{지관어팔성자　유양지통음이주류만물야}　　　　　　　　　　_{지개겸}
・之貫於八聲者。猶陽之統陰而周流萬物也。ㅛㅑㅠㅕ之皆兼

_{호인자　이인위만물지령이능참양의야　　취상어천지인이삼재}
乎人者。以人爲萬物之靈而能參兩儀也。　取象於天地人而三才

_{지도비의　　연삼재위만물지선。이천우위삼재지시。유　・ㅡㅣ}
之道備矣。　然三才爲萬物之先。而天又爲三才之始。猶・ㅡㅣ

_{삼　자위팔성지수　이　　우위삼자지관야}
三字爲八聲之首。而・又爲三字之冠也。[정음해례 6ㄱ:5~6ㄴ:4]

[주석]

— **양이 음을 통솔하여 두루 만물을 생성, 변화하는 것과 같다**: ・는 중성 초출자와 재출자 여덟 자에 모두 들어 있다. 즉 ㅗ, ㅏ, ㅜ, ㅓ, ㅛ, ㅑ, ㅠ, ㅕ에는 사람(ㅣ)과 땅(ㅡ)의 상하 좌우에 ・가 모두 들어 있다. ・가 상하 좌우에 모두 들어 있다는 것은 양에도 음에도 모두 들어 있다는 뜻이다. 양과 음은 대립되지만 본질적으로 양이 음을 통솔하여 만물 생성에 두루 관여하는 것으로 보

고 있다. 음양론에서는 음과 양이 시간의 흐름에 따라 한 번씩 교대로 나타나고, 구조에 따라 양과 음이 서로 맞서면서 서로를 필요로 하는 관계에 있다고 한다. 그런데 음과 양에서 일차적인 것 그리고 지배적인 것은 음이 아니라 양이라고 한다. 즉 양은 본질적으로는 음을 지배하는 것이다. 『주역』에서 하늘과 땅을 나타내는 건괘와 곤괘의 관계에서 양(하늘)이 음(땅)을 지배하고 이끌며, 음(땅)은 양(하늘)에 순응하며 따라가는 관계로 설명한다. 즉 양은 존귀하고 음은 비천하다는 가치 평가가 개입되어 있다. 세상에 존재하는 모든 것에는 음에 속하는 물건이라 해도 그 안에 양이 들어 있지 않은 것이 없고 양이 지배하지 않은 것이 없다는 논리이다.

ㅛ, ㅑ, ㅠ, ㅕ가 나타내는 소리에 모두 사람으로 상징되는 ㅣ 소리가 들어 있는 것은 사람이 만물의 영장으로서 하늘과 땅이 하는 모든 일에 참여하기 때문이다: ㅛ ㅑ ㅠ ㅕ는 각각 반모음 ㅣ가 ㅗ, ㅏ, ㅜ, ㅓ와 결합하여 만들어진 이중모음을 나타낸 글자인데, 여기에서는 이들 글자에 포함되어 있는 반모음 ㅣ를 사람으로 상징화하였다. 그것은 사람이 만물 가운데 신령한 지각靈覺 능력을 지닌 가장 뛰어난 존재이기 때문이다. 성리학에서는 사람을 하늘과 땅의 가장 맑고 순수한 기운을 받은 존재로 보기 때문이다. ·, ㅡ, ㅣ 세 글자는 각각 삼재인 천天 지地 인人을 형상한다. 전통적으로 사람은 만물의 영장靈長이라고 하였다. 영장이란 말은 영靈에 있어서 으뜸가는 존재라는 뜻인데 여기서의 영靈은 통상 지각 능력, 투시력 등을 뜻한다. 다시 말하면 사람은 만물 가운데 지각 능력이나 투시력이 가장 뛰어나다는 것이다. 송대의 주돈이가 지은 『태극도설』에 따르면 만물이 모두 하늘과 땅의 기운을 받아 생성이 되었는데 그 가운데 사람이 하늘과 땅의 가장 빼어난 기운, 곧 맑고 순수한 기운을 받아 태어났기에 만물 가운데 가장 영험靈驗하다고 하였다. 일찍부터 사람은 만물 가운데 영적으로 가장 뛰어난 존재이기에 하늘과 땅이 하는 일에 참여하여 도울 수 있다고 생각하였다. 그리고 하늘과 땅이 하는 일에 참여하여 도울 수 있는 단계에 이른 사람만이 하늘, 땅과 더불어 셋이 될 수 있다고 보았다.

— 하늘, 땅, 사람은 만물보다 먼저 나왔으며, 그 가운데 하늘이 삼재의 시초가 되는 것은: 성리학에서는 하늘, 땅, 그리고 사람의 순서로 생겨났다고 말한다. 이 가운데 가장 으뜸가고 지배적이며 주도적인 것은 하늘이다. 하늘은 땅과 사람과 각각 대립되는 것으로도 보지만, 하늘은 땅과 사람을 지배하고 땅과 사람을 그 안에 담고 있다고도 본다. 마치 양이 음과 대립하기도 하지만 동시에 음을 지배하는 것과 같다.

[해설]

이 부분은 ㆍ와 ㅣ의 문자적 기능을 각각 '하늘'과 '사람'에 대한 성리학적 차원에서 설명한 것이다. 중성 11자 전체에 대한 기본자에서 삼재三才의 이치 및 중요성을 말하되, 특히 '하늘'에 해당하는 ㆍ의 역할을 강조하고 있다.

ㆍ는 중성 8자에 모두 들어 있다. 즉 ㅏ, ㅓ, ㅗ, ㅜ는 사람과 땅의 상하 좌우에 하나씩 들어 있고 ㅑ, ㅛ, ㅕ, ㅠ에는 ㆍ가 역시 사람과 땅의 상하 좌우에 두 개씩 들어 있다. 상하좌우에 모두 들어 있다는 것은 양에도 음에도 모두 들어 있다는 것이다. 이는 마치 양이 음과 대립하지만 본질적으로 양은 음을 통솔하기도 하는 것이어서 만물 생성에 두루 관여하는 것과 같다고 할 수 있다. 세상에 존재하는 모든 것에는 음에 속하는 물건이라 해도 그 안에 양이 들어 있지 않은 것이 없고 양이 지배하지 않은 것이 없음과 같다.

ㅛ, ㅑ, ㅠ, ㅕ가 나타내는 소리는 ㅣ[j]+ㅗ[o], ㅣ[j]+ㅏ[a], ㅣ[j]+ㅜ[u], ㅣ[j]+ㅓ[ə]과 같은 소리의 연쇄로 볼 수 있어서 모두 사람을 상징하는 ㅣ 소리를 겸하고 있다. 이것은 사람이 만물 가운데 신령한 지각에 있어서는 으뜸가는 존재로서 하늘과 땅이 하는 모든 일에 참여하기 때문이다. 이렇게 중성의 글자는 하늘·땅·사람의 모양을 모두 취하니 삼재의 도가 갖추어졌다고 할 수 있다. 삼재는 만물의 선두가 되고, 그 가운데 하늘이 삼재의 시초가 되는 것은 기본자 ㆍ, ㅡ, ㅣ 3자가 중성 8자의 머리가 되고 ㆍ가 기본 3자의 으뜸이 되는 것과 같다. "먼저先", "시초始", "선두首", "으뜸冠"은 사실상 같은 뜻을 갖는데, 이렇듯 다양하게 언급된 것은 표현의 변화를 주기 위한 것으로 보인다.

⑪ 중성자와 음양오행

ㅗ는 하늘에서 처음 생겨난 것으로 천수天數로는 1이고 수水를 낳는 자리이다.

ㅏ는 그 다음으로 생겨난 것으로, 천수天數로는 3이고 목木을 낳는 자리이다.

ㅜ는 땅에서 처음 생겨난 것으로, 지수地數로는 2이고 화火를 낳는 자리이다.

ㅓ는 그 다음으로 생겨난 것으로, 지수地數로는 4이고 금金을 낳는 자리이다.

ㅛ는 하늘에서 다시 생겨난 것으로, 천수天數로는 7이고 화火를 이룬 수이다.

ㅑ는 그 다음으로 다시 생겨난 것으로, 천수天數로는 9이고 금金을 이룬 수이다.

ㅠ는 땅에서 다시 생겨난 것으로, 지수地數로는 6이고 수水를 이룬 수이다.

ㅕ는 그 다음으로 생겨난 것으로, 지수地數로는 8이고 목木을 이룬 수이다.

수水(ㅗ, ㅠ)와 화火(ㅜ, ㅛ)는 기氣에서 벗어나지 않고 음과 양이 서로 만난 시초로서 닫힌 특성[闔합 원순모음]을 갖는다. 목木(ㅏ, ㅕ)과 금金(ㅓ, ㅑ)은 음과 양의 정해진 바탕으로서 열린 특성[闢벽 평순개구모음]을 갖는다.

ㆍ는 천수天數로는 5이고 토土를 낸 자리이다.

ㅡ는 지수地數로는 10이고 토土를 이루는 수이다.

ㅣ만이 유독 자리나 수가 없는 것은, 대개 사람은 무극無極의

진수^{眞髓}와 음양오행의 정수^{精髓}가 오묘하게 결합해 엉긴 존재로서 정해진 자리와 이룬 수로는 논할 수가 없기 때문이다. 이렇듯 중성자 또한 자연히 음양, 오행, 방위의 수가 있는 것이다.

[원문]

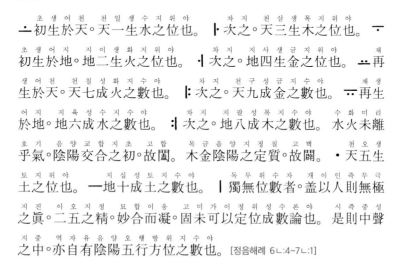

ㅗ初生於天。天一生水之位也。ㅏ次之。天三生木之位也。ㅜ
초 생 어 천 천 일 생 수 지 위 야 　 차 지 천 삼 생 목 지 위 야

初生於地。地二生火之位也。ㅓ次之。地四生金之位也。ㅛ再
초 생 어 지 지 이 생 화 지 위 야 　 차 지 지 사 생 금 지 위 야 　 재

生於天。天七成火之數也。ㅑ次之。天九成金之數也。ㅠ再生
생 어 천 천 칠 성 화 지 수 야 　 차 지 천 구 성 금 지 수 야 　 재 생

於地。地六成水之數也。ㅕ次之。地八成木之數也。水火未離
어 지 지 육 성 수 지 수 야 　 차 지 지 팔 성 목 지 수 야 　 수 화 미 리

乎氣。陰陽交合之初。故闔。木金陰陽之定質。故闢。•天五生
호 기 음 양 교 합 지 초 고 합 목 금 음 양 지 정 질 고 벽 　 천 오 생

土之位也。一地十成土之數也。ㅣ獨無位數者。盖以人則無極
토 지 위 야 지 십 성 토 지 수 야 　 독 무 위 수 자 개 이 인 즉 무 극

之眞。二五之精。妙合而凝。固未可以定位成數論也。是則中聲
지 진 이 오 지 정 묘 합 이 응 고 미 가 이 정 위 성 수 론 야 시 즉 중 성

之中。亦自有陰陽五行方位之數也。[정음해례 6ㄴ:4~7ㄱ:1]
지 중 역 자 유 음 양 오 행 방 위 지 수 야

[주석]

ㅡ ㅗ는 하늘에서 처음 생겨난 것으로 천수^{天數}로는 1이고 수^水를 낳는 자리이다. ~ ㅕ는 그 다음으로 생겨난 것으로, 지수^{地數}로는 8이고 목^木을 이룬 수이다: 오행과 숫자와 위치를 연결하는 것은 숫자에 이치가 담겨 있고, 이치가 수로 나타난다는 역학의 수리 철학에서 빌려 온 것이다. 『주역』에서 천지의 수를 1-10까지라고 하고 홀수인 1, 3, 5, 7, 9를 천수^{天數}, 짝수인 2, 4, 6, 8, 10을 지수^{地數}로, 다시 1-5까지는 생위^{生位}, 6-10까지는 성수^{成數}로 구별하며 또 각각 오행과 방위에 연결하였다. 곧 생수 1과 성수 6은 수^水·북^北 2, 7은 화^火·남^南 3, 8은 목^木·동^東 4, 9는 금^金·서^西 5, 10은 토^土·중앙^{中央}이다. 이는 하도^{河圖}, 곧 황하에서 나왔다는 그림에서 발원하여 송대에 널리 확산되고 성리학에 접속된 사상이다. 아래 제시한 그림이 바로 하도^{河圖}이다.

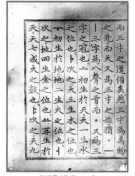

[정음해례 6ㄴ]

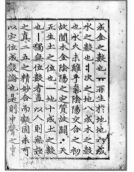

[정음해례 7ㄱ]

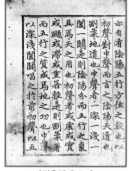

[정음해례 7ㄴ]

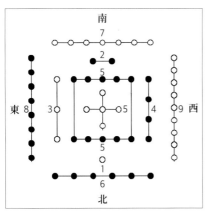

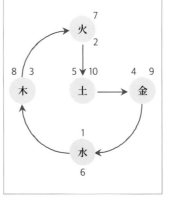

[그림 8] 하도(河圖) [그림 9] 하도(河圖)의 상생 순환

ㅗ, ㅏ, ㅜ, ㅓ는 하도에서 한 가운데 있는 ·를 중심으로 네 외곽과 더불어 구성되는 글자이며 각각의 사면 방위와 관련된다. ·는 하늘 수 5이고 5는 생위이므로 땅을 낳는다고 했고, ㅡ는 지수 10인데 성수이므로 토를 이루는 수라고 했다.

수水(ㅗ, ㅜ)와 화火(ㅜ, ㅗ)는 기氣에서 벗어나지 않고 음과 양이 서로 만난 시초로서 닫힌 특성[闔 원순모음]을 갖는다. 목木(ㅏ, ㅓ)과 금金(ㅓ, ㅑ)은 음과 양의 정해진 바탕으로서 열린 특성[闢 평순개구모음]을 갖는다: 음양오행에 대해서는 다양한 해석이 있지만 여기서는 소옹의 『황극경세서』 그리고 주자의 『태극해의』에 나타난 해석이 사용되었다. 오행, 곧 '목, 화, 토, 금, 수'는 음양의 두 기가 분화된 것이다. 이 가운데 수와 화는 기氣에 가깝고, 목과 금은 질質에 가깝다. 기에 가깝다는 것은 음양이 서로 만나는 시초 상태이고, 질에 가깝다는 것은 음양의 교합이 거의 완성 단계에 있음을 의미한다. 물과 불처럼 형태가 고정되어 있지 않은 것은 기氣에, 나무나 쇠와 같이 형질이 고정되어 있는 것은 질質로 구분하기도 한다.

대개 사람은 무극無極의 진수眞髓와 음양오행의 정수精髓가 오묘하게 결합해 엉긴 존재로서 정해진 자리와 이룬 수로는 논할 수가 없기 때문이다: 주돈이의 『태극도설』에서 만물 생성을 설명하는 과정을 보면 무극의 진眞과 음양오행의 정精이 오묘하게 결합하여 하늘의 도가 남성적인 것, 땅의 도가 여성적인 것이 되었고, 이것이 교감하여 만물이 생겨났다고 하였다. 여기서 무극의 진수, 즉 태극의 진수는 이理에 속하며, 음양오행의 정은 기氣를 가리킨다. 그런데 이理는 동일하지만 기氣는 맑고 흐리고[청탁淸濁] 순수하고 잡박한[수박粹駁] 차이가 있다. 만물의 동일성은 이理에, 만물의 차별성은 기氣에 그 원인이 있다는 것이다. 만물이 모두 태극의 이理와 음양오행의 기氣의 결합에 의하여 생성되었지만 사람은 기氣 가운데서 가장 맑고 순수한 것을 받아 만들어졌기 때문에 만물 가운데 가장 신령한 지각을 지닌 존재가 되었다고 한다. 그래서 사람을 만물의 영장靈長이라고 하는 것이다. 사람이 받은 기는 일부가 아니라 전체이다. 즉 사람 이외의 다른 것들은 오행 가운데 그 하나를 갖고 있으나 사람은 오행을 다 갖고 있다. 따라서 사물들이 오행의 어느 하나에 해당하는 방위나 숫자를 갖는 것과 달라서 사람은 그 위치나 숫자가 고정되어 있지 않다.

[해설]

　이 부분은 중성자 가운데 초출자와 재출자, 그리고 기본자가 생성된 순서를 역학과 수리 철학으로 설명한 것이다. 중성 11자를 숫자와 오행으로 연결하고 있는데, 숫자에 원리가 담겨 있고 원리가 숫자로 나타난다는 점을 역학과 수리 철학을 바탕으로 설명하였다.

　『주역』「계사」에서는 1부터 10까지의 수에서 홀수인 1, 3, 5, 7, 9를 천수天數에, 짝수인 2, 4, 6, 8, 10을 지수地數에 배당하였다. 이를 정현鄭玄의 『역법易法』에서는 천지의 수를 1에서 5까지를 생위生位, 6에서 10까지를 성수成數라 하였다. 그리고 여기에다 오행과 사계, 방위를 결부하였으며, 홀수를 양陽, 짝수를 음陰으로 보았다. 이를 토대로 『훈민정음』의 <제자해>에서 중성자를 수리 철학으로 설명할 때 홀수를 양성 모음에, 짝수를 음성 모음에 결부시킨 것이다. 이러한 내용을 간략히 도식화하면 다음과 같다.

<제자해>에서는 중성자를 천지의 수로 설명하였는데 기본적으로 홀수인 1, 3, 5, 7, 9를 천수天數로, 짝수인 2, 4, 6, 8, 10을 지수地數로 보았다. 그리고 이를 다시 1에서 5까지는 생위生位, 6에서 10까지는 성수成數로 구별하면서 각각 오행에 연결하였다. 이를 정리하면 생위 1과 성수 6은 수水, 생위 2와 성수 7은 화火, 생위 3과 성수 8은 목木, 생위 4와 성수 9는 금金, 생위 5과 성수 10은 토土가 된다. 결과적으로 초출자 ㅗ, ㅜ, ㅏ, ㅓ와 기본자 ·는 각각 생위生位 1, 2, 3, 4와 5로 나타나며, 재출자 ㅠ, ㅛ, ㅕ, ㅑ와 기본자 ―는 각각 성수成數 6, 7, 8, 9와 10으로 나타난다. 또한 양성 모음 ·, ㅗ, ㅏ, ㅛ, ㅑ는 천수天數로서 각각 홀수 5, 1, 3, 7, 9로, 음성 모음 ―, ㅜ, ㅓ, ㅠ, ㅕ는 지수地數로서 각각 짝수 10, 2, 4, 6, 8로 나타난다. 이상의 내용을 표로 정리하면 아래와 같다.

중성자	분류	천지의 수	천수	지수	생위	성수	오행	음양	합벽
초출자	ㅗ	1	○		○		수	양	합
	ㅏ	3	○		○		목	양	벽
	ㅜ	2		○	○		화	음	합
	ㅓ	4		○	○		금	음	벽
재출자	ㅛ	7	○			○	화	양	합
	ㅑ	9	○			○	금	양	벽
	ㅠ	6		○		○	수	음	합
	ㅕ	8		○		○	목	음	벽
기본자	·	5	○		○		토	양	
	―	10		○		○	토	음	
	ㅣ	천지의 수가 정해져 있지 않음							

⑫ 중성과 초성의 대비

초성을 중성과 대비시켜 말해 보겠다. **음양은 하늘의 원리이고, 강유**剛柔**는 땅의 원리이다.**

중성은 각각 소리가 깊거나[深심], 얕거나[淺천], 입이 오므려지거나[闔합], 벌어지므로[闢벽] 이는 **음양이 나뉘고 오행의 기**氣**가 갖추어져 있는 것이니 하늘의 작용이다.**

초성의 후음은 비어 있고 아음은 차 있고 설음은 날리고 치음은 걸리고 순음은 무겁거나 가벼우니, 이는 **강유가 드러나 오행의 질**質**이 이루어진 것으로서 땅의 공로이다.**

이러한 중성이 심천합벽으로서 앞에서 부르면 초성이 오음청탁으로서 뒤에서 화답하여 초성은 다시 종성이 되니, 이는 마치 만물이 땅에서 처음 생겨났다가 땅으로 되돌아감과 같은 이치이다.

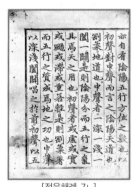

[정음해례 7ㄴ]

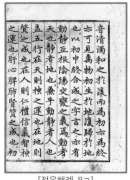

[정음해례 8ㄱ]

[원문]

이초성대중성이언지　음양　천도야　강유　지도야　중성자
以初聲對中聲而言之。陰陽。天道也。剛柔。地道也。中聲者。

일심일천일합일벽　시즉음양분이오행지기구언　천지용야
一深一淺一闔一闢。是則陰陽分而五行之氣具焉。天之用也。

초성자　혹허혹실혹양혹체혹중약경　시즉강유저이오행지질
初聲者。或虛或實或颺或滯或重若輕。是則剛柔著而五行之質

성언　지지공야　중성이심천합벽창지어전　초성이오음청탁
成焉。地之功也。中聲以深淺闔闢唱之於前。初聲以五音淸濁

화지어후　이위초역위종　역가견만물초생어지　복귀어지야
和之於後。而爲初亦爲終。亦可見萬物初生於地。復歸於地也。

[정음해례 7ㄴ:1~8ㄱ:3]

[주석]

__ **음양은 하늘의 원리이고, 강유**剛柔**는 땅의 원리이다:** 이는 하늘의

원리를 설명하는 데에는 음양의 개념이 적절하고, 땅의 원리를 설명하는 데에는 강유의 개념이 적합하다는 것이다. 음양은 기^氣, 강유는 질^質을 나타낸다. 이러한 내용은 다음과 같이 『주역』 설괘전^{說卦傳} 제2장에 나타나 있다. "옛날 성인이 『역』을 지은 것은 이것으로 성명^{性命}의 이치에 순응하려고 한 것이다. 이런 까닭에 천도^{天道}를 음^陰과 양^陽으로, 지도^{地道}를 유^柔와 강^剛으로, 인도^{人道}를 인^仁과 의^義로 설명하였다. 천·지·인 삼재 각각을 둘로 나누었으므로, 『역』은 여섯 번 그어 괘가 되고 음으로 양으로 나뉘고 유와 강이 교대로 사용되었다. 따라서 『역』은 여섯 자리가 되어 하나의 빛나는 문양을 이루었다.^{昔者聖人之作易也, 將以順性命之理. 是以立天之道曰陰與陽, 立地之道曰柔與剛, 立人之道曰仁與義. 兼三才而兩之, 故易六畫而成卦, 分陰分陽, 迭用柔剛, 故易六位而成章}"라고 하였다. 이처럼 천지인 가운데 어느 세계에 있느냐에 따라서 음양은 각각 모습을 달리하지만 본질적인 바탕은 같은 것으로 이해할 수 있다.

음양이 나뉘고 오행의 기운이 갖추어져 있는 것이니 하늘의 작용이다: 음과 양이 분화하여 오행이 된다. 통상 음양은 하늘과 땅을 포괄하는 개념이다. 이때는 양이 하늘, 음이 땅을 상징한다고 한다. 그런데 하늘과 땅을 구별하여 말할 때에는 하늘은 음양의 기로, 땅은 강유의 질로 구별하여 설명한다. 천도가 음양이라고 하는 것은 하늘의 운행에 따라 나타나는 낮과 밤, 해와 달 같은 것에 의한 현상을 말하는 것이다. 땅을 강유로 설명할 때에는 산천목금처럼 그 부드러운 것과 굳센 것을 나누어 배속시키는 것이다. 중성은 천도에 속하는 것이니 소리가 깊거나 얕거나 입이 오므려지거나 벌어지거나 하는 것은 마치 천도에 음과 양이 있고, 이 음양이 나뉘어 오행의 기가 갖추어지는 것과 같은 작용이라는 뜻이다.

강유가 드러나 오행의 바탕이 이루어진 것이니 땅의 공로이다: 음양으로 천지를 말하면 땅은 음이지만 땅을 강과 유로 말하면 땅에 있는 것들 가운데 그 형체가 굳은 것과 부드러운 것으로 나누어 설명하는 것이니 오행에서는 나무는 유, 쇠는 강이라 하고 이를 바탕이라 한다. 초성과 지도에 속하는 것이 그 소리에 비어 있음, 차 있음, 날림, 걸림, 무거움, 가벼움의 분화가 일어나는 것은 마치 지도에 강과 유가 드러나 오행의 질質이 이루어진 것과 같으니 땅이 일을 하여 이루어진 공로와 같다.

— **이러한 중성이 심천합벽으로서 앞에서 부르면 초성이 오음청탁으로서 뒤에서 화답하여 초성은 다시 종성이 되니:** 음절을 이룰 때에 중성이 중심이 되고 초성과 종성이 중성의 앞과 뒤에 위치하는 상황을 이야기한 것이다. 모음은 핵모음核母音 nucleus이 되어 음절의 중심을 이루고, 자음은 모음의 앞과 뒤에서 각각 음절의 초성onset과 종성coda이 된다. 이러한 중성이 심천합벽으로서 '앞에서 이끄는 것'으로, 초성과 종성이 중성의 앞뒤에 오는 것을 '화답하는 것'으로 설명했다.

[해설]

이 부분은 중성을 오행과 하늘의 원리인 음양으로, 초성을 오행과 땅의 원리인 강유로 설명함으로써 중성과 초성의 기능을 대비하고, 초성이 다시 종성이 되는 양상을 설명한 것이다.

음양과 오행은 기와 질로 설명해 볼 수 있다. 음양은 기이고 오행은 기와 질로 구분되는데, 음양이 분화하여 오행이 되므로 기가 분화하여 기와 질이 된다. 이때 음양의 기가 분화하여 어떻게 기와 질로 나뉘느냐에 대한 의문이 생긴다. 전통적으로 오행 가운데 하늘에 있는 것은 기로, 땅에 있는 것은 질로 보아 왔다. 기는 질에 비하여 순수하고 보고 만질 수 없는 것이고, 질은 기에 비하여 형체를 지니고 감각적으로 포착되는 것을 말한다. 하늘에서 춘하추동을 일으키는 것은 목기, 화기, 금기, 수기이며 이 춘하추동을 왕성하게 순환할 수 있게 하는 기가 토기이다. 땅에서의 나무, 불, 쇠, 물, 흙과 같이 형체를 지니고 있고 강유로 나누어 설명할 수 있는 것들은 오행의 질에 해당한다.

이를 바탕으로 다시 중성과 초성을 대비하여 설명해 볼 수 있다. 음양은 천도를 설명함에 편리하고, 강유는 지도를 설명함에 유익하다. 중성이란 것은 각각 깊거나 얕거나 원순이거나 평순으로 이는 음양이 나뉘고 오행의 기운이 갖추어져 있는 것이니 하늘의 작용이다. 초성이란 것은 어떤 것은 비어 있고(후음) 어떤 것은 차 있고(아음) 어떤 것은 날리고(설음) 어떤 것은 걸리고(치음) 어떤 것은 무겁거나(순중음) 가벼우니(순경음) 이는 강유가 드러나 오행의 바탕이 이루어진 것으로서 땅의 공로이다. 중성이라는 것은 심천합벽深淺闔闢, 즉 깊거나 얕거나 입이 오므라들어 입술이 둥글어지거나 입술이 평평하며 입이 더 벌어지는 특성을 지니는데, 중성이 앞에서 이끌면 오음청탁五音清濁의 특성을 지니는 초성이 뒤에서 화답한다.

초성은 다시 종성이 되기도 하는데, 이것은 음절 내에서 초성과 종성이 지닌 공통점과 가변성을 보여 주는 것이다. 이는 마치 만물이 땅에서 처음 생겨났다가 땅으로 되돌아감과 같다.

⑬ 초성, 중성, 종성의 결합

초성, 중성, 종성을 합하여 글자를 이루는 것으로 말한다면, **또한 움직임[動동]과 고요함[靜정]이 서로 뿌리가 되고, 음과 양이 짝이 되어 변화하는 뜻이 있다.** 움직임은 하늘이요, 고요함은 땅이다. 움직임과 고요함을 둘 다 갖추고 있는 것은 사람이다. 오행을 삼재에 적용하면 **하늘에 있어서는 정신의 운행이요, 땅에 있어서는 물질의 형성에 해당한다.** 사람의 인仁·예禮·신信·의義·지智는 정신의 운행에 해당하고, 간·염통·지라·허파·콩팥은 물질의 형성에 해당한다.

초성은 그 소리가 움직이기 시작하는 뜻이 있으므로 하늘의 일이고, 종성은 그 소리가 멈추어 안정되는 뜻이 있으므로 땅의 일이다. 중성은 초성을 이어 생겨나고 종성과 접하여 음절을 이루는 것으로 완성되니 이는 사람의 일이다.

대개 **자운字韻의 요체는 중성에 있으므로** 초성 및 종성과 합쳐서 음절을 이루게 된다. 이 또한 하늘과 땅이 만물을 생성하되, 그것을 마름질해 완성하고 보필해 돕는 것은 반드시 사람에게 맡기는 것과 같다.

그리고 초성을 다시 종성에 사용하는 것은 마치 **움직여서 양이 되는 것도 건乾이고, 고요하여 음이 되는 것도 또한 건乾이기 때문이다.** 건乾은 실제로 음과 양으로 나뉘지만 주재하지 않는 것이 없다. **근원이 하나인 기氣**가 두루 흘러 소진되지 않고 네 계절의 운행이 순환하여 끝나지 않는다. 그러므로 원형이정, 춘하추동에서 **정貞이 다시 원元이 되고** 겨울이 지나면 다시 봄이 되는 것이다. 초성이 다시 종성이 되고 종성이 다시 초성이 되는 것 역시 이와 같은 뜻이다.

[원문]

^{이 초 중 종 합 성 지 자 언 지 역 유 동 정 호 근 음 양 교 변 지 의 언 동 자}
以初中終合成之字言之。亦有動靜互根陰陽交變之義焉。動者

^{천 야 정 자 지 야 겸 호 동 정 자 인 야 개 오 행 재 천 즉 신 지 운}
○天也。靜者○地也。兼乎動靜者○人也。盖五行在天則神之運

^{야 재 지 즉 질 지 성 야 재 인 즉 인 례 신 의 지 신 지 운 야 간 심 비 폐 신}
也。在地則質之成也。在人則仁禮信義智神之運也。肝心脾肺腎

^{질 지 성 야 초 성 유 발 동 지 의 천 지 사 야 종 성 유 지 정 지 의 지}
質之成也。初聲有發動之義。天之事也。終聲有止定之義。地

^{지 사 야 중 성 승 초 지 생 접 종 지 성 인 지 사 야 개 자 운 지 요 재}
之事也。中聲承初之生。接終之成。人之事也。盖字韻之要。在

^{어 중 성 초 종 합 이 성 음 역 유 천 지 생 성 만 물 이 기 재 성 보 상 즉}
於中聲。初終合而成音。亦猶天地生成萬物。而其財成輔相則

^{필 뢰 호 인 야 종 성 지 부 용 초 성 자 이 기 동 이 양 자 건 야 정 이 음}
必賴乎人也。終聲之復用初聲者。以其動而陽者乾也。靜而陰

^{자 역 건 야 건 실 분 음 양 이 무 불 군 재 야 일 원 지 기 주 류 불 궁 사}
者亦乾也。乾實分陰陽而無不君宰也。一元之氣。周流不窮。四

^{시 지 운 순 환 무 단 고 정 이 부 원 동 이 부 춘 초 성 지 부 위 종 종}
時之運。循環無端。故貞而復元。冬而復春。初聲之復爲終。終

^{성 지 부 위 초 역 차 의 야}
聲之復爲初。亦此義也。 [정음해례 8ㄱ:3~9ㄱ:4]

[정음해례 8ㄱ]

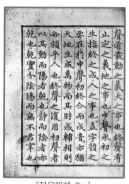

[정음해례 8ㄴ]

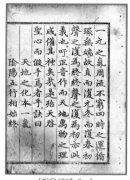

[정음해례 9ㄱ]

[주석]

— **또한 움직임[動^동]과 고요함[靜^정]이 서로 뿌리가 되고, 음과 양이 짝이 되어 변화하는 뜻이 있다:** 음양과 동정은 구별하기도 하지만 서로 통용할 수 있는 개념이기도 하다. "동정[음양]은 서로 뿌리가 된다"는 것은 동動에서 정靜이 나오고 정에서 동이 나온다는 말과 같다. 이 말은 동[움직임]이 극단에 이르면 정이 되고, 정이 극단에 이르면 다시 동이 된다는 말이다. 음양[동정]이 교대로 변한다는 말은 음이 지나면 양이 오고, 양이 소진되면 음이 된다는 뜻이다. 해가 지면 달이 돋고, 달이 지면 해가 뜨는 것이 이른바 '교대로 바뀐다'의 뜻으로 앞의 '서로 뿌리가 된다'[互根^{호근}]와 같은 의미라 할 수 있다. 그러나 다른 한편 교변交變을 교역交易으로 볼 수도 있다. 여기서 교역이란 말은 음과 양은 서로 맞서면서 서로를 필요로 하여 상대의 정수精髓를 자기 안에 간직하며, 오직 이러할 때에 그 존재의 안정성을 확보할 수 있다는 말이다. 이 말

은 장재가 한 것으로 '호장기택^{互藏其宅}'이라고도 표현한다. 즉, 물을 나타내는 괘(감괘 ☵)는 음 안에 양을 갖고 있고, 불을 나타내는 괘(리괘 ☲)는 양 안에 음을 갖고 있는 형상이다. 세상에 있는 모든 것들은 음으로만 있는 것이 없고 양으로만 있는 것도 없다. 모두가 다 음양이 서로 섞여 있어 변화가 일어난다는 것이다. 주역에 나오는 '한 번은 음이고 한 번은 양이다.'를 풀이할 때 유행, 곧 흘러감으로 본다면 '한 번 음이면 다음번에는 양이다.'가 되고 이를 맞서면서 필요함의 관점, 곧 대대^{對待}로 풀이하면 '한쪽에 양이 있으면 다른 쪽에 음이 있다.'가 된다. 서로는 그 존립을 위하여 다른 쪽을 반드시 필요로 하기 때문이다.

— **하늘에 있어서는 정신의 운행이요, 땅에 있어서는 물질의 형성에 해당한다**: 『주역』「계사전」에서는 천도^{天道}는 음양^{陰陽}이고 지도^{地道}는 강유^{剛柔}이며 인도^{人道}는 인의^{仁義}라고 말하였다. 하늘의 관점에서 오행을 말하면 오행의 기가 된다. 하늘에서 기의 궁극적인 상태를 우리는 신의 운행이라 한다. 땅에서 오행을 말하면 오행의 질이 된다. 그것은 땅에 존재하며 형체를 지니고 강유로 구별할 수 있는 물질을 말하는 것이다. 사람은 천도와 인도, 기와 질을 다 갖고 있으니 천도에서 신의 운행에 상응하는 것은 사람 본성의 仁禮信義智^{인예신의지}가 되고 지도에서 질의 형성에 해당하는 것은 사람의 장기인 肝心脾肺腎^{간심비폐신}이 되는 것이다.

— **자운^{字韻}의 요체는 중성에 있으므로**: 한 음절에서 반드시 필요한 성분은 중성이다(자운에 대한 보다 자세한 설명은 <중성해>의 '❶ 중성의 개념' 참조). 중성, 즉 모음 앞뒤에 자음은 있어도 되고 없어도 된다.

— **움직여서 양이 되는 것도 건^乾이고, 고요하여 음이 되는 것도 또한 건^乾이기 때문이다**: 본래 건^乾, 천^天 하나로 보던 것을 천과 지, 건과 곤, 양과 음으로 나누었던 것이니 다시 하나로 환원하면 가장 근원적인 것은 천이고 양이며 건^乾이라는 뜻이다.

— **근원이 하나인 기^氣**: 본래 전체로서 하나인 것을 나누어 둘로 만

든 것이 음양이고 다시 나누어 다섯으로 만든 것이 오행이다. 이를 다시 환원한다면 다섯은 둘이 되고 둘은 다시 하나가 된다. 음양의 기, 오행의 기질이라 하지만 근원은 하나의 기이다. 분산과 수렴, 환원과 확산의 과정을 필요에 따라 자유롭게 할 수 있다.

___ **정貞이 다시 원元이 되고**: 『주역』 건괘에서 천도의 운행을 원元·형亨·이利·정貞이라 한다. 이를 계절에 배치하면 춘·하·추·동이 된다. 통상 임의로 봄을 시작으로 삼고 겨울을 끝으로 삼듯 천도는 원을 시작으로 보고 정을 끝으로 본다. 그러나 이는 한 해를 두고 그리 상정하는 것일 뿐이다. 겨울이 지나면 다시 봄이 되듯이 천도의 운행에서 정貞이 그 임무와 역할을 다하면 다시 원元이 된다. 이를 『주역』에서는 "끝나면 다시 시작하는 것, 그것이 하늘의 운행이다[終則有始天行也종즉유시천행야]"라고 하였다.

[해설]

이 부분은 초성자, 중성자, 종성자를 합하여 글자를 이루는 것을 음양오행론에 맞추어 설명한 것이다. 성리학자들은 동과 정은 서로 뿌리가 되고 음과 양은 교대로 바뀐다고 한다. 동정 음양을 천지에 적용하면 움직임은 하늘, 고요함은 땅이다. 여기서 움직임과 고요함 둘 다 갖추고 있는 것은 사람이다. 오행도 하늘·땅·사람 삼재에 적용하면 하늘에 있어서는 정신의 운행이요, 땅에 있어서는 물질의 형성이다. 사람에게 있는 인·예·신·의·지의 오성五性은 정신의 운행에 해당하고 간·염통·지라·허파·콩팥의 오장五臟은 물질의 형성에 해당한다. 초성자는 나타내는 소리는 그 소리가 움직이기 시작하는 뜻이 있으므로 하늘의 일이고, 종성자는 나타내는 소리는 그 소리가 멈추어 안정된 뜻이 있으므로 땅의 일이다. 중성은 초성을 이어 생겨나고 종성을 접해 완성되니 사람의 일이다. 자운의 요체는 중성에 있으므로 초성 및 종성과 합쳐져 음절을 이루게 된다. 이 또한 하늘과 땅이 만물을 생성하되, 그것을 마름질해 완성하고 보필해 돕는 것은 반드시 사람에게 맡기는 것과 같다. 그리고 초성을 다시 종성에 사용하는데 이것은 마치 움직여 양이 되는 것도 건이고 고요해 음이 되는 것도 또한 건이기 때문이다. 건은 실제로 음과 양으로 나뉘지만 주재하지 않는 것이 없다. 근원이 하나인 기가 두루 흘러 다하지 않고 네 계절에 순환 운행하여 끝나지 않는다. 마치 겨울이 지나면 다시 봄이 되는 것과 같다. <제자해>를 지은 사람은 이를 초성이 다시 종성이 되고 종성이 다시 초성이 되는 것과 같다고 하였다.

⑭ 천지만물의 원리를 담은 문자

아! 훈민정음에는 천지만물의 원리가 구비되어 있으니 참으로 신묘하도다. 이것은 **하늘이 성상**(聖上)**의 마음을 일깨우고 그 손을 성상께 빌려준 것이리라.**

[원문]

[정음해례 9ㄱ]

吁。正音作而天地萬物之理咸備。其神矣哉。是殆天啓聖心而
<small>우 정음작이천지만물지리함비 기신의재 시태천계성심이</small>

假手焉者乎。[정음해례 9ㄱ:4~6]
<small>가 수 언 자 호</small>

[주석]

― **하늘이 성상**(聖上)**의 마음을 일깨우고 그 손을 성상께 빌려준 것이리라:** 성상은 자기 나라의 살아 있는 임금을 높여 이르는 말로, 여기서는 세종대왕을 지칭한다. 세종대왕이 새로운 문자 훈민정음을 만든 것은 하늘의 뜻을 받은 것이며, 하늘이 그 손을 세종대왕에게 빌려주어 이루어진 일이라는 뜻이다. 그러니 신묘하다고 할 수밖에 없다. 이는 훈민정음의 창제가 사사롭고 인위적인 일이 아니라 하늘의 뜻을 수용한 숭고하고 자연스러운 일임을 강조한 것이다.

[해설]

이 부분은 <제자해>를 끝맺는 부분으로 훈민정음의 신묘함을 이야기한 것이다. 훈민정음에 천지만물의 원리가 구비되어 있음이 신묘하며 하늘이 세종대왕에게 의탁해 훈민정음을 만들었다고 이야기하고 있다. 이는 훈민정음의 창제가 사사롭고 인위적인 일이 아니라 하늘의 뜻을 담은 공적이고 자연스러운 일임을 강조한 것이라고 이해된다.

운문으로 정리한 제자해

01

천 지 지 화 본 일 기
天地之化本一氣　천지의 조화는 본래 '하나의 기'이니

음 양 오 행 상 시 종
陰陽五行相始終　음양과 오행이 시작과 끝으로 이어져 맞물리네.

물 어 양 간 유 형 성
物於兩間有形聲　천지 사이의 만물은 형체와 소리를 지니지만

원 본 무 이 리 수 통
元本無二理數通　본래 근본이 둘이 아니니 이치와 상수가 통하네.

[정음해례 9ㄱ:6~9ㄴ:2]

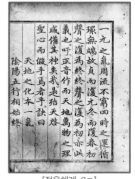

[정음해례 9ㄱ]

[주석]

— 줄글의 "天地之道。一陰陽五行而已。… 理旣不二。則何得不與天地鬼神同其用也。"에 대응한다.

— 첫 두 구는 천지만물의 본원인 하나의 태극이 음과 양의 양상으로 분화되어 운동하고 오행의 특성으로 상극, 상생하며 운행한다는 뜻이다.

— 셋째, 넷째 구는 모든 만물에 음양오행의 원리가 있듯이 사람의 성음에도 같은 원리가 있으며, 따라서 그 형체와 소리 역시 음양오행의 원리로 설명할 수 있다는 뜻이다. '이치와 상수'는 '이수(理數)'를 번역한 것인데, 상수역의 방식을 활용하여 제자 원리를 설명한 점을 드러내기 위하여 풀어서 번역하였다.

02

정 음 제 자 상 기 상
正音制字尙其象　정음의 제자는 모양 본뜨는 방식을 중심으로 하되,

인 성 지 려 매 가 획
因聲之厲每加畫　소리의 거세짐에 따라 획을 하나씩 더하였네.

음 출 아 설 순 치 후
音出牙舌脣齒喉　소리가 어금니, 혀, 입술, 이, 목구멍에서 나오니,

[정음해례 9ㄴ]

[정음해례 10ㄱ]

是爲初聲字十七
시 위 초 성 자 십 칠

이것이 초성자 열일곱이 되네.

牙取舌根閉喉形
아 취 설 근 폐 후 형

아음(어금닛소리) 글자는 혀뿌리가 목구멍을 막는 모양을 취했으나

唯業似欲取義別
유 업 사 욕 취 의 별

ㆁ만은 ㅇ과 비슷하긴 하지만 취한 뜻이 다르네.

舌迺象舌附上腭
설 내 상 설 부 상 악

설음(혓소리 글자) 글자는 혀끝이 윗잇몸에 닿는 모양을 본떴고,

脣則實是取口形
순 즉 실 시 취 구 형

순음(입술소리) 글자는 입 모양 그대로라네.

齒喉眞取齒喉象
치 후 진 취 치 후 상

치음(잇소리) 글자와 후음(목구멍소리) 글자는 진정 이와 목구멍의 모양을 취한 것이니,

知斯五義聲自明
지 사 오 의 성 자 명

이 다섯 가지 뜻을 알면 그 소리가 저절로 밝혀지네.

又有半舌半齒音
우 유 반 설 반 치 음

또 반설음(반혓소리) 글자와 반치음(반잇소리) 글자가 있는데,

取象同而體則異
취 상 동 이 체 즉 이

모양을 취한 점은 같지만 체가 다르네.

那彌戌欲聲不厲
나 미 술 욕 성 불 려

ㄴ, ㅁ, ㅅ, ㅇ은 소리가 거세지 않아서,

次序雖後象形始
차 서 수 후 상 형 시

차례로는 뒤이지만 모양 본뜸에 있어서는 시초가 되네.

[정음해례 9ㄴ:3~10ㄱ:8]

[주석]

— 줄글의 "正音二十八字。各象其形而制之。初聲凡十七字。… 半舌音ㄹ。半齒音ㅿ。亦象舌齒之形而異其體。無加畫之義焉。"에 대응한다.

— '모양 본뜨는 방식을 중심으로 하되'의 원문은 '尙其象'이다. 여기서 '象'은 줄글의 '象其形'을 압축한 표현이며, '尙'은 이 방식을 존중하여 제자 원리의 근간으로 삼는다는 뜻이다. 소리의 거셈에 따라 획을 하나씩 더하였다는 말은, 모양을 본뜬 ㄱ, ㄴ, ㅁ, ㅅ, ㅇ 다섯 글자를 기본으로 삼아서 ㄱ에 획을 더해 ㅋ을, ㄴ에 획을 더해 ㄷ, ㅌ을, ㅁ에 획을 더해 ㅂ, ㅍ을, ㅅ에 획을 더해 ㅈ, ㅊ을, ㅇ에 획을 더해 ㆆ, ㅎ을 순차적으로 만들었다는 뜻이다.

— '취한 뜻이 다르네'의 원문은 '取義別'인데, 여기서의 '취의取義'는 글자를 만드는 방식을 말하는 것으로 보인다. ㆁ이 ㅇ과 모양이 비슷하긴 하지만 ㆆ, ㅎ처럼 기본 글자인 ㅇ에 소리의 거셈에 따라 획을 더하는 방식으로 만들어진 글자가 아니라는 뜻이다. 반설음 ㄹ과 반치음 ㅿ 역시 각각 혀와 이의 모양을 본떴다는 점에서는 같지만, 각각 ㄴ과 ㅅ에 소리의 세기를 고려하여 획을 더하는 방식으로 만들어진 글자는 아니고 별도의 원리를 지닌 것이라고 하였다.

03

[정음해례 10ㄴ]

배저사시여충기
配諸四時與冲氣 초성을 네 계절과 충기冲氣에 짝지어 보면,

오행오음무불협
五行五音無不協 오행과 오음에 맞지 않음이 없네.

유후위수동여우
維喉爲水冬與羽 목구멍은 수水이고 겨울이며 우羽에 해당하고,

아내춘목기음각
牙迺春木其音角 어금니는 봄이고 목木이며 그 음이 각角이네.

치음하화시설성
徵音夏火是舌聲 치음이고 여름이며 화火인 것이 혀이며,

치즉상추우시금
齒則商秋又是金 이는 상商이고 가을이며 또한 금金이라네.

순어위수본무정
脣於位數本無定 입술은 방위의 수에 본래 정해짐이 없으니,

토이계하위궁음
土而季夏爲宮音 토土이면서 늦여름으로 궁宮에 해당하는 음이라네.

[정음해례 10ㄴ:1~8]

[주석]

— 줄글의 "夫人之有聲本於五行。… 是則初聲之中ㅇ自有陰陽五行方位之數也。"에 대응한다.

— 원문의 '冲氣'는 오행 가운데 토土의 기를 가리키는데, 이는 방위상 중앙에 해당하고 계절로는 늦여름에 해당한다. 오행의 나머지

5 이곳의 '諸'는 '之於'의 용법을 보이는 것으로 그 음을 [저]로 읽었다. '反求諸己'(반구저기, 자신에게서 잘못을 구함)와 같은 유명한 구절에서도 '之於'의 용법을 보이는 '諸'는 [저]로 읽는 것이 일반적이다.

네 기가 각각 네 계절에 대응하므로 따로 언급한 것이다. 초성의 기본자가 다섯 가지이므로 네 계절에 중화의 기를 더해야 짝이 맞는다.

04

[정음해례 11ㄱ]

[정음해례 11ㄴ]

성 음 우 자 유 청 탁
聲音又自有淸濁 　말소리에는 또 저마다 청탁이 있으니,

요 어 초 발 세 추 심
要於初發細推尋 　초성이 나올 때 자세히 살펴야 하네.

전 청 성 시 군 두 별
全淸聲是君斗彆 　전청 소리는 ㄱ, ㄷ, ㅂ이고

즉 술 읍 역 전 청 성
卽戌挹亦全淸聲 　ㅈ, ㅅ, ㆆ 또한 전청 소리라네.

약 내 쾌 단 표 침 허
若迺快呑漂侵虛 　ㅋ, ㅌ, ㅍ, ㅊ, ㅎ의 경우는

오 음 각 일 위 차 청
五音各一爲次淸 　오음 각각에 차청이 되네.

전 탁 지 성 규 담 보
全濁之聲虯覃步 　전탁 소리는 ㄲ, ㄸ, ㅃ이며,

우 유 자 사 역 유 홍
又有慈邪亦有洪 　또 ㅉ, ㅆ이 있고 ㆅ도 있네.

전 청 병 서 위 전 탁
全淸並書爲全濁 　전청을 나란히 쓰면 전탁이 되는데,

유 홍 자 허 시 부 동
唯洪自虛是不同 　ㆅ이 ㅎ으로부터 온 것만은 다르다네.

업 나 미 욕 급 려 양
業那彌欲及閭穰 　ㆁ, ㄴ, ㅁ, ㅇ 및 ㄹ, ㅿ은

기 성 불 청 우 불 탁
其聲不淸又不濁 　그 소리가 불청불탁이라네.

욕 지 련 서 위 순 경
欲之連書爲脣輕 　ㅇ을 순음 아래에 이어 쓰면 순경음이 되는데,

후 성 다 이 순 사 합
喉聲多而脣乍合 　목구멍 소리가 많이 나며 입술이 살짝 다물어진 것이라네.

[정음해례 11ㄱ:1~11ㄴ:6]

[주석]

— 　줄글의 '又以聲音淸濁而言之。… ㅇ連書脣音之下。則爲脣輕音者。以輕音脣乍合而喉聲多也。'에 대응한다.

— 　전탁의 제자 원리를 설명하면서 ㆅ이 ㅎ으로부터 오는 것만은 경우가 다르다고 한 것은, 후음자의 경우에는 전청자인 ㆆ이 아니

라 차청자인 ㅎ을 나란히 써서 전탁자를 만들었기 때문이다.

05

중성십일역취상
中聲十一亦取象　중성 열한 글자도 역시 모양을 본떠 만드는 방식
을 취했는데

정의미가용이관
精義未可容易觀　정미한 뜻을 제대로 알기는 쉽지 않다네.

탄의어천성최심
呑擬於天聲最深　•는 하늘에 비긴 것으로 그 소리가 가장 깊으니,

소이원형여탄환
所以圓形如彈丸　그래서 구슬처럼 둥근 모양을 하였네.

즉성불심우불천
卽聲不深又不淺　ㅡ의 소리는 깊지도 않고 얕지도 않은데,

기형지평상호지
其形之平象乎地　그 모양의 평평함은 땅을 본뜬 것이네.

침상인립궐성천
侵象人立厥聲淺　ㅣ는 사람이 서 있는 모양을 본뜬 것으로 그 소리
가 얕으니,

삼재지도사위비
三才之道斯爲備　삼재의 도리가 이 세 글자에 갖추어졌네.

[정음해례 11ㄴ:7~12ㄱ:6]

[정음해례 11ㄴ]

[정음해례 12ㄱ]

[주석]

ㅡ　줄글의 "中聲凡十一字。… 形之立。象乎人也。"에 대응한다.

06

홍출어천상위합
洪出於天尙爲闔　ㅗ는 하늘에서 나왔는데 아직 닫혀 있으며,

상취천원합지평
象取天圓合地平　하늘의 둥긂이 땅의 평평함과 합해짐을 본떴네.

담역출천위이벽
覃亦出天爲已闢　ㅏ 역시 하늘에서 나왔는데 이미 열려 있고,

발어사물취인성
發於事物就人成　사물에 발현되어 사람에게서 이루어졌네.

용초생의일기원
用初生義一其圓　처음 생겨난 뜻으로서 둥근 점을 하나로 했으니,

출천위양재상외
出天爲陽在上外　하늘에서 나온 양이라서 위나 바깥쪽에 있네.

욕양겸인위재출
欲穰兼人爲再出　ㅛ와 ㅑ는 사람을 겸하여 다시 생겨난 것이니,

[정음해례 12ㄴ]

[정음해례 13ㄱ]

이 원 위 형 견 기 의
二圓爲形見其義
두 개의 둥근 점으로써 그 뜻을 보였네.

군 업 술 별 출 어 지
君業戌彆出於地
ㅜ, ㅓ, ㅠ, ㅕ가 땅에서 나온 것은,

거 례 자 지 하 수 평
據例自知何須評
앞의 예에 의거하여 절로 알 수 있으니 꼭 말할 필요가 있으랴?

탄 지 위 자 관 팔 성
吞之爲字貫八聲
•가 여덟 소리에 한결같이 나타나는 것은

유 천 지 용 편 류 행
維天之用徧流行
하늘의 작용이 어디에나 두루 미쳐 흐르기 때문이네.

사 성 겸 인 역 유 유
四聲兼人亦有由
네 소리(ㅛ, ㅑ, ㅠ, ㅕ)가 사람을 겸한 데에도 까닭이 있으니,

인 참 천 지 위 최 령
人參天地爲最靈
사람이 하늘과 땅에 참여하여 가장 신령하기 때문이네.

[정음해례 12ㄱ:7~13ㄱ:4]

[주석]

— 줄글의 "此下八聲◦一闔一闢。… 是則中聲之中◦亦自有陰陽五行方位之數也。"에 대응한다.

— 'ㅗ'와 'ㅏ'가 하늘에서 나왔다는 것은 '•'에서 나온 글자라는 뜻이며, 닫혀 있고 열려 있다는 것은 각각 입 모양이 오므려지고 벌어지는 것을 뜻한다. '•'가 하늘에서 나온 양이므로 'ㅗ'에서는 'ㅡ'의 위에, 'ㅏ'에서는 'ㅣ'의 바깥쪽에 놓인다고 하였다. 땅에서 나온 음의 경우에는 이와 반대여서, 'ㅜ', 'ㅓ'처럼 '•'가 아래쪽이나 안쪽에 놓인다.

— 'ㅛ'와 'ㅑ'가 사람을 겸하여 다시 생겨났다는 것은 'ㅣ'와 결합된 이중 모음이라는 뜻이다.

— '•'가 여덟 소리에 한결같이 나타난다는 것은 'ㅗ', 'ㅏ', 'ㅜ', 'ㅓ', 'ㅛ', 'ㅑ', 'ㅠ', 'ㅕ'에 모두 '•'가 들어간다는 뜻이다.

— 네 소리가 사람을 겸한 것은 'ㅛ', 'ㅑ', 'ㅠ', 'ㅕ'가 모두 'ㅣ'와

결합했다는 뜻이다.

07

且就三聲究至理	또 초·중·종성에 나아가 지극한 이치를 궁구해 보면,
自有剛柔與陰陽	저마다 강유와 음양이 있네.
中是天用陰陽分	중성은 하늘의 작용이니 음양으로 나뉘고,
初迺地功剛柔彰	초성은 땅의 공로이니 강유가 드러나네.
中聲唱之初聲和	중성이 부르면 초성이 화답하니,
天先乎地理自然	하늘이 땅보다 앞섬은 이치의 자연스러움이네.
和者爲初亦爲終	화답하는 것이 초성이기도 하고 종성이기도 하니,
物生復歸皆於坤	만물이 생겼다가 다시 돌아가는 곳이 모두 땅이기 때문이네.
陰變爲陽陽變陰	음이 변하여 양이 되고 양이 변하여 음이 되나니,
一動一靜互爲根	한 번 움직임과 한 번 고요함이 서로 뿌리가 되네.
初聲復有發生義	초성은 발동하기 시작한다는 뜻이 또 있으니,
爲陽之動主於天	양의 움직임으로서 하늘에서 주관한다네.
終聲比地陰之靜	종성은 땅에 견주어지니 음의 고요함이라,
字音於此止定焉	글자의 소리가 여기에서 멈추어 안정되는 것이네.
韻成要在中聲用	자운의 요체는 중성의 작용에 있으니,
人能輔相天地宜	사람이 천지의 마땅함을 보필할 수 있음과 같네.
陽之爲用通於陰	양의 작용은 음에도 통하여,
至而伸則反而歸	이르러서 펴면 돌이켜 되돌아간다네.
初終雖云分兩儀	초성과 종성이 비록 음과 양으로 나뉜다 해도
終用初聲義可知	종성에 초성을 사용하는 뜻을 여기에서 알 수 있네.

[정음해례 13ㄱ:5~14ㄱ:8]

[정음해례 13ㄱ]

[정음해례 13ㄴ]

[정음해례 14ㄱ]

[주석]

— 줄글의 "以初聲對中聲而言之。… 初聲之復爲終。終聲之復爲初。亦此義也。"에 대응한다.

— 양의 작용이 음에도 통하여 이르러서 펴면 돌이켜 되돌아간다는 것은, 양이 극에 달하면 음이 되고 음이 극에 달하면 다시 양이 된다는 뜻이다. 『중용장구』의 주석에서 "두 개의 기氣로 말하면 귀鬼는 음陰의 영이고 신神은 양陽의 영이다. 하나의 기氣로 말하면 이르러서 펴는 것은 신神이고 돌이켜 되돌아가는 것은 귀鬼이니, 그 실제는 동일한 것이다."라고 하였다. 이는 종성에 다시 초성을 쓰는 것을 설명하기 위한 논리이다.

08

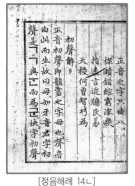

[정음해례 14ㄴ]

正音之字只卄八	정음의 글자는 겨우 스물여덟이지만,
探賾錯綜窮深幾	복잡하게 얽힌 것을 찾아 밝히고 미묘한 기미를 다하였네.
指遠言近牖民易	뜻은 멀지만 말은 가까워서 백성을 깨우치기 쉬우니,
天授何曾智巧爲	하늘이 주신 것이지 어찌 지혜와 기교로 만든 것이겠는가!

[정음해례 14ㄴ:1~4]

[주석]

— 줄글의 '吁。正音作而天地萬物之理咸備。其神矣哉。是殆天啓聖心而假手焉者乎。'에 대응한다.

— 복잡하게 얽힌 것을 찾아 밝히고 미묘한 기미를 다하였다는 구절은 『주역』「계사」의 문구들을 원용한 것으로서, 훈민정음의 제자 원리에 심오한 이치가 담겨 있음을 강조한 표현이다.

2. 초성해

❶ 초성의 개념	❷ 초성자의 실제

❶ 초성의 개념

훈민정음의 초성은 **운서의 자모이다.** 말소리가 이로부터 생겨
나므로 '**모**母'라 부른다.

[원문]

정 음 초 성 즉 운 서 지 자 모 야   성 음 유 차 이 생   고 왈 모
正音初聲。卽韻書之字母也。聲音由此而生。故曰母。
[정음해례 14ㄴ:6~7]

[주석]

— **운서의 자모이다:** 운서韻書는 운韻 rhyme을 기준으로 한자를 배열
한 책이다. 같은 운을 가진 한자들을 하나의 운목韻目 아래에 모
으고, 다시 성모의 차이에 따라 분류한 것이 운서이다. 이러한 운
서에서 같은 성모聲母에 속하는 한자들 중의 한 글자를 골라 해당
성모의 대표자로 삼은 것을 자모字母라고 한다. 아음牙音, velar을
예로 들면 '見母견모, 溪母계모, 群母군모, 疑母의모'는 각각 국제 음
성 기호 [k-], [kʰ-], [g-], [ŋ-] 등에 해당한다. 성운학의 자모 하
나하나가 음표音標의 역할을 하지만, 초성에만 한정된다는 점에서
현대 언어학의 음표의 개념과 같지는 않다. 한글이나 로마자와
같은 표음 문자에서 글자의 기본 단위를 자모字母, alphabet라고 하
는 것도 한어漢語 성운학의 '자모字母'라는 말에서 비롯된 것이지
만, 개념이 같지는 않다. 한글이나 로마자에서 '자모'의 개념은 문
자의 기본 단위를 일컫는 것이므로, 한글의 ㄱ, ㄴ, ㄷ, 로마자의

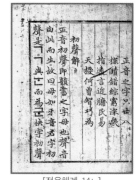

[정음해례 14ㄴ]

k, n, t 등과 같은 자음자나, 한글의 ㅏ, ㅓ, ㅜ, 로마자의 'a, o, u' 등과 같은 모음자도 각각 자모字母에 속한다. 성운학에서 초성 체계를 나타내는 자모 체계字母體系는 다음과 같은 36자모가 전통적으로 널리 쓰였다.

성운학의 36자모

	牙	舌頭	舌上	重脣	輕脣	齒頭	正齒	喉音	半舌	半齒
全清	見/k	端/t	知/ȶ	幫/p	非/f	精/ts	照/tɕ	影/ʔ		
次清	溪/kʰ	透/tʰ	徹/ȶʰ	滂/pʰ	敷/fʰ	淸/tsʰ	穿/tɕʰ	曉/h		
全濁	群/g	定/d	澄/ȡ	並/b	奉/v	從/dz	牀/dʑ	匣/ɦ		
次濁	疑/ŋ	泥/n	娘/ȵ	明/m	微/ɱ			喩/ø	來/l	日/ɲ
全淸						心/s	審/ɕ			
全濁						邪/z	禪/ʑ			

'차탁次濁'은 '불청불탁不淸不濁'과 같다. 음가가 없는 '유모喩母/ø'는 초성에 쓰이는 한글 자모 'ㅇ'과 같은 성격이다. 중국어 성운학의 전탁全濁은 유성음 계열이지만, 『동국정운』 서문의 기술을 참고로 이해해 보면 훈민정음의 전탁은 경음 계열로 인식했던 것으로 보인다.

— '모母'라 부른다: '자모字母'를 그대로 풀면 '자字의 모母'이다. 성운학의 자모는 한자의 초성을 대표하여 가리키는 글자이다. 하나의 음절을 이루는 한자는 초성으로부터 소리가 시작되므로, 이로부터 생명의 시작인 '모母'의 개념으로 풀이한 것이다.

[해설]

이 부분은 초성자를 운서의 자모를 통해 설명한 것이다. 자모란 운서에서 같은 성모聲母에 속하는 한자들 중의 한 글자를 골라 해당 성모의 대표자로 삼은 것으로, 현대의 초성에 해당하는 개념이다.

『훈민정음』에서는 기본적으로 음운(음소), 즉 소리와 이를 적는 문자, 즉 낱자(자모)를 엄격하게 구분하여 서술하지는 않고 있다. 예를 들어 <어제 예의>의 "ㆍㅡㅗㅜㅛㅠ。附書初聲之下"에서는 초성과 중성을 적는 방법을 말한 것이니 이때의 '초성'은 초성을 적는 글자이고 ㆍ, ㅡ, ㅗ, ㅜ, ㅛ, ㅠ는 중성을 적는 글자임을 분명히 알 수 있다. 이에 반해 <초성해> "正音初聲。卽韻書之字母也。聲音由此而生"에서의 "初聲^{초성}"은 운서의 자모에 해당하는 것으로 소리가 이에서 생겨나는 것이므로 이때의 '초성'은 소리를 뜻하는 것이 분명하다.

『훈민정음』에서는 '초성'과 '초성자'뿐만 아니라 '중성'과 '중성자', '종성'과 '종성자'의 경우도 그 구분이 분명하지 않은 것이 사실이다. 이는 <제자해>에서 기술한 바와 같이 훈민정음은 우리말의 소리를 살피고 이 소리를 바탕으로 하여 만든 문자로, 이 문자에는 소리의 특성이 잘 반영되어 있는 것과 관련지어 이해해 볼 수 있다. <정인지 서문>에서도 천지자연의 소리를 바탕으로 하여 글자를 만들고 이로써 만물의 정을 통하게 하였다는 내용이 기술되어 있다.

❷ 초성자의 실제

아음(어금닛소리) 글자의 경우

군(君)자의 초성자는 ㄱ이니 ㄱ과 ㄷ을 합하면 '군'이 된다.

쾌(快)자의 초성자는 ㅋ이니 ㅋ과 ㅙ를 합하면 '쾌'가 된다.

뀨(虯)자의 초성자는 ㄲ이니 ㄲ과 ㅠ를 합하면 '뀨'가 된다.

업(業)자의 초성자는 ㆁ이니 ㆁ과 ㅓ을 합하면 '업'이 된다.

설음(혓소리) 글자 중에서

두(斗)자의 초성자 ㄷ

튼(呑)자의 초성자 ㅌ

땀(覃)자의 초성자 ㄸ

나(那)자의 초성자 ㄴ과

순음(입술소리) 글자 중에서

볃(彆)자의 초성자 ㅂ

표(漂)자의 초성자 ㅍ

뽀(步)자의 초성자 ㅃ

미(彌)자의 초성자 ㅁ과

치음(잇소리) 글자 중에서

즉(卽)자의 초성자 ㅈ

침(侵)자의 초성자 ㅊ

쯩(慈)자의 초성자 ㅉ

슗(戌)자의 초성자 ㅅ

쌰(邪)자의 초성자 ㅆ과

후음(목구멍소리) 글자 중에서

흡(挹)자의 초성자 ㆆ

허(虛)자의 초성자 ㅎ

뽕(洪)자의 초성자 ㅎㅎ

욕(欲)자의 초성자 ㅇ과

반설음(반혓소리) 글자로 려(閭)자의 초성자 ㄹ

반치음(반잇소리) 글자로 샹(穰)의 초성자 ㅿ도 모두 이와 같다.

[원문]

如牙音君字初聲是ㄱ°ㄱ與ㄷ而爲군°快字初聲是ㅋ°ㅋ與ㅙ
而爲쾌°虯字初聲是ㄲ°ㄲ與ㅠ而爲뀨°業字初聲是ㆁ°ㆁ與
ㅓ而爲업之類°舌之斗吞覃那°脣之彆漂步彌°齒之卽侵慈戌
邪°喉之挹虛洪欲°半舌半齒之閭穰°皆倣此° [정음해례 14ㄴ:7~15ㄱ:6]

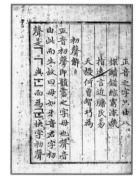

[정음해례 14ㄴ]

[주석]

ㅡ **쾌(快)자의 초성자는 ~ 뀨(虯)자의 초성자는:** 위의 해례본 원문에는 '快'와 '虯'의 한자음이 각각 '쾌'와 '뀨'로 되어 있는데, 언해본에는 이들이 '쾡', '뀹'과 같이 동국정운식 한자음으로 표기되어 있다. 이처럼 해례본과 언해본은 일부 종성 표기에서 한자음이 다르게 표기되어 있는데, 이번 번역에서 제시하는 한자음 표기는 해례본의 한자음 표기 방식을 따랐다.

[정음해례 15ㄱ]

[해설]

이 부분은 훈민정음의 초성자들을 구체적으로 보여 주고 있다. 예를 들어 한자 '君'[kun]은 운서에서 자모(=성모) 'k'와 운모 'un'으로 나누어 볼 수 있는데, 이때 자모 'k'가 훈민정음의 초성자 ㄱ에 해당한다. 이와 같이 아음(어금닛소리)을 비롯해 설음(혓소리), 순음(입술소리), 치음(잇소리), 후음(목구멍소리), 반설음(반혓소리)과 반치음(반잇소리)까지 동일한 방식으로 초성자를 설명하였다. 이때 설명된 초성자는 모두 23개로, 이는 동국정운식 한자음의 23자모와 일치하고 있음을 알 수 있다.

운문으로 정리한 초성해

[정음해례 15ㄱ]

[정음해례 15ㄴ]

君^군快^쾌虯^규業^업其^기聲^성牙^아

舌^설聲^성斗^두吞^탄及^급覃^담那^나

彆^별漂^표步^보彌^미則^즉是^시脣^순

齒^치有^유卽^즉侵^침慈^자戌^술邪^사

挹^읍虛^허洪^홍欲^욕迺^내喉^후聲^성

閭^려爲^위半^반舌^설穰^양半^반齒^치

二^이十^십三^삼字^자是^시爲^위母^모

萬^만聲^성生^생生^생皆^개自^자此^차

ㄱ, ㅋ, ㄲ, ㆁ은 아음(어금닛소리) 글자이고

설음(혓소리) 글자로는 ㄷ, ㅌ과 ㄸ, ㄴ이 있네.

ㅂ, ㅍ, ㅃ, ㅁ은 순음(입술소리) 글자이고

치음(잇소리) 글자로는 ㅈ, ㅉ, ㅊ, ㅅ, ㅆ이 있네.

ㆆ, ㅎ, ㆅ, ㅇ은 후음(목구멍소리) 글자이며

ㄹ은 반설음(반혓소리) 글자이고 ㅿ은 반치음(반잇소리) 글자이네.

이 스물석 자가 나타내는 소리가 자모^{字母}이니 온갖 소리가 모두 여기에서 생겨나네.

[정음해례 15ㄱ:6~15ㄴ:6]

3. 중성해

> ❶ 중성의 개념   ❸ 중성자의 합용
> ❷ 중성자의 실제   ❹ ㅣ상합 중성자

❶ 중성의 개념

중성은 **자운의 가운데에 놓여** 초성, 종성과 합해져 음절을 이룬다.

[원문]

中聲者◦居字韻之中◦合初終而成音。 [정음해례 15ㄴ:8~16ㄱ:1]

[정음해례 15ㄴ]

[주석]

— **자운의 가운데에 놓여:** '자운字韻'은 본래 '한자漢字의 운모韻母'를 가리킨다. 한자를 쓰는 중국어에서는 1음절어인 한자를 '성모聲母 (초성)'와 '운모韻母(중성과 종성)'로 나누어 분석하였는데, 운문을 지을 때 운을 맞추기 위해 '성모'보다는 '운모'를 변별하는 것을 더 중요하게 생각하였다. '자운字韻'이라고 하면 단순히 '한자의 운모'라는 개념을 넘어 '한자의 소리'라는 넓은 의미를 지니게 되면서, 훈민정음에서 '한 음절의 소리'라는 뜻으로 사용된 것이다. 훈민정음에서 하나의 음절은 기본적으로 '초성+중성+종성'의 세 부분으로 이루어지므로, '중성中聲'이 자운字韻의 가운데에 놓인다. 그리고 하나의 음절에서 필수적인 핵심 요소는 모음인 중성中聲 이므로, 초성과 종성을 아울러서 소리를 이룬다고 한 것이다.

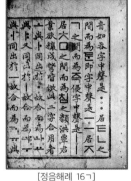

[정음해례 16ㄱ]

[해설]

이 부분은 중성이 자운字韻, 곧 한 음절로 된 한자음의 가운데에 놓인 소리로서 초성, 종성과 더불어 음절을 이룬다는 점을 설명한 것이다. <종성해>에서도 "종성은 초성과 중성을 이어받아 자운을 이룬다." (終聲者종성자。承初中而成字韻승초중이성자운。)라는 설명을 볼 수 있는데, 여기서의 '자운字韻' 역시 '한 음절로 된 한자음'을 뜻하는 것으로 해석된다.

❷ 중성자의 실제

툰(呑)자의 중성자는 ·이니 ·가 ㅌ과 ㄴ 사이에 놓여 '툰'이 된다.

즉(卽)자의 중성자는 ㅡ이니 ㅡ가 ㅈ과 ㄱ 사이에 놓여 '즉'이 된다.

침(侵)자의 중성자는 ㅣ이니 ㅣ가 ㅊ과 ㅁ 사이에 놓여 '침'이 된다.

뽕(洪)자의 중성자는 ㅗ

땀(覃)자의 중성자는 ㅏ

군(君)자의 중성자는 ㅜ

업(業)자의 중성자는 ㅓ

욕(欲)자의 중성자는 ㅛ

샹(穰)자의 중성자는 ㅑ

슗(戌)자의 중성자는 ㅠ

볃(彆)자의 중성자는 ㅕ로 모두 이와 같다.

[원문]

如吞字中聲是·。·居ㅌㄴ之間而爲**툰**。 卽字中聲是ㅡ。ㅡ居
ㅈㄱ之間而爲**즉**。 侵字中聲是ㅣ。ㅣ居ㅊㅁ之間而爲**침**之類。
洪覃君業欲穰戌彆。 皆倣此。 [정음해례 16ㄱ:1~5]

[해설]

이 부분은 훈민정음의 중성자들을 구체적으로 보여 주고 있다. 예를 들어 '吞(툰)'에서 초성자 ㅌ과 종성자 ㄴ 사이에 놓인 ·가 중성자임을 알 수 있다. 다른 중성자들

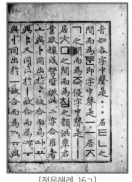

[정음해례 16ㄱ]

도 이처럼 한자의 음을 이용하여 설명하고 있다. 이때 설명된 중성자는 기본자 3자(·, ㅡ, ㅣ), 초출자 4자(ㅗ, ㅏ, ㅜ, ㅓ), 재출자 4자(ㅛ, ㅑ, ㅠ, ㅕ)로 모두 11자이다.

❸ 중성자의 합용

두 글자를 합하여 쓸 때에는

ㅗ와 ㅏ는 모두 **·에서 나온 것이므로** 합하면 ㅘ가 된다.

ㅛ와 ㅑ 또한 모두 **ㅣ에서 나온 것이므로** 합하면 ㆇ가 된다.

ㅜ와 ㅓ는 모두 **ㅡ에서 나온 것이므로** 합하면 ㅝ가 된다.

ㅠ와 ㅕ 또한 모두 **ㅣ에서 나온 것이므로** 합하면 ㆊ가 된다.

이들은 각각 같은 것(· 또는 ㅣ 또는 ㅡ)으로부터 나와 동일한 특성을 지니므로 서로 어울려도 어그러지지 않는다.

[원문]

二字合用者。ㅗ與ㅏ同出於·。故合而爲ㅘ。ㅛ與ㅑ又同出於ㅣ。故合而爲ㆇ。ㅜ與ㅓ同出於ㅡ。故合而爲ㅝ。ㅠ與ㅕ又同出於ㅣ。故合而爲ㆊ。以其同出而爲類。故相合而不悖也。

[정음해례 16ㄱ:5~16ㄴ:2]

[주석]

ㅡ　**모두 ·에서 나온 것이므로:** 중성^{中聲}의 기본자는 ·, ㅡ, ㅣ의 셋이다. ·는 양^陽인 하늘^[天]이며, ㅡ는 음^陰인 땅^[地]이고, ㅣ는 중^中인 사람^[人]이다. 이로부터 초출자^{初出字}인 ㅗ, ㅏ, ㅜ, ㅓ가 나온다. 초출자 중에서 ㅗ, ㅏ는 앞서 <제자해>에서 언급되었듯이 각각 "ㅗ가 나타내는 소리는 ·와 동일하나 입이 오므려지고(ㅗ與·同而口蹙)", "ㅏ가 나타내는 소리는 ·와 동일하나 입이 벌어지고(ㅏ與·同而口張)"라고 하였다. ㅗ와 ㅏ는 모두 양^陽인 ·에 속하며 ㅗ, ㅏ가 함께 ·로부터 나왔다는 것은 이것을 말한 것이다.

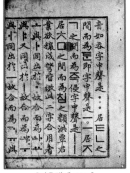

[정음해례 16ㄱ]

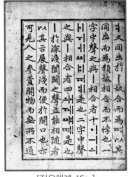

[정음해례 16ㄴ]

— **모두 ㅣ에서 나온 것이므로**: 중성^{中聲}의 기본자는 ·, ㅡ, ㅣ의 셋
  이다. ·는 양^陽인 하늘^[天]이며, ㅡ는 음^陰인 땅^[地]이고, ㅣ는 중^中
  인 사람^[人]이다. 이로부터 초출자^{初出字}인 ㅗ, ㅏ, ㅜ, ㅓ가 나오
  고, 재출자인 ㅛ, ㅑ, ㅠ, ㅕ가 나온다. 재출자는 모두 '起於ㅣ',
  즉 반모음 'ㅣ[j]'로 시작하는 이중모음이다. ㅛ, ㅑ, ㅠ, ㅕ가 함
  께 ㅣ로부터 나왔다는 것은 이것을 말한 것이다.

— **모두 ㅡ에서 나온 것이므로**: 중성^{中聲}의 기본자는 ·, ㅡ, ㅣ의
  셋이다. ·는 양^陽인 하늘^[天]이며, ㅡ는 음^陰인 땅^[地]이고, ㅣ는
  중^中인 사람^[人]이다. 이로부터 초출자^{初出字}인 ㅗ, ㅏ, ㅜ, ㅓ가
  나온다. 초출자 중에서 ㅜ, ㅓ는 앞서 <제자해>에서 언급되었듯
  이 각각 "ㅜ가 나타내는 소리는 ㅡ와 동일하나 입이 오므려지고
  (ㅜ與ㅡ同而口蹙)", "ㅓ가 나타내는 소리는 ㅡ와 동일하나 입이
  벌어지고(ㅓ與ㅡ同而口張)"라고 하였다. ㅜ와 ㅓ는 모두 음^陰인
  ㅡ에 속하며 ㅜ, ㅓ가 함께 ㅡ로부터 나왔다는 것은 이것을 말
  한 것이다.

— **이들은 각각 같은 것(· 또는 ㅣ 또는 ㅡ)으로부터 나와 동일한
  특성을 지니므로**: 중성자의 전개에서 같은 것으로부터 나왔다는
  것은 ·에서 나와서 동일한 특성을 지녔거나, ㅡ에서 나와서 동
  일한 특성을 지녔거나, 또는 ㅣ에서 나와서 동일한 특성을 지녔
  다는 뜻이다. 초출자에서 ·에서 나온 ㅗ, ㅏ가 동일한 특성을 갖
  고, ㅡ에서 나온 ㅜ, ㅓ가 동일한 특성을 갖고, ㅣ에서 시작하는
  ㅛ, ㅑ, ㅠ, ㅕ 등이 또한 동일한 특성을 갖는다. 다만 ㅣ에서 나
  온 중성이 같은 무리를 이루는 것은 ㅣ의 공통점만을 생각하기보
  다는, ㅣ와 결합하는 초출자가 ·와 ㅡ 가운데 어디에서 나온 것
  인가 하는 공통점이 동시에 고려되어야 한다.

[해설]

이 부분은 동일한 특성을 지니는 두 개의 중성자를 합해 쓰는 것을 규정한 것이다.
예컨대 ㅗ와 ㅏ는 모두 ·로부터 나왔으므로 동일한 특성을 지니는데, 이 둘을
합하여 ㅘ로 쓸 수 있다. ㅆ, ㅝ, ㆇ도 마찬가지이다.

ㅘ, ㅑ, ㅝ, ㅖ와 같이 두 중성자가 합해지는 경우 두 중성자는 동일한 특성을 지닌다. 즉, ㅗ와 ㅏ는 ·와 같은 양성 모음, ㅜ와 ㅓ는 ㅡ와 같은 음성 모음을 나타내는 중성자라는 점에서 동일한 특성을 지니고 있다. 한편, ㅛ와 ㅑ, ㅠ와 ㅕ는 각각 양성 모음과 음성 모음을 적는 중성자라는 특징도 지니지만, 모두 반모음 ㅣ로 시작하는 모음을 적는 중성자라는 점에서도 동일한 특성을 지니고 있다. 즉, ㅘ는 양성 모음을 적는 중성자끼리, ㅝ는 음성 모음을 적는 중성자끼리 합해서 이루어진 것이다. ㅑ는 반모음 ㅣ로 시작하는 양성 모음을 적는 중성자끼리, ㅖ는 반모음 ㅣ로 시작하는 음성 모음을 적는 중성자끼리 합해서 이루어진 것이다. 이를 통해 두 중성자가 동일한 특성을 가지고 있으면 서로 결합할 수 있음을 확인할 수 있다.

❹ ㅣ 상합 중성자

한 글자로 된 중성자(·, ㅡ, ㅗ, ㅏ, ㅜ, ㅓ, ㅛ, ㅑ, ㅠ, ㅕ)가
중성자 ㅣ와 어울려 서로 합하면 새로운 글자 열 개가 만들어지는
데 ·ㅣ, ㅢ, ㅚ, ㅐ, ㅟ, ㅔ, ㆉ, ㅒ, ㆌ, ㅖ가 그것이다. 두 글자를
합해 만든 중성자(ㅘ, ㅝ, ㆇ, ㆊ)가 중성자 ㅣ와 어울려 서로
합하면 새롭게 네 글자가 만들어지는데 ㅙ, ㅞ, ㆈ, ㆋ가 그것이
다. 중성자 ㅣ가 다른 중성자들과 함께 어울려 새로운 중성자를
만들 수 있는 것은, 중성자 ㅣ의 발음이 **혀가 펴지고 소리가
얕아서 입을 열기에 편하기 때문이다.** 또한 **사람[ㅅ]이 사물을
여는 데에 참여하여 도울 때** 통하지 않는 바가 없음을 볼 수
있다.

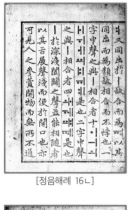

[정음해례 16ㄴ]

[정음해례 17ㄱ]

[원문]

一字中聲之與ㅣ相合者十。·ㅣㅢㅚㅐㅟㅔㆉㅒㆌㅖ是也。二字
中聲之與ㅣ相合者四。ㅙㅞㆈㆋ是也。ㅣ於深淺闔闢之聲。並
能相隨者。以其舌展聲淺而便於開口也。亦可見人之參賛開物
而無所不通也。[정음해례 16ㄴ:2~17ㄱ:1]

[주석]

— **중성자 ㅣ와 어울려 서로 합하면**: 한 글자의 중성자 ·, ㅡ, ㅗ,
ㅏ, ㅜ, ㅓ, ㅛ, ㅑ, ㅠ, ㅕ 뒤에 반모음 [j]가 결합하면 하향 중모
음 글자 ·ㅣ, ㅢ, ㅚ, ㅐ, ㅟ, ㅔ, ㆉ, ㅒ, ㆌ, ㅖ가 만들어지는데,
이를 중성자 ㅣ와 서로 합한다고 표현하였다.

— **혀가 펴지고 소리가 얕아 입을 열기에 편하기 때문이다**: 중성의

153

기본자 ·, ㅡ, ㅣ 중에서 ㅣ는 입을 열면서 혀가 움츠러들지 않는 가장 자연스러운 상태에서 발음할 수 있기 때문에 다른 모음과 잘 어울릴 수 있다고 설명한 것이다.

   사람^[人]이 사물을 여는 데에 참여하여 도울 때: 이 구절은 하늘이 만물을 낳고 땅이 그 만물을 길러냄에, 사람이 그 중간에서 만물의 성장을 돕는 역할을 한다는 의미로, 여기서는 이러한 사람의 역할을 중성자 ㅣ와 관련하여 설명하고 있다. 중성의 기본자인 ·, ㅡ, ㅣ는 천지인^{天地人}의 삼재^{三才}를 본떠서 만들었다. 여기에서 ·는 하늘이고, ㅡ는 땅으로서 음양^{陰陽}의 원리가 적용된다. ㅣ는 음양의 조화에 의해 생긴 사람으로서 천지에 두루 적용할 수 있는 중성적인 존재이다. 훈민정음의 중성자를 서로 합하여 쓸 경우에는 양성 모음은 양성 모음끼리, 음성 모음은 음성 모음끼리 어울리도록 글자를 사용하는 것이 원칙이지만, ㅣ 모음자는 양성 모음과 음성 모음 모두에 두루 어울려 사용할 수 있다. 이것은 음양의 기운을 모두 지닌 사람이 음양에 차이에 구애받지 않고 두루두루 만물에 적응할 수 있다는 것을 중성자 ㅣ의 성격을 바탕으로 설명한 것이다.

[해설]

이 부분은 중성자 ㅣ와 다른 중성자를 결합하여 중모음^{重母音}을 적는 것을 규정한 것이다. 이렇게 ㅣ가 다른 중성자와 어울릴 수 있는 이유를 중성자 ㅣ의 음성적 특성과 '사람^人이 사물을 여는 데 두루 참여하여 돕는다는 점을 바탕으로 설명하고 있다.

중성자 ㅣ는 다른 중성자들과 결합해 다양한 중모음^{重母音}을 적을 때 쓰일 수 있는데, 이렇게 만들어진 중성자들을 ㅣ 상합^{相合} 중성자라고도 한다. 먼저 중성자 ·, ㅡ, ㅗ, ㅏ, ㅜ, ㅓ, ㅛ, ㅑ, ㅠ, ㅕ 뒤에 ㅣ를 결합하여 중성자 ㆎ, ㅢ, ㅚ, ㅐ, ㅟ, ㅔ, ㆉ, ㅒ, ㆌ, ㅖ를 만든다. 다음으로 앞서 살펴본 두 개의 중성자가 결합된 중성자 ㅘ, ㅝ, ㆇ, ㆊ 뒤에 ㅣ가 결합해 새로운 모음을 적는 중성자 ㅙ, ㅞ, ㆈ, ㆋ를 만든다. 이들이 나타내는 모음은 모두 ㅣ를 마지막 분절음으로 갖는다는 공통점을 지니고 있다. 이처럼 ㅣ가 다른 중성자들과 자유롭게 결합할 수 있는 것은 중성자 ㅣ가 발음하기 쉬운 전설 고모음이라는 조음적 특성을 갖기 때문이다.

운문으로 정리한 중성해

[정음해례 17ㄱ]

[정음해례 17ㄴ]

母字之音各有中
모자^{母字}의 소리마다 각각 중성이 있으니

須就中聲尋闢闔
반드시 중성에서 입이 오므려지거나 벌어지는 것을 살펴야 하네.

洪覃自吞可合用
ㅗ와 ㅏ는 ·에서 나왔으니 합하여 쓸 수 있고

君業出卽亦可合
ㅜ와 ㅓ는 ㅡ에서 나왔으니 역시 합하여 쓸 수 있네.

欲之與穰戌與彆
ㅛ와 ㅑ, 그리고 ㅠ와 ㅕ의 관계는

各有所從義可推
각각 나온 곳이 있으니 그 뜻을 유추할 수 있네.

侵之爲用最居多
ㅣ가 가장 많이 쓰여서

於十四聲徧相隨
열네 개 중성자의 소리에 두루 어울리네.

[정음해례 17ㄱ:1~17ㄴ:1]

[주석]

— '모자(母字)의 소리마다 각각 중성이 있으니'의 해석과 관련하여, 모자^{母字}를 매자^{每字}로 보는 해석이 방종현(1940), 홍기문(1946) 부터 제기되었다. 그렇게 보면 문맥상 더 순조롭기는 하나, 근거 없이 원문을 수정하여 해석하기에는 무리가 있다. 이것이 본문의 "중성은 자운의 가운데에 놓인다.^[中聲者, 居字韻之中]"에 조응하는 구절임을 반영하여 자운^{字韻} 혹은 운자^{韻字}와 같은 의미의 모자^{母字}로 풀이하였다. 어떤 글자의 소리를 표기하기 위해 다른 두 글자의 음^音과 운^韻을 함께 제시하는 방식을 반절^{反切}이라고 한다. 이때 음은 초성을 가리키는데 이를 나타내는 글자를 음자^{音字} 혹은 부자^{父字}라고 부르며, 운은 중성과 종성을 합하여 가리키는데 이를 나타내는 글자를 운자^{韻字} 혹은 모자^{母字}라고 부른다. 예를 들어 '東^동'을 반절로 '德紅切^{덕홍절}'이라고 표기하면, '德^덕'의 성모 ㄷ과 '紅^홍'의 운모 'ㅗㅇ'을 합쳐서 '동'으로 읽으라는 뜻이다. 본문

의 '자운'에 대한 주석에서 밝힌 것처럼 여기의 '모자의 소리' 역
시 '한 음절의 소리'로 이해할 수 있다.

4. 종성해

```
❶ 종성의 개념
❷ 종성자의 실제
❸ 성조와 종성의 관계
❹ 8종성 표기
❺ 오음에서 느림과 빠름의 대립
❻ 반설음(반혓소리) 글자 ㄹ과 설음(혓소리) 글자 ㄷ
```

❶ 종성의 개념

종성은 **초성과 중성을 이어받아 자운을 이룬다.**

[원문]

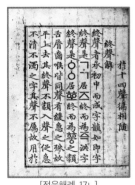

[정음해례 17ㄴ]

종 성 자 승 초 중 이 성 자 운
終聲者。承初中而成字韻。 [정음해례 17ㄴ:3~6]

[주석]

— **초성과 중성을 이어받아 자운을 이룬다**: 자운字韻은 훈민정음에서 '한 음절의 소리'라는 뜻으로 사용되었는데, 이 부분에서는 종성이 초성과 중성을 이어받아 하나의 음절을 완성한다는 것을 '자운을 이룬다'라고 표현하였다. 중세 국어의 음절은 '(자음)+(반모음)+모음+(반모음)+(자음)'으로 이루어지므로 음절의 필수 요소는 모음이다. 이와 같은 구조에서 초성은 처음에 오는 자음子音이며, 중성은 반모음을 포함한 모음, 그리고 종성은 마지막에 오는 자음이다. 하나의 음절은 모음만으로도 이루어지지만, 초성과 종성이 모두 갖추어진 것을 최대로 완성된 음절이라고 하여, 종성은 초성과 중성을 이어받아 음절을 이룬다고 한 것이다.

157

[해설]

이 부분은 종성이 자운^{字韻}, 곧 한 음절로 된 한자음의 마지막에 놓인 소리로서 초성과 중성을 이어받아 음절을 이룬다는 점을 설명한 것이다.

❷ 종성자의 실제

즉(卽)자의 종성자는 ㄱ이니 ㄱ이 즈의 끝에 놓여 '즉'이 된다. ᅘᅩᆼ(洪)자의 종성자는 ㆁ이니 ㆁ이 ᅘᅩ의 끝에 놓여 'ᅘᅩᆼ'이 된다. 설음(혓소리) 글자, 순음(입술소리) 글자, 치음(잇소리) 글자, 후음(목구멍소리) 글자의 경우도 모두 동일하다.

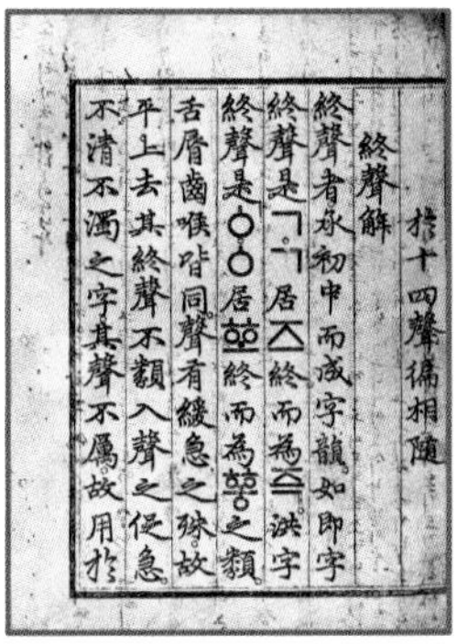
挹十四聲徧相隨
終聲解
終聲者承初中而成字韻如卽字
終聲是ㄱ。ㄱ居즈終而爲즉。洪字
終聲是ㆁ。ㆁ居ᅘᅩ終而爲ᅘᅩᆼ之類
舌脣齒喉皆同聲有緩急之殊故
平上去其終聲不類入聲之促急
不淸不濁之字其聲不厲故用於

[정음해례 17ㄴ]

[원문]

여 즉 자 종 성 시 　 거 종 이 위 　 홍 자 종 성 시 　 거 종
如卽字終聲是ㄱ。ㄱ居즈終而爲즉。洪字終聲是ㆁ。ㆁ居ᅘᅩ終
이 위 　 지 류 　 설 순 치 후 개 동
而爲ᅘᅩᆼ之類。舌脣齒喉皆同。[정음해례 17ㄴ:3~6]

[해설]

이 부분은 훈민정음의 종성자들을 구체적으로 보여 주고 있다. 예를 들어 '卽'(즉)에서 초성자 ㅈ과 중성자 ㅡ가 합해진 '즈'를 이어받은 아음(어금닛소리) 글자 ㄱ이 종성자임을 알 수 있다. 다른 종성자들도 이처럼 한자의 음을 이용하여 설명하고 있다. 설음(혓소리) 글자 ㄷ, ㄴ, ㄹ, 순음(입술소리) 글자 ㅂ, ㅁ, 치음(잇소리) 글자 ㅅ 등도 이와 같음을 언급하고 있다.

❸ 성조와 종성의 관계

　　종성에는 빠르고 느린 차이가 있으니 평성, 상성, 거성을 지닌 음절의 종성은 **빠르게 끝나는 입성**의 종성과 다르다.

　　불청불탁자가 나타내는 소리는 세지 않으므로 그 소리를 종성에 사용하면 해당 음절은 평성이나 상성, 또는 거성이 된다.

　　전청자, 차청자, 전탁자가 나타내는 소리는 세므로 그 소리를 종성에 사용하면 해당 음절은 입성이 된다.

　　따라서 불청불탁음을 적는 ㆁ, ㄴ, ㅁ, ㅇ, ㄹ, ㅿ 여섯 글자가 종성자로 사용되면 그 음절은 평성이나 상성, 또는 거성이 되고, 나머지 전청, 차청, 전탁을 적는 글자가 종성자로 사용되면 그 음절은 모두 입성이 된다.

[원문]

聲有緩急之殊。故平上去其終聲不類入聲之促急。不淸不濁之
字。其聲不厲。故用於終則宜於平上去。全淸次淸全濁之字。其
聲爲厲。故用於終則宜於入。所以 ㆁㄴㅁㅇㄹㅿ六字爲平上去
聲之終。而餘皆爲入聲之終也。[정음해례 17ㄴ:6~18ㄱ:5]

[주석]

　─　**종성에는 빠르고 느린 차이가 있으니**: 원문의 '완급^{緩急}'이란 말은 '느림과 빠름'이다. 종성의 발음에서 '갖-각, 간-갇, 감-갑' 등의 종성의 대립을 느림(ㆁ, ㄴ, ㅁ)과 빠름(ㄱ, ㄷ, ㅂ)의 차이로 설명한 것이다. 이러한 느림과 빠름의 차이는 공명음인 비음과 장애음인 구강 폐쇄음을 음운적으로 변별하는 기준으로 작용하고 있다. 이러한 기준은 현대 국어에도 그대로 적용된다. 또한 훈민

[정음해례 17ㄴ]

[정음해례 18ㄱ]

정음에서는 종성의 발음에서 치음의 'ㅿ-ㅅ', 후음의 'ㅇ-ㆆ' 등의 차이도 느림과 빠름으로 설명하였다.

— **빠르게 끝나는 입성**: 입성을 지닌 음절의 종성의 발음이 빠르게 끝난다는 것이다. 즉 '간'은 입성이 아니므로 종성 ㄴ의 발음이 느리지만, '갇'은 입성이므로 종성 ㄷ의 발음이 빠르다. 파열음은 초성에 올 때에는 '폐쇄-지속-파열'의 세 단계를 거쳐 발음되지만, 종성에 올 때는 '폐쇄-지속' 단계만 거치고 파열 단계가 생략된다. 그러므로 종성 위치에 오는 파열음은 발음이 빠르게 끝나게 된다. 원래 중국어에서 입성에 속한 한자의 발음은 외파^{外破}되지 않는 '-k, -t, -p'로 끝나는 것이 특징이다. 현대 국어에서와 같이 중세 국어에서도 받침이 '-ㄱ, -ㄷ, -ㅂ' 등으로 끝나는 음절은 외파되지 않는 특징을 보여 중국어의 입성 '-k, -t, -p'와 그 성격이 같다.

— **불청불탁자가 나타내는 소리는 세지 않으므로**: 훈민정음에서는 종성의 발음을 설명하면서 '느림'과 '빠름'이라는 개념을 사용하였다. 그리고 종성에서 느림과 빠름이 생기는 것은 초성의 발음에 나타나는 소리의 세기와 관련된다는 것이다. 소리의 세기는 초성의 제자 과정에도 적용된 소리의 셈[厲]과 세지 않음[不厲]이다. 불청불탁자 ㆁ, ㄴ, ㅁ, ㅇ, ㄹ, ㅿ 등의 소리가 세지 않다는 것은 현대 음성학의 관점에서는 공명음(共鳴音)으로 발음된다는 것으로 이해된다. 다만 ㅿ과 ㅅ의 차이는 유성음과 무성음의 차이이므로 예외적인데, 이는 전통적인 성운학에서 ㅿ에 해당하는 반치음의 '일모(日母)'가 기원적으로 공명음에 속하여 불청불탁으로 분류되었다는 것을 참고할 수 있다.

— **전청자, 차청자, 전탁자가 나타내는 소리는 세므로**: 전청자(ㄱ, ㄷ, ㅂ, ㅈ, ㅅ, ㆆ), 차청자(ㅋ, ㅌ, ㅍ, ㅊ, ㅎ), 전탁자(ㄲ, ㄸ, ㅃ, ㅉ, ㅆ, ㆅ)의 소리는 위에서 설명한 불청불탁자와는 다르게 소리가 세다고 한 것이다. 소리가 세다는 것은 현대 음성학의 관점에서는 장애음^{障礙音}으로 발음된다는 뜻이다.

[해설]

　　이 부분은 성조와 종성의 상관성을 이야기한 것이다. 네 가지 성조 중 입성은 종성이 빠르게 끝나는 발음의 특성을 지니는 반면, 나머지 성조들은 그렇지 않다. 불청불탁자 ㆁ, ㄴ, ㅁ, ㅇ, ㄹ, ㅿ이 종성자로 사용되면 그 소리가 느리게 끝나는 발음의 특성을 지녀 그 음절의 성조는 평성이나 상성, 또는 거성 중 하나가 된다. 이와는 달리 나머지 전청자, 차청자, 전탁자가 종성자로 사용되면 그 소리가 빠르게 끝닿는 발음의 특성을 지녀 그 음절의 성조는 입성이 된다.

	초성에서의 소리 세기	종성에서의 소리 완급	종성으로 쓰일 때 해당 음절의 성조	해당 글자
불청불탁	세지 않음	느림	평성, 상성, 거성	ㆁ, ㄴ, ㅁ, ㅇ, ㄹ, ㅿ
전　청				ㄱ, ㄷ, ㅂ, ㅈ, ㅅ, ㆆ
차　청	셈	빠름	입성	ㅋ, ㅌ, ㅍ, ㅊ, ㅎ
전　탁				ㄲ, ㄸ, ㅃ, ㅉ, ㅆ, ㆅ

❹ 8종성 표기

그렇지만 ㄱ, ㆁ, ㄷ, ㄴ, ㅂ, ㅁ, ㅅ, ㄹ의 여덟 글자만으로도 종성을 적는 데 충분하다.

'**빗곶**'[梨花, 배꽃], '**엿·의갗**'[狐皮, 여우의 가죽]의 경우에 **종성은 ㅅ자로 적을 수 있으므로 ㅅ자만 사용해도 충분하다.**

또한 ㅇ이 나타내는 소리는 맑고 비어 있어 굳이 종성의 위치에 사용하는 것이 반드시 필요한 것은 아니니 중성만으로도 음절을 이룰 수 있다.

앞서 밝힌 여덟 자 중에서 '**볃**'(彆)의 ㄷ, '**군**'(君)의 ㄴ, '**엽**'(業)의 ㅂ, '**땀**'(覃)의 ㅁ, 우리말 '**옷**'[衣]의 ㅅ, 우리말 ':**실**'[絲]의 ㄹ도 종성을 적는 데 충분하다.

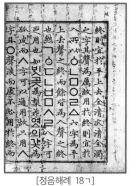

[정음해례 18ㄱ]

[원문]

然ㄱㆁㄷㄴㅂㅁㅅㄹ八字可足用也。如**빗곶**爲梨花。**엿·의갗**爲狐皮。而ㅅ字可以通用。故只用ㅅ字。且ㅇ聲淡而虛。不必用於終。而中聲可得成音也。ㄷ如**볃**爲彆。ㄴ如**군**爲君。ㅂ如**엽**爲業。ㅁ如**땀**爲覃。ㅅ如諺語**옷**爲衣。ㄹ如諺語:**실**爲絲之類。

[정음해례 18ㄱ:5~18ㄴ:4]

[정음해례 18ㄴ]

[주석]

— **종성은 ㅅ자로 적을 수 있으므로**: 종성에서 여덟 글자로 족히 쓸 수 있다는 것은 어말 위치에서 자음子音의 중화中和가 일어나는 음운의 변동을 표기법에 반영한 것이다. 어말 위치에서 변별되는 자음은 현대 국어라면 ㄱ, ㆁ, ㄷ, ㄴ, ㅂ, ㅁ, ㄹ의 7종성이겠지만, 훈민정음 창제 당시 국어에서는 여기에 ㅅ이 포함되어 8종성

이라는 것이 특징이다. 즉 훈민정음에서는 '갇, 갈' 등이 '갇'으로 소리 나고, '갓, 갔, 갖, 갗, 갘' 등이 '갓'으로 소리 난다는 것이며, 현대 국어와는 달리 '갇'과 '갓'의 소리는 변별되었다는 것을 말한 것이다.

○이 나타내는 소리는 맑고 비어 있어~중성만으로도 음절을 이룰 수 있다: 훈민정음의 초성은 중국 성운학의 자모字母라는 개념을 충분히 활용하여 만들었으며, ○은 중국 성운학에서 음가가 없는 '유모喩母'에 해당한다. 소리가 맑고 비어 있다는 것은 구강에서 장애를 받지 않는다는 것, 곧 음가가 없는 ○의 소리 특성을 말한 것이다.

훈민정음은 하나의 음절을 글자가 완성되는 단위로 하면서, 하나의 음절을 초성, 중성, 종성으로 나누었다. 이에 따라 모든 음절에 원칙적으로는 초성, 중성, 종성이 모두 갖추어지는 체계를 온전한 음절로 설정하였다. 그러나 실제로는 중성만으로도 하나의 음절을 이룰 수 있으므로, 초성이나 종성이 없는 음절에 대한 대책으로서 음가가 없는 ○을 활용한 것이다. 즉 후음 ○을 초성과 종성에 표기하여 '앙'라고 쓰면 모음 ㅏ로만 이루어진 음절이 되는 것이다. 실제로 한자음 표기에는 소리가 없는 초성과 종성에 '與영'와 같이 표기하여 ㅕ로만 이루어진 음절을 나타냈다. 그러나 한자음이 아닌 경우에는 '서르 ᄉᆞᄆᆞᆺ디 아니ᄒᆞᆯᄊᆡ'와 같이 표기하여 소리가 없는 종성에 ○을 표기하지 않았다. 소리가 없는 초성에 ○을 사용하는 것은 오늘날까지 변함없이 이어지고 있으며, 한자음의 종성 표기에 쓰인 ○은 동국정운식 표기를 제외하고는 쓰이지 않게 되었다.

[해설]

이 부분은 종성에 모든 초성자를 사용하지 않고 ㄱ, ㆁ, ㄷ, ㄴ, ㅂ, ㅁ, ㅅ, ㄹ의 여덟 자만으로 사용이 가능하다는 것을 설명한 것이다. 예를 들어, '빗곶'과 '엿의갗'에서 종성자로 쓰인 ㅈ, ㅿ, ㅊ자 대신 이들을 모두 ㅅ자로 바꾼 '빗곳'과 '엿의갓'과 같은 표기가 가능하다는 것이다. '빗곳'과 '엿의갗'의 표기가 <어제 예의>에서 종성자는 초성자를 다시 사용한다고 했던 내용을 보여 주는 것이라면, '빗곳'과 '엿의갓'의 표기는 초성자 중 여덟 글자만으로 종성 표기가 가능하다는 내용을 보여 주는 것이다.

이 밖에 '받(←밭)', '숩(←숲)'에서처럼 받침이 ㅌ, ㅍ인 경우에도 각각 ㄷ, ㅂ으로 적을 수 있었다. 'ㄱ, ㆁ, ㄷ, ㄴ, ㅂ, ㅁ, ㅅ, ㄹ의 여덟 글자만으로도 종성을 적는 데 충분하다'라고 한 것은 이러한 표기 방식을 설명한 것이다.

❺ 오음에서 느림과 빠름의 대립

오음(아음, 설음, 순음, 치음, 후음)은 **각 음 안에서 느림과 빠름에 의해 서로 대립을 이룬다.**

아음(어금닛소리)의 경우 종성자 ㆁ의 소리와 ㄱ의 소리가 대립을 이루는데,

느리게 발음되는 ㆁ을 빠르게 발음하면 소리가 변하여 급하게 끝닿는 ㄱ의 소리가 되고,

빠르게 발음되는 ㄱ을 느리게 발음하면 소리가 변하여 천천히 끝닿는 ㆁ의 소리가 된다.

설음(혓소리)의 종성자 ㄴ과 ㄷ,

순음(입술소리)의 종성자 ㅁ과 ㅂ,

치음(잇소리)의 종성자 ㅿ과 ㅅ,

후음(목구멍소리)의 종성자 ㅇ과 ㆆ의 소리들도 느림과 빠름에 의해 서로 대립되는 것이 아음의 경우와 같다.

[정음해례 18ㄴ]

[원문]

五音之緩急。亦各自爲對。 如牙之ㆁ與ㄱ爲對。而ㆁ促呼則變

爲ㄱ而急。ㄱ舒出則變爲ㆁ而緩。 舌之ㄴㄷ脣之ㅁㅂ齒之ㅿ

ㅅ喉之ㅇㆆ。其緩急相對亦猶是也。 [정음해례 18ㄴ:4~19ㄱ:1]

[주석]

— **각 음 안에서 느림과 빠름에 의해 서로 대립을 이룬다:** 원문의 '완급(緩急)'이란 말은 '느림과 빠름'이며, 이러한 소리의 완급을 종성에서 소리의 대립을 이루는 요소로 풀이한 것이다. 훈민정음에서 소리의 완급은 공명음과 장애음을 가르는 일종의 변별적 개

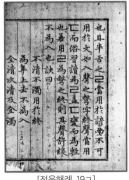

[정음해례 19ㄱ]

념으로, 일반적인 발화 속도와 관련된 개념은 아니다. 즉 불청불탁으로 분류되는 ㆁ, ㄴ, ㄹ, ㅁ, ㅿ, ㅇ이 느림[緩]이고, 나머지 전청, 차청, 전탁 등이 빠름[急]이다. 다만 종성에서는 자음의 중화가 일어나므로, 느림과 빠름의 대립은 'ㆁ-ㄱ, ㄴ/ㄹ-ㄷ, ㅁ-ㅂ, ㅿ-ㅅ' 등의 체계가 성립된다. 후음의 ㅇ-ㆆ은 역시 느림과 빠름의 대립이 성립되지만, 국어의 종성에서는 불필요하다. 종성의 대립 체계에서 항상 문제가 되는 것은 ㅿ과 ㅅ이다. 8종성 규정에 따르면 종성에서 ㅿ을 ㅅ으로 쓰게 되어 있지만, 느림과 빠름의 대립에 의하면 종성의 ㅿ과 ㅅ은 변별되어야 하기 때문이다. 또한 느림과 빠름을 공명음과 장애음의 대립으로 이해하면 'ㅿ'의 음가가 예외가 된다. ㅅ의 유성음인 ㅿ이 불청불탁으로 분류된 것은 전통적인 성운학에서 ㅿ에 해당하는 반치음의 일모日母가 기원적으로 공명음이었기 때문이다. 느림과 빠름의 대립을 존중하면 종성에서 ㅿ과 ㅅ의 변별이 성립되어야 하고, 8종성 규정을 따르면 종성의 ㅿ은 ㅅ과 변별되지 않아야 하는 모순이 있다.

— **느리게 발음되는 ㆁ을 빠르게 발음하면 소리가 변하여 급하게 끝닿는 ㄱ의 소리가 되고, 빠르게 발음되는 ㄱ을 느리게 발음하면 소리가 변하여 천천히 끝닿는 ㆁ의 소리가 된다**: 바로 앞의 주석에서 설명한 바와 같이 종성의 느림과 빠름은 공명음과 장애음의 대립을 소리의 성격으로 나타낸 것이다. 따라서 완급으로 풀면 예를 들어 '강'의 종성은 느리고, '각'의 종성은 빠르다. 그러나 훈민정음에서는 공명음과 장애음의 차이를 느림과 빠름의 대립으로 설명하였으므로, 느림과 빠름의 차이는 공명음과 장애음의 차이로 이해함이 타당하다. 즉 종성에서 ㄱ의 공명음은 ㆁ이고, ㆁ의 장애음은 ㄱ이라는 뜻이다.

[해설]

이 부분은 종성자의 소리들이 완급緩急, 즉 느림과 빠름에 따라 오음(아음, 설음, 순음, 치음, 후음) 안에서 각각 대립한다는 사실을 설명한 것이다. 오음에서는 종성자의 빠른 소리와 느린 소리가 서로 대립을 이루는데, 아음(어금닛소리)에서 종성자

ㄱ과 ㆁ이, 설음(혓소리)에서 종성자 ㄷ과 ㄴ이, 순음(입술소리)에서 종성자 ㅂ과 ㅁ이, 치음(잇소리)에서 종성자 ㅅ과 ㅿ이, 후음(목구멍소리)에서 종성자 ㆆ과 ㅇ이 각각 빠르고 느린 소리로 대립을 이룬다. 따라서 오음에서 각각 빠른 소리를 나타내는 5개의 종성자 ㄱ, ㄷ, ㅂ, ㅅ, ㆆ과 느린 소리를 나타내는 종성자 ㆁ, ㄴ, ㅁ, ㅿ, ㅇ이 서로 대립을 이루고 있음을 알 수 있다.

❻ 반설음⁽반혓소리⁾ 글자 ㄹ과 설음⁽혓소리⁾ 글자 ㄷ

또한 반설음(반혓소리) 글자 ㄹ은 우리말의 종성에는 사용할 수 있지만, 한자음의 종성에는 사용할 수 없다.

입성에 해당하는 한자 '彆(별)'의 음을 적을 때에는 종성자 ㄷ을 사용하는 것이 마땅한데, 우리나라 사람들이 관습에 따라 이 한자를 [별]로 읽고 있는 것은 종성 ㄷ의 소리가 변하여 가벼워졌기 때문이다.

만약 '彆(별)'의 한자음을 적을 때 종성자로 ㄹ을 사용한다면, 그 소리가 천천히 끝닿아 입성이 되지 못한다.

[원문]

[정음해례 19ㄱ]

차 반 설 지　　　당 용 어 언　이 불 가 용 어 문　　여 입 성 지 별 자　종 성 당
且半舌之ㄹ◦當用於諺◦而不可用於文。如入聲之彆字◦終聲當

용　　이 속 습 독 위　　개　변 이 위 경 야　　약 용　　위 별 지 종　즉 기
用ㄷ◦而俗習讀爲ㄹ◦盖ㄷ變而爲輕也。若用ㄹ爲彆之終◦則其

성 서 완　불 위 입 야
聲舒緩◦不爲入也。 [정음해례 19ㄱ:1~5]

[주석]

—　**입성에 해당하는 한자 '彆'의 음을 적을 때에는 종성자 ㄷ을 사용하는 것이 마땅한데:** 설음의 입성은 '-ㄷ'으로 끝나는 음이다. 옛날의 중국어를 대상으로 한 전통적인 성운학에서 설음의 입성은 운미韻尾가 '-t'이므로, 국어 한자음에서는 'ㄷ'으로 표기되어야 하는 것이 마땅하다. 그러나 중국어의 설음 입성 '-t'가 국어 한자음에서는 '-ㄷ'이 아닌 '-ㄹ'이 되었으므로, 국어 한자음에서는 촉급한 입성의 범주에서 벗어나게 되었다. 이러한 점에 착안하여 동국정운식 한자음에서는 '八밣, 發벓, 舌쎯' 등과 같이 표기했다. 이는 고유어의 받침 '-ㄹ'과 한자음의 받침 '-ㄹ'의 소리가 기원적으로 다르다는 점, 그리고 국어 한자음의 종성 '-ㄹ'이 본래 설음

입성 'ㄷ'로부터 왔다는 점을 감안해 ㄹ도 ㄷ도 아닌 절충적인 ㅭ으로 표기한 것이다. ㆆ은 영모影母이고 ㄹ은 래모來母이므로 이러한 ㅭ 표기를 '이영보래以影補來(ㆆ으로써 ㄹ을 보충함)'라고 한다. 후음의 전청자인 ㆆ을 종성자 ㄹ 다음에 함께 적어서 설음의 입성임을 나타냈다.

[해설]

　이 부분은 ㄹ은 '실'[絲], '돌'[石]과 같이 우리말의 종성을 적을 때에는 쓸 수 있지만, '彆'자와 같이 입성을 지닌 한자의 음을 적는 데는 쓸 수 없음을 이야기한 것이다. 본래 입성의 한자음은 ㅂ(p), ㄷ(t), ㄱ(k)와 같은 폐쇄음을 종성으로 갖는 한자음으로 종성이 촉급하게 발음되는 것을 특징으로 한다. 특히 ㄷ(t)를 종성으로 가졌던 입성의 한자음은 '彆'(별), '乙'(을)과 같이 조선의 현실 한자음에서는 예외 없이 모두 그 종성이 ㄹ(l)로 발음되는 모습을 보여 준다. 이것은 ㄷ(t) 소리가 가벼워져 ㄹ(l) 소리로 변한 것인데, 이처럼 ㄷ(t) 입성 한자음의 종성을 ㄹ로 적어서는 입성의 촉급한 특성을 나타낼 수 없게 된다. 따라서 세종이 표준적인 한자음으로 제시했던 동국정운식 한자음에서는 '彆'자의 음을 '볃' 또는 '볋'으로 적었다. '볃'은 입성 본래의 음가에 충실하게 적은 것이고, '볋'은 현실 한자음을 고려해 절충적으로 '彆'자의 음을 표기한 것으로 이해할 수 있다.

[정음해례 19ㄱ]

[정음해례 19ㄴ]

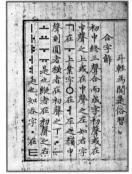

[정음해례 20ㄱ]

[정음해례 20ㄴ]

운문으로 정리한 종성해

불청불탁용어종
不淸不濁用於終
불청불탁이 종성에 사용되면

위평상거불위입
爲平上去不爲入
평성, 상성, 거성은 되지만 입성은 되지 않네.

전청차청급전탁
全淸次淸及全濁
전청, 차청과 전탁은

시개위입성촉급
是皆爲入聲促急
모두 입성이 되어 소리가 빠르게 끝나네.

초작종성리고연
初作終聲理固然
초성자가 종성자가 되는 것이 본연의 원리인데

지장팔자용불궁
只將八字用不窮
여덟 자만 가지고도 쓰기에 궁함이 없네.

유유욕성소당처
唯有欲聲所當處
오직 ㅇ(欲)자가 있어야 마땅할 자리에는

중성성음역가통
中聲成音亦可通
중성만으로 음절을 이루어도 역시 통할 수 있네.

약서즉자종용군
若書卽字終用君
'즉(卽)'자를 쓰려면 종성자로 ㄱ을 쓰고

홍별역이업두종
洪彆亦以業斗終
'뽕(洪)'과 '볃(彆)' 역시 ㆁ과 ㄷ을 종성자로 하네.

군업담종우하여
君業覃終又何如
'군(君)', '업(業)', '땀(覃)'의 종성자가 어떠할지는

이나별미차제추
以那彆彌次第推
ㄴ, ㅂ, ㅁ을 가지고 차례로 미루어 보라.

육성통호문여언
六聲通乎文與諺
나머지 여섯 자는 한자음과 우리말에 통용되지만

술려용어언의사
戌閭用於諺衣絲
ㅅ과 ㄹ은 우리말의 '옷'과 '실'에서 사용하네.

오음완급각자대
五音緩急各自對
오음의 느림과 빠름은 각자 대립을 이루니

군성내시업지촉
君聲迺是業之促
ㄱ 소리는 ㆁ 소리가 빠르게 끝닿은 것이네.

두별성완위나미
斗彆聲緩爲那彌
ㄷ과 ㅂ 소리가 천천히 끝닿으면 ㄴ과 ㅁ 소리가 되고

양욕역대술여읍
穰欲亦對戌與挹
ㅿ ㅇ 소리 또한 ㅅ ㆆ 소리와 대립을 이루네.

려의어언불의문
閭宜於諺不宜文
ㄹ 소리는 우리말에는 마땅하나 한자음에는 마땅치 않네.

두경위려시속습
斗輕爲閭是俗習
ㄷ 소리가 가벼워져 ㄹ 소리가 된 것은 우리의 관습이네.

[정음해례 19ㄱ:5~20ㄴ:1]

5. 합자해

❶ 성자법

초성자, 중성자, 종성자 셋을 모아서 **하나의 음절을 표시하는 글자**를 구성한다.

[원문]

　　초　중　종　삼　성　　합　이　성　자
初中終三聲。合而成字。 [정음해례 20ㄴ:3]

[주석]

— **하나의 음절을 표시하는 글자:** [원문]에서 成字('자字'를 이룬다)
라는 것은 소리의 관점에서는 하나의 음절音節을 이룬다는 뜻이
다. 중세 국어의 음절은 '(초성)+중성+(종성)'의 세 부분으로 나
눌 수 있으며, 중성만으로도 하나의 온전한 음절을 이룰 수 있으
므로, 초성, 중성, 종성이 모두 갖추어져서 글자를 이룬다고 한 것
은 음절의 최대치를 말한 것이다. 한자漢字는 하나의 '자字'가 하
나의 음절을 이루기 때문에 '자字'라는 단위를 음절이라는 소리의

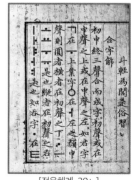

[정음해례 20ㄴ]

단위에 적용한 것이다.

[해설]

　이 부분은 초성, 중성, 종성의 세 요소가 하나의 음절을 이루는 우리말 음절의 특징을 고려하여, 이를 적을 때에도 각 소리를 적는 초성자, 중성자, 종성자를 합하여 하나의 음절을 적을 수 있는 방식으로 문자가 운용된다는 점을 설명한 것이다. 이러한 내용은 새 문자 훈민정음이 음절 단위로 운용되는 음소 문자라는 점을 문자 제작 당시부터 분명히 하고 있었음을 확인시켜 준다.

❷ 초성자, 중성자, 종성자의 위치

　초성자는 **중성자의 위에 놓인 경우도 있고, 중성자의 왼쪽에 놓인 경우도 있다.** '군(君)'자의 초성자 ㄱ은 중성자 ㅜ 위에, '업(業)'자의 초성자 ㆁ은 중성자 ㅓ 왼쪽에 놓인 것과 같다.

　중성자 가운데 ·, ㅡ, ㅗ, ㅛ, ㅜ, ㅠ와 같이 점의 모양을 한 것과 가로로 긴 획을 가진 것은 초성자의 아래에 놓인다. 중성자 가운데 ㅣ, ㅏ, ㅑ, ㅓ, ㅕ와 같이 세로로 긴 획을 가진 것은 초성자의 오른쪽에 놓인다. '툰(呑)'자의 중성자 ·는 초성자 ㅌ 아래에, '즉(卽)'자의 중성자 ㅡ는 초성자 ㅈ 아래에, '침(侵)'자의 중성자 ㅣ는 초성자 ㅊ 오른쪽에 놓인다.

　종성자는 **초성자와 중성자의 아래에 놓인다.** '군(君)'자의 종성자 ㄴ은 '구' 아래에, '업(業)'자의 종성자 ㅂ은 '어' 아래에 놓인다.

[원문]

<small>초성혹재중성지상　혹재중성지좌　　여군자　　재　　상　업자</small>
初聲或在中聲之上。或在中聲之左。如君字ㄱ在ㅜ上。業字ㆁ

<small>재　좌지류　　중성즉원자횡자재초성지하　　　　　　시</small>
在ㅓ左之類。中聲則圓者橫者在初聲之下。·ㅡㅗㅛㅜㅠ是

<small>야　　종자재초성지우　　　　　시야　여탄자　재　하지　즉</small>
也。縱者在初聲之右。ㅣㅏㅑㅓㅕ是也。如呑字·在ㅌ下。卽

<small>자　재　하　침자　　재　우지류　　종성재초중지하　　여군자</small>
字ㅡ在ㅈ下。侵字ㅣ在ㅊ右之類。終聲在初中之下。如君字ㄴ

<small>재　하　업자　재　하지류</small>
在구下。業字ㅂ在어下之類。 <small>[정음해례 20ㄴ:3~21ㄱ:3]</small>

[주석]

ㅡ　　중성자의 위에 놓인 경우도 있고, 중성자의 왼쪽에 놓인 경우도 있다: 초성자와 중성자를 결합해서 쓰는 방법을 '부서^{附書}', 즉 '붙

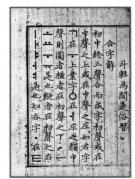

[정음해례 20ㄴ]

[정음해례 21ㄱ]

여쓰기'라고 한다. 『훈민정음』<어제 예의>에서 ·, ㅡ, ㅗ, ㅜ, ㅛ, ㅠ는 초성자의 아래에 붙여 쓰고, ㅣ, ㅏ, ㅓ, ㅑ, ㅕ는 초성자의 오른쪽에 붙여 쓰도록 규정하였다. 이에 따라 초성자의 위치는 중성자가 ·, ㅡ, ㅗ, ㅜ, ㅛ, ㅠ인 경우 위쪽에 오게 되고, 중성자가 ㅣ, ㅏ, ㅓ, ㅑ, ㅕ인 경우 왼쪽에 오게 된다.

— **중성자 가운데 ~ 초성자의 오른쪽에 놓인다**: 『훈민정음』<어제 예의>에서 ·, ㅡ, ㅗ, ㅜ, ㅛ, ㅠ는 초성자의 아래에 붙여 쓰고 ㅣ, ㅏ, ㅓ, ㅑ, ㅕ는 초성자의 오른쪽에 붙여 쓰도록 규정하였다. 이러한 부서附書 규정은 중성자의 모양에 따라 이루어졌다. 즉 점(·)과 가로획으로 된 글자(ㅡ, ㅗ, ㅜ, ㅛ, ㅠ)는 초성자의 아래에 붙여 쓰고, 세로획으로 된 글자(ㅣ, ㅏ, ㅓ, ㅑ, ㅕ)는 초성자의 오른쪽에 붙여 쓰도록 한 것이다. 초성자와 중성자의 결합에서 가로획의 글자는 밑에 놓이도록 하고, 세로획의 글자는 오른쪽 옆에 놓이도록 한 것은 글자 모양의 안정감을 위한 것이다.

— **초성자와 중성자의 아래에 놓인다**: 종성자는 초성자와 중성자 아래에 쓰도록 하였다. 초성자와 중성자는 좌우로 쓰는 경우도 있고, 상하로 쓰는 경우도 있지만, 종성자는 한결같이 초성자와 중성자 아래에 놓이도록 한 것이다. 이것 역시 한 글자를 이루었을 때, 종성이 맨 아래에 놓이는 것이 글자 모양의 안정감에 가장 적합하기 때문이다. 이는 한자가 전체적으로 볼 때 방형方形으로 되어 있는 것과 유사하게 훈민정음에서도 방형으로 하나의 음절을 적고자 하는 것으로 이해된다.

[해설]

이 부분은 초성자, 중성자, 종성자를 모아 음절을 적는 경우 중성자는 초성자의 아래나 오른쪽에, 종성자는 초성자와 중성자의 아래에 위치함을 규정한 것이다. 중성자는 그 위치가 중성자의 모양에 따라 달라지는 것에 비해, 종성자는 그 모양과 상관없이 항상 초성자와 중성자 아래에 놓이게 된다. 이렇게 초성자, 중성자, 종성자를 결합하여 쓰는 방식은 새 문자 훈민정음이 음절 단위로 운용되는 음소 문자라는 점을 문자 제작 당시부터 분명히 하고 있었음을 확인시켜 준다.

한 음절을 표기함에 있어 파스파 문자 또한 훈민정음과 마찬가지로 초성자, 중성자, 종성자를 결합하여 쓰지만, 각 글자들이 단순히 상하로만 이어지기 때문에 모아쓴 음절의 길이가 일정하지 않다. 그러나 훈민정음은 중성자를 초성자의 오른쪽이나 아래쪽에 쓰고 종성자를 초성자·중성자의 아래쪽에 씀으로써 모아쓴 음절이 항상 일정한 크기의 방형方形, 즉 정사각형 모양을 이룬다.

❸ 초성자의 합용

초성자 두세 개를 합쳐 쓸 때는 나란히 쓰니, 예를 들면 우리말 **ᄯᅡ**[地지, 땅], **ᄧᆞᆨ**[雙쌍, 짝], **ᄢᅳᆷ**[隙극, 틈] 등의 초성자 ᄯ, ᄧ, ᄢ 등과 같다.

초성자 중 같은 글자를 옆으로 나란히 쓰면, 우리말 **·혀**[舌설, 혀]와 **ᅘᅧ**[引인, 당기어], **괴·여**[我愛人아애인, 내가 남을 사랑하여]와 **괴·ᅇᅧ**[人愛我인애아, 내가 남에게 사랑받아], **소·다**[覆物복물, 쏟아]와 **쏘·다**[射사, 쏘다] 등의 초성자 ㆅ, ᅇ, ㅆ 등과 같다.

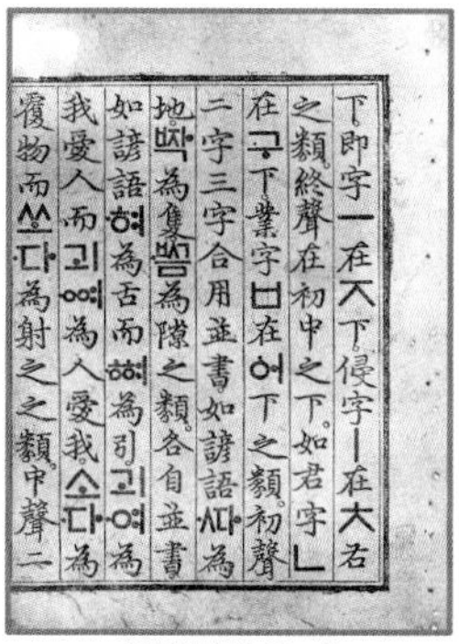
下即字ㅡ在ㄱ下侵字ㅣ在ㅊ右
之類終聲在初中之下。如君字ㄴ
在구下業字ㅂ在어下之類初聲
二字三字合用並書如諺語ᄯᅡ爲
地ᄧᆞᆨ爲隻ᄢᅳᆷ爲隙之類各自並書
如諺語혀爲舌而ᅘᅧ爲引괴여爲
我愛人而괴ᅇᅧ爲人愛我소다爲
覆物而쏘다爲射之之類中聲二

[정음해례 21ㄱ]

[원문]

초 성 이 자 삼 자 합 용 병 서 　여 언 어 　위 지 　위 쌍 　위 극 지
初聲二字三字合用並書。如諺語**ᄯᅡ**爲地。**ᄧᆞᆨ**爲雙。**ᄢᅳᆷ**爲隙之
류 　각 자 병 서 　여 언 어 　위 설 이 　위 인 　위 아 애 인 이
類。各自並書。如諺語**·혀**爲舌而**ᅘᅧ**爲引。**괴·여**爲我愛人而**괴·ᅇᅧ**
위 인 애 아 　위 복 물 이 　위 사 지 지 류
爲人愛我。**소·다**爲覆物而**쏘·다**爲射之之類。[정음해례 21ㄱ:3~8]

[주석]

ᄯᅡ[地지, 땅], **ᄧᆞᆨ**[雙쌍, 짝], **ᄢᅳᆷ**[隙극, 틈]: '**ᄯᅡ**', '**ᄧᆞᆨ**', '**ᄢᅳᆷ**'은 서로 다른 초성자를 옆으로 나란히 쓴 예이다. 현대 국어에서는 초성에 두 개 이상의 자음이 올 수 없지만, 훈민정음 창제 당시에는 초성에 두 개 이상의 자음이 올 수 있었고, 이를 서로 다른 초성자를 옆으로 나란히 써서 표기하였다. 서로 다른 초성자를 합하여 쓰는 것을 합용병서라고 하는데, 합용병서에는 'ㅅ'계 합용병서, 'ㅂ'계 합용병서, 'ㅄ'계 합용병서 세 가지가 있었으며, '**ᄯᅡ**', '**ᄧᆞᆨ**', '**ᄢᅳᆷ**'은 이들을 각각 대표한다. 일반적으로 'ㅅ'계 합용병서는 된소리의 음가를, 'ㅂ'계 합용병서는 어두자음군의 음가를 가진 것으로 이해되며, 'ㅄ'계 합용병서는 [ㅂ] 뒤 된소리의 음가를 가진 것으로 이해된다.

— **혀**[舌^설, 혀]와 **혀**[引^인, 당기어]: 여기에서 예로 든 '**혀**'와 '**혀**'는 성조가 거성으로서 같고, 중성이 ㅕ로서 같다. 다른 것은 오직 초성에서 ㅎ과 ㆅ이며, 이로써 뜻이 구별되었다. '**혀**'는 명사로서 현대어 '혀(舌)'에 그대로 해당하며, '**혀**'는 중세 국어 '혀·다(引)'의 어간 '혀'가 아니라, 어간 '혀-'에 어미 '-어'가 결합된 형태이다. 평성인 어간 '혀-'가 어미 '-어'와 결합하여 거성인 '**혀**'가 된 것으로, 현대어로 풀면 '당기어'에 해당한다.

— **괴·여**[我愛人^{아애인}, 내가 남을 사랑하여]와 **괴·ㆀ**[人愛我^{인애아}, 내가 남에게 사랑받아]: '**괴·여**'는 '괴다(愛)'의 어간 '괴-'에 어미 '-어'가 결합된 것이며, '괴어'가 아닌 '**괴·여**'가 된 것은 '괴[koj]-'의 말음인 반모음 [j]가 후행하는 '어'에 순행동화를 일으켜 '여'가 되었기 때문이다. 반면에 '**괴·ㆀ**'는 '괴다'에 피동접미사 '-이-'가 결합된 '괴이다'의 어간 '괴이-'에 어미 '-어'가 결합된 형태이다. 그러므로 '**괴·ㆀ**'의 기저 형태는 '괴이- + -어'인 것이다.

— **소·다**[覆物^{복물}, 쏟아]와 **쏘·다**[射^사, 쏘다]: '**소·다**'^[覆物]는 '솓다'의 어간 '솓-'에 어미 '-아'가, '**쏘·다**'^[射]는 어간 '쏘-'에 어미 '-다'가 결합된 구조이다. '**소·다**'와 '**쏘·다**'는 성조가 같고 초성만 다르므로 뜻이 구별되었다.

[해설]

이 부분은 서로 다른 초성자를 두 개 혹은 세 개를 합해서 쓰는 합용병서와, 동일한 초성자를 두 개 합해서 쓰는 각자병서의 쓰임을 보인 것이다.

먼저 필요에 의해 두 개 또는 세 개의 서로 다른 초성자가 오는 경우 각각의 초성자들을 차례로 나란히 쓴다는 것을 설명하고 있는데, 이러한 초성자의 표기를 '합용병서'라고 한다. 현대 국어에서는 어두 초성에 서로 다른 자음이 두 개 이상 오는 경우가 없지만 훈민정음 창제 당시의 우리말에서는 초성에 서로 다른 자음이 두 개 이상 올 수 있었던 것으로 보인다. 언급된 '·따'는 이른바 'ㅅ'계 합용병서, '짝'은 이른바 'ㅂ'계 합용병서, '·뜸'은 이른바 'ㅄ'계 합용병서의 예가 된다. 일반적으로 'ㅅ'계 합용병서는 된소리의 음가를, 'ㅂ'계는 자음 각각이 발음되는 어두자음군의 음가를 지녔던 것으로 이해된다.

다음으로 필요에 의해 두 개의 동일한 초성자를 차례로 나란히 쓸 수도 있음을 설명하고 있는데, 이러한 초성자의 표기를 '각자병서'라고 한다. 언급된 예들, 즉 '·혀'와 '·뼈', '괴·여'와 '괴·뼈', '소·다'와 '쏘·다'를 들어 'ㅎ:ㆅ', 'ㅇ:ㆀ', 'ㅅ:ㅆ'의 관계를 대립적으로 설명하고 있다. 이 예들은 구조주의 언어학에서 언급되었던 '최소대립쌍'의 개념을 떠올리게 하는 특별하고도 흥미로운 대상이다. 이 부분의 설명 방식은 대립의 개념을 사용하였다는 점에서 매우 현대적인 것이었다고 평가해 볼 수 있다.

❹ 중성자의 합용

중성자 두세 개를 합쳐 쓰면 우리말 **과**[琴柱^{금주}, 괘], **홰**[炬^거, 횃불] 등의 중성자 ㅘ, ㅙ 등과 같다.

[원문]

^{중 성 이 자 삼 자 합 용 여 언 어   위 금 주   위 거 지 류}
中聲二字三字合用。如諺語**과**爲琴柱。**홰**爲炬之類。

[정음해례 21ㄱ:8~21ㄴ:2]

[주석]

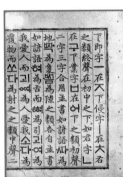

[정음해례 21ㄱ]

— **중성자 두세 개를 합쳐 쓰면**: 병서^{並書}는 초성자에만 적용되는 규정이 아니라 중성자에도 적용된다. 중성자도 초성자와 마찬가지로 2자나 3자를 합용하여 병서할 수 있다는 내용이다. 즉 ㆎ, ㅢ, ㅐ, ㅔ, ㅖ, ㅒ, ㅘ, ㅝ 등과 같이 2자를 합용하여 나란히 쓸 수 있고, ㅙ, ㅞ 등과 같이 3자를 합용하여 병서할 수 있다. 이런 합용 병서가 될 수 있는 중성은 반모음 /ㅣ/로 끝나는 하향 이중 또는 삼중 모음이거나 반모음 /ㅗ, ㅜ/로 시작하는 이중 모음이 해당한다.

[정음해례 21ㄴ]

— **과**[琴柱^{금주}, 괘]: 이는 현악기의 줄을 손가락으로 누를 때 소리를 고르게 하는 좁다란 판을 가리키는 말이다. 참고로 기존 논의에서는 '梡'를 고유어 '기러기발'로 풀이한 경우도 있었다. 그러나 '기러기발'은 아래 [사진 14]의 '안족'에 해당하는 것으로, '안족^{雁足}'은 거문고나 가야금 등의 악기의 줄을 떠받치는 줄 받침대를 가리키는 단어이므로 '괘'와는 지시하는 대상이 다르다.

오늘날의 국어사전을 보면 이 '괘'는 '梡'에서 온 것으로 되어 있다. 그러나 '梡'는 흔히 '환', '관', '과'로 읽혀 각각 나뭇단, 땔나무, 도마를 나타낸다. 이곳의 '환', '관', '과'의 음은 『광운』, 『집운』 등의 운서에서 그 근거를 찾을 수 있다. 그러나 '괘'의 경우는 그렇지 않다. 즉 중국에서 들어온 음으로는 설명하기가 어려운 것이다. 『한한대자전』(민중서관)과 같은 자전을 찾아보면 '괘'로 쓰이는 경우는 한국식 한자로 설명되어 있다.

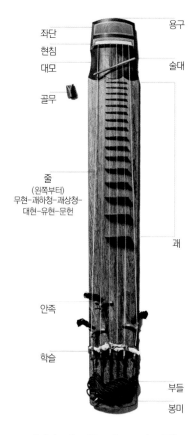

좌단
현침
대모
골무
용구
술대
줄
(왼쪽부터)
무현-괘하청-괘상청-
대현-유현-문현
괘
안족
학슬
부들
봉미

[사진 14] 거문고의 구조와 명칭[6]

[해설]

이 부분은 중성자를 두 개 혹은 세 개를 합쳐 쓸 수 있음을 규정한 것이다. 예컨대 중성자 ㅗ와 ㅏ를 합쳐 쓰면 2자가 합용된 중성자 ㅘ가 되고, 중성자 ㅗ, ㅏ, ㅣ를 합쳐 쓰면 3자가 합용된 중성자 ㅙ가 된다.

---

6   고고한 선비 정신을 간직한 악기: 김성미의 거문고
     http://post.naver.com/viewer/postView.nhn?volumeNo=16254401&membe
     rNo=5360415

❺ 종성자의 합용

종성자 두세 개를 합쳐 쓰면 우리말 **홁**[土^토, 흙], **낛**[釣^조, 낚시], **돐ᄤᅢ**[酉時^{유시}, 유시] 등의 종성자 ᆰ, ᆪ, ᆳ 등과 같다.

[원문]

^{종 성 이 자 삼 자 합 용} ^{여 언 어} ^{위 토} ^{위 조} ^{위 유 시 지 류}
終聲二字三字合用。如諺語**홁**爲土。**낛**爲釣。**돐ᄤᅢ**爲酉時之類。

[정음해례 21ㄴ:2~4]

[정음해례 21ㄴ]

[주석]

— **종성자 두세 개를 합쳐 쓰면**: 병서^{並書}는 초성자에만 적용되는 규정이 아니라 중성자 및 종성자에도 적용된다. 종성에서도 초성과 마찬가지로 2자나 3자를 합용하여 병서할 수 있다는 내용이다.

— **홁**[土^토, 흙], **낛**[釣^조, 낚시], **돐ᄤᅢ**[酉時^{유시}, 유시]: '**홁**'과 '**낛**'의 종성자는 각각 ᄅ과 ᄀ, ᄀ과 ᄉ을 나란히 쓴 2자 합용병서자이다. '**돐ᄤᅢ**'의 제1음절 종성자는 ᄅ, ᄀ, ᄉ을 나란히 쓴 3자 합용병서자로 '돐·ᄤᅢ'는 '돍+ᄉ(관형격 조사)#·ᄤᅢ'로 분석된다.

[해설]

이 부분은 종성자를 두 개 혹은 세 개를 합쳐 쓸 수 있음을 규정한 것이다. 예컨대 종성자 ᄅ과 ᄀ을 합쳐 쓰면 2자가 합용된 종성자 ᆰ이 되고, 종성자 ᄀ과 ᄉ을 합쳐 쓰면 2자가 합용된 종성자 ᆪ이 된다.

❻ 합용의 방법

글자를 합쳐 옆으로 나란히 쓸 때에는 **왼쪽에서 오른쪽으로 쓰는데** 이는 초성자, 중성자, 종성자 모두에서 동일하다.

[원문]

_{기 합 용 병 서　자 좌 이 우　초 중 종 삼 성 개 동}
其合用並書。自左而右。初中終三聲皆同。 [정음해례 21ㄴ:4~5]

[주석]

— **왼쪽에서 오른쪽으로 쓰는데**: 병서並書는 좌우로 나란히 배열하여 쓰는 표기법이며, 쓰는 순서는 왼쪽에서 오른쪽으로 한다는 것이다. 훈민정음의 표기법에는 나란히쓰기並書 외에도 이어쓰기連書, 붙여쓰기附書 등이 있다. 이어쓰기는 상하로 붙여서 쓰는 방법으로 순서는 위에서 아래로 쓴다. 붙여쓰기는 초성자, 중성자, 종성자를 연결하여 음절을 단위로 쓰는 방법으로서 좌우나 상하의 두 방향이 모두 가능하다.

[해설]

이 부분은 초성자, 중성자, 종성자 각각을 합쳐 옆으로 나란히 쓸 때에는 왼쪽에서 오른쪽으로 쓴다는, 합용의 가장 기본적인 방법을 설명한 것이다.

[정음해례 21ㄴ]

❼ 한자와 훈민정음의 혼용 표기

한자어와 고유어가 함께 쓰여서 한자와 훈민정음으로 각각을 적을 때는 **한자의 음에 따라 한자 다음에 훈민정음의 중성자나 종성자를 보충하는 경우가 있는데,** "孔子ㅣ魯ㅅ:사룸" 등의 예와 같다.

[원문]

^{문 여 언 잡 용 즉 유 인 자 음 이 보 이 중 종 성 자　여 공 자　노　지}
文與諺雜用則有因字音而補以中終聲者。如孔子ㅣ魯ㅅ:사룸之
^류
類。[정음해례 21ㄴ:5~7]

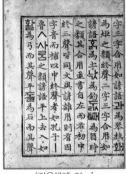

[정음해례 21ㄴ]

[주석]

— **한자의 음에 따라 한자 다음에 훈민정음의 중성자나 종성자를 보충하는 경우가 있는데:** 한자어와 고유어를 섞어서 쓰게 될 때 문제가 되는 것은 한자에 덧붙는 조사가 앞에 오는 한자음과 어울려 하나의 음절을 이룰 때이다. '孔子ㅣ 魯ㅅ :사룸'을 한자음으로 읽어 훈민정음으로 쓰면, '공직 롯 :사룸(공자가 노의 사람)'이 된다. 이 경우에 주격 조사 ㅣ와 관형격 조사 ㅅ은 모음으로 끝난 체언과 하나의 음절을 이루기 때문에 앞말에 붙여 써야 한다. 그러나 훈민정음으로 쓰지 않고 한자를 그대로 쓸 경우에는 한자와 훈민정음을 섞어 하나의 음절로 표기하는 것이 가능하지 않기 때문에 부득이 '孔子ㅣ 魯ㅅ :사룸'과 같이 쓴다는 것이다. 그러나 이때 '子ㅣ'는 '직'와, '魯ㅅ'은 '롯'과 동일한 소리를 표기한 것이므로, '子ㅣ'와 '魯ㅅ'처럼 한자와 훈민정음을 섞어서 표기하더라도 '직'와 '롯'처럼 훈민정음으로만 표기한 것과 마찬가지로 각각 하나의 음절을 이루게 된다.

[해설]

이 부분은 한자어와 고유어가 함께 쓰여 한자와 훈민정음을 함께 적어야 할 때 한자를 고려하여 우리말의 요소들을 표기하는 방법에 대해 설명한 것이다. 소리로는 하나의 음절이 되지만 한자 표기로 인해 훈민정음의 중성자나 종성자를 보충해 표기하게 된 모습을 "孔子ㅣ魯ㅅ:사룸"의 예를 통해 잘 살펴볼 수 있다.

❽ 고유어의 성조

고유어에는 평성, 상성, 거성, 입성이 있는데 **활**[弓궁, 활]은 평성, **돌**[石석, 돌]은 상성, **갈**[刀도, 칼]은 거성, **·붇**[筆필, 붓]은 **입성**의 예가 된다.

[원문]

諺語平上去入。如활爲弓而其聲平。돌爲石而其聲上。갈爲刀而 其聲去。붇爲筆而其聲入之類。 [정음해례 21ㄴ:7~22ㄱ:2]

[주석]

— **·붇**[筆필, 붓]은 입성: 전통적인 중국의 성운학에서 성조는 평성, 상성, 거성, 입성의 넷이 있다. 그런데 원나라 이후 중국의 표준 관화에서 '-k, -t, -p' 등의 입성 받침이 소멸하면서, 성조 단위는 '음평, 양평, 상성, 거성'으로 재편되었다. 음운적으로 변별성을 지니는 중세 국어의 성조 단위는 평성, 거성, 상성이지만, 받침의 발음이 '-ㄱ, -ㄷ, -ㅂ' 등으로 끝나 빠르게 끝닿는 음절에 대해서는 중국어 성조의 전통에 따라 입성入聲이라는 명칭을 계속 사용하였다. 그러나 입성이 중세 국어의 고저에 해당하는 성조와는 다른 성질을 지니고 있기 때문에, <어제 예의>에서는 "入聲加點同而促急입성가점동이촉급"이라고 하여 '-ㄱ, -ㄷ, -ㅂ' 등의 소리로 끝나는 경우를 입성이라고 하였다. 그러나 '-ㄱ, -ㄷ, -ㅂ' 등으로 끝나는 음절도 고저의 단위로는 평성, 상성, 거성에 속하는 성질을 지니고 있으므로 이들을 각각 평성적 입성, 상성적 입성, 거성적 입성이라고 부를 수 있다. '**붇**'은 거성적 입성이라고 할 수 있다.

[정음해례 21ㄴ]

[정음해례 22ㄱ]

[해설]

이 부분은 우리말의 평성, 상성, 거성, 입성을 각각 실례를 하나씩 들어 설명한 것이다. 실례 중 오늘날 '붓'으로 형태 변화한 '붇'은 고유어로 생각되지만, 사실상 중국어의 설음 입성 -t를 가진 '筆'의 옛 발음을 수용한 것이다. 또한 한국에서 한자 '筆'의 발음은 [필]인데, 이는 우리말에서 중국어 입성 [-t]가 예외 없이 [-ㄹ]로 반영된 사실과 관련이 있다. 다시 말해, 한자 '筆'에 대한 우리말 단어 '붇'과 한자음 '필'이 모두 중국어의 설음 입성 -t를 가진 '筆'의 옛 발음에서 비롯되었음을 알 수 있다. 그러므로 오늘날 '붓 필'이라는 '筆'의 뜻과 음은 모두 중국어 '筆'의 발음과 관련된 것이다.

❾ 성조의 표기

글자마다 왼쪽에 점 하나를 찍으면 거성이 되고, 점 두 개를 찍으면 상성이 되고, 점을 찍지 않으면 평성이 된다.

[원문]

_{범 자 지 좌 가 일 점 위 거 성 이 점 위 상 성 무 점 위 평 성}
凡字之左。加一點爲去聲。二點爲上聲。無點爲平聲。

[정음해례 22ㄱ:2~3]

[정음해례 22ㄱ]

[주석]

— **글자마다 왼쪽에:** 글자의 왼쪽에 점을 찍어 성조를 나타내었다. 거성은 한 점, 상성은 두 점을 찍어서 표현하였으며, 평성은 점을 찍지 않았다. 이를 통해 성조를 표기함에 있어 평성을 가장 기본적인 대상으로 하였음을 알 수 있다. 이처럼 성조를 표기하기 위해 찍은 점을 흔히 '방점^{傍點}'이라고 부르는데, 이 용어는 『훈몽자회』(1527)의 「언문자모」에서 비롯된 것이다. 좌측에 점을 찍는다고 하여 방점을 '좌가점^{左加點}'이라고도 부른다.

[해설]

이 부분은 하나의 음절로 된 글자마다 성조를 표기하는 방법에 대해 설명한 것이다. 글자의 왼쪽에 점을 찍는 방식, 즉 점을 하나 찍거나 점을 두 개 찍거나 점을 찍지 않는 방식으로 음절의 높낮이인 성조를 표기하고자 했음을 알 수 있다.

❿ 입성

그런데 **한자음의 입성은 거성과 서로 비슷하다.** 고유어의 입성은 일정하지 않아서 평성과 비슷한 **긷**[柱^주, 기둥], **녑**[脅^협, 옆구리], 상성과 비슷한 **ː낟**[穀^곡, 곡식], **ː깁**[繒^증, 비단], 거성과 비슷한 **·몯**[釘^정, 못], **·입**[口^구, 입] 등의 예가 있다. 입성의 경우 점을 더하는 것은 평성, 상성, 거성과 동일하다.

[원문]

^{이 문 지 입 성   여 거 성 상 사   언 지 입 성 무 정 혹 사 평 성   여   위 주}
而文之入聲。與去聲相似。諺之入聲無定。或似平聲。如**긷**爲柱

^{위 협   혹 사 상 성   여   위 곡   위 증   혹 사 거 성   여   위 정}
。**녑**爲脅。 或似上聲。如**낟**爲穀。**깁**爲繒。 或似去聲。如**·몯**爲釘

^{위 구 지 류   기 가 점 즉 여 평 상 거 동}
。**·입**爲口之類。其加點則與平上去同。 [정음해례 22ㄱ:3~8]

[주석]

[정음해례 22ㄱ]

한자음의 입성은 거성과 서로 비슷하다: 중세 국어에서 고저의 단위는 평성, 거성, 상성이기 때문에 중세 국어의 한자음 역시 이러한 성조에 따라 구분된다. 『훈몽자회』 한자음의 입성자에 대한 성조의 반영을 조사하면, 총 600자의 입성자에서 평성은 25자, 상성은 8자, 거성은 567자로 나타났다. 이처럼 입성자의 대부분이 거성에 대응함을 알 수 있다. 이는 중세 국어 현실 한자음에서 받침이 '-ㄱ, -ㄹ, -ㅂ' 등으로 끝나는 입성자의 한자음은 대부분이 높은 소리로 나는 거성에 속한다는 것을 말하고 있는 것이다. 한어^{漢語} 중고음 성조와 『훈몽자회』 한자음 성조의 대응을 보면, 평성은 평성으로, 입성은 거성으로 반영되는 것이 원칙이다. 그러나 한어의 상성은 상성으로 대응하는 것이 우세하고, 한어의 거성은 상성으로의 반영이 우세하지만 거성으로 반영되는 것도 상당수에 이른다.

[해설]

이 부분은 입성의 특성을 한자음과 고유어로 나누어 설명한 것이다. 입성인 한자음의 성조는 주로 거성으로 나타나지만, 고유어의 입성은 실제로 평성으로 나타나는 것(평성적 입성), 상성으로 나타나는 것(상성적 입성), 거성으로 나타나는 것(거성적 입성)이 있음을 볼 수 있다. 이를 통해 중세 국어에서 입성이 고저를 나타내는 성조 단위가 될 수 없음을 알 수 있다.

⓫ 성조와 천지만물의 원리

평성은 편안하며 조화로워 봄에 해당하니 만물이 여유롭고 평온하다. 상성은 조화롭고 왕성하여 여름에 해당하니 만물이 점점 번성한다. 거성은 풍성하고 장엄하여 가을에 해당하니 만물이 성숙한다. 입성은 빠르게 끝닿아 겨울에 해당하니 **만물이 닫혀 저장된다.**

[원문]

平聲安而和。春也。萬物舒泰。上聲和而擧。夏也。萬物漸盛。去聲擧而壯。秋也。萬物成熟。入聲促而塞。冬也。萬物閉藏。

[정음해례 22ㄱ:8~22ㄴ:3]

[주석]

— **만물이 닫혀 저장된다**: '만물이 닫힌다'는 것은 만물이 작용을 멈춘다는 것이고, '만물이 저장된다'는 것은 만물이 때가 되면 자신의 특성을 온전히 드러낼 수 있도록 자신 안에 그 특성을 간직하여 품고 있는 상황을 표현한 것이다. 이를 입성의 특성과 연결하여 이해해 보면, 'ㄱ, ㄷ, ㅂ' 종성이 단독으로 발음되거나 자음 앞에 오는 경우 온전히 자신의 특성이 드러나지 않고 불파되어 발음되는데, 이를 '닫힌다'는 것으로 이해해 볼 수 있다. 또한, 'ㄱ, ㄷ, ㅂ' 종성은 모음이 후행할 경우 온전히 자신의 특성이 드러나 외파되어 발음된다. 이렇게 환경에 따라 외파되어 발음될 수 있도록 종성은 그 특성을 그대로 간직하여 품고 있는데, 이를 '저장된다'고 표현한 것이다.

[정음해례 22ㄱ]

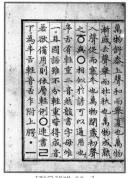

[정음해례 22ㄴ]

[해설]

　이 부분은 성조의 특성을 천지만물의 원리와 연관 지어 설명한 것이다. 평성은 만물이 평온한 봄의 특성과, 상성은 만물이 점점 번성하는 여름의 특성과, 거성은 만물이 성숙하는 가을의 특성과, 입성은 만물이 닫혀 저장되는 겨울의 특성과 관련하여 설명하였다. 이를 통해 성조의 특성을 천지만물의 원리와 연결한 동양의 전통적인 인식을 엿볼 수 있다.

⓬ 초성자 ㆆ과 ㅇ의 통용

초성에 쓰이는 **ㆆ자와 ㅇ자는 그 소리가 서로 비슷해서 우리말
에서 통용될 수 있다.**

[원문]

초 성 지　　여　　상 사 　어 언 가 이 통 용 야
初聲之 ㆆ 與 ㅇ 相似。於諺可以通用也。 [정음해례 22ㄴ:3~4]

[주석]

— **ㆆ과 ㅇ은 그 소리가 서로 비슷해서:** 훈민정음의 초성 체계에서
초성자 ㆆ은 후음의 전청음에 해당하며, ㅇ은 후음의 불청불탁음
에 해당한다. 중국 성운학의 자모 체계에서 ㆆ은 영모影母에 해당
하고, ㅇ은 유모喩母에 해당한다. 영모影母의 음가는 후두파열음
[ʔ]이며, 유모喩母는 음가가 없다. 그러므로 중국 성운학의 체계에
서 영모影母와 유모喩母가 비슷할 수는 없는 것이다. 그러나 우리
말에서 후두파열음 [ʔ]는 음운이 아니며, 현실 한자음에서는 영모
影母인 한자음이 유모喩母로 반영되는 것이 일반적이었다. 이에 따
라 특히 초성에서 ㆆ이 나타내는 소리는 음가가 없는 ㅇ에 해당
한다고 한 것이다. 원문에서 "相似상사"라고 한 것은 음운적으로
변별되지 않는다는 의미이다. '相似상사'는 '서로 비슷하다'란 뜻
이지만, 음운론적으로는 변별되지 않았다는 뜻이므로 '서로 같다'
로 풀이해도 무방하다.

— **우리말에서 통용될 수 있다:** 여기에서 '우리말'은 고유어라기보
다는 우리말에서 사용되는 현실 한자음을 가리키는 것으로 이해
해 볼 수 있다. 실제로 ㆆ자는 고유어의 초성을 적는 데 사용될
수 없었는데, 이는 <용자례>에서 ㆆ자가 초성에 사용된 용례가
제시되지 않은 것을 통해서도 알 수 있다. ㆆ자가 초성을 적는 데
사용된 경우는 규범적이고 이상적인 한자음을 표방했던 이른바

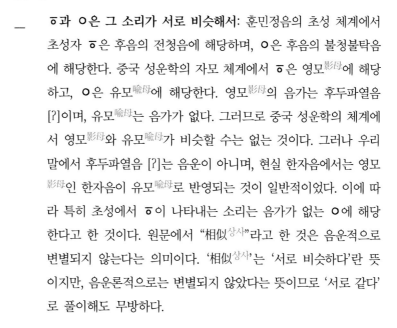
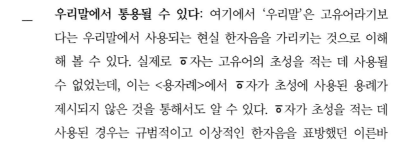

[정음해례 22ㄴ]

동국정운식 한자음 표기에서였다. 예를 들어 한자 '㗱읍'의 동국정운식 한자음은 '흠'으로 표기되었는데, 당시 초성에 쓰인 ㆆ자는 실제적으로는 음가가 없었던 것으로 생각된다. 이러한 사실은 '㗱읍'의 현실 한자음이 『훈몽자회』(상:15)에서 '음'(㗱 소·리 음)으로 표기된 사실로부터도 알 수 있다. 우리말의 음운 체계에 기반을 둔 현실 한자음에서는 우리말에서 후두 파열음 [ʔ]이 음운이 아니었기 때문에 [ʔ]에 해당하는 ㆆ자는 발음되기 어려웠다. 따라서 현실 한자음 표기에서는 초성에 ㆆ자를 대신해 실제로 ㅇ자를 사용해 적는다 하더라도 그 음가가 다르지 않았으므로 통용이 가능했다. 초성에 쓰인 ㆆ과 ㅇ이 우리말에서 통용될 수 있다는 것은 바로 이러한 상황을 말한 것으로 이해된다.

[해설]

이 부분은 우리말에서 초성에 쓰인 두 글자 ㆆ과 ㅇ이 음운론적으로 변별되지 않아 통용될 수 있음을 설명한 것이다. 이는 위 주석에서도 설명하였듯이 한자음 표기에서 초성에 ㆆ이 사용되기도 하였지만, ㆆ은 우리말에서 음운이 아니었으므로 초성자 ㅇ과 발음의 차이가 나타나지 않았음을 이야기한 것이다.

내용상 이 부분은 <초성해>에서 설명되어야 할 것으로 생각되기도 하지만, 그 내용이 개별 초성자로서의 ㆆ과 ㅇ에 대한 것이 아니라, 이 두 글자가 음절에서 초성으로 쓰일 때와 관련된 것이므로 <합자해>에서 설명된 이유를 이해할 수 있다. ㆆ과 ㅇ이 그 소리가 비슷해서 통용될 수 있는 것은 이들이 음절의 초성 위치에 올 때라는 점을 상기할 필요가 있다.

⓭ 반설경음(반혀가벼운소리)의 표기

반설음(반혓소리)에는 가벼운 소리와 무거운 소리 두 가지가 있는데, **운서의 자모는 오직 하나이며, 우리말에서도 가벼운 소리와 무거운 소리를 구분하지 않아도 모두 음절을 이룰 수 있다.** 만약 반설음의 가벼운 소리와 무거운 소리를 구별하여 사용하고자 한다면, 순경음을 만들 때와 같이 **ㅇ**을 **ㄹ**의 아래에 이어 쓰면 반설경음(반혀가벼운소리) 글자(**ᄛ**)가 된다. **반설경음(반혀가벼운소리)은 혀를 윗잇몸에 잠깐 붙여 발음한다.**

[원문]

^{반 설 유 경 중 이 음} ^{연 운 서 자 모 유 일} ^{차 국 어 수 불 분 경 중} ^{개 득}
半舌有輕重二音。 然韻書字母唯一。且國語雖不分輕重。皆得

^{성 음} ^{약 욕 비 용 즉 의 순 경 례} ^{련 서 하 위 반 설 경 음 설 사 부}
成音。 若欲備用。則依脣輕例。ㅇ連書ㄹ下。爲半舌輕音。舌乍附

^{상 악}
上腭。 [정음해례 22ㄴ:5~8]

[정음해례 22ㄴ]

[주석]

― **운서의 자모는 오직 하나이며~음절을 이룰 수 있다**: 전통적인 중국의 성운학에서 훈민정음의 초성 **ㄹ**에 해당하는 자모^{字母}는 래모^{來母}이다. 중세 국어의 음운인 /ㄹ/는 어두와 모음 사이에서는 탄설음^{彈舌音} [ɾ]로 소리가 나지만, 그 밖의 경우에는 설측음^{舌側音} [l]로 소리가 난다. 훈민정음에서는 이런 /ㄹ/의 변이음 가운데 설측음 [l]을 반설중음(반혀무거운소리)이라 하고, 탄설음인 [ɾ]을 반설경음(반혀가벼운소리)으로 구분하고자 하였다. 표기에 있어서도 반설중음은 반설음(반혓소리) 글자 **ㄹ**을 그대로 쓰고, 반설경음은 순경음 표기의 방법에 따라 **ᄛ**자로 표기할 수 있다고 하였다. 그러나 중국의 운서, 즉 성운학에서 국어의 /ㄹ/에 해당하는 자모^{字母}는 래모^{來母}밖에 없고, 우리말에서도 설측음 [l]과 탄설

195

음 [ɾ]은 음소 /ㄹ/의 변이음에 불과하므로, 반설경음과 반설중음을 표기상 구별하지 않고 ㄹ자만을 써도 괜찮다. "가벼운 소리와 무거운 소리를 구분하지 않아도 모두 음절을 이룰 수 있다."라고 한 것은 이것을 말한 것이다.

반설경음(반혀가벼운소리)은 혀를 윗잇몸에 잠깐 붙여 발음한다: /ㄹ/의 변이음인 설측음 [l]은 혀를 윗잇몸의 치경 부위에 대고 혀 옆으로 기류를 보내며 내는 음이며, 탄설음 [ɾ]은 윗잇몸의 치경 부위에 혀끝을 톡 치면서 내는 소리이다. 반설경음 ᄛ에 대해 "혀를 윗잇몸에 잠깐 붙여 발음한다."라고 설명한 것은 이와 같은 발음 방법을 설명한 것이다.

[해설]

이 부분은 반설음 ㄹ에 가벼운 소리와 무거운 소리가 있고 이 둘을 구분해 표기할 필요가 없지만, 굳이 이 둘을 구분해 표기하고자 한다면 전자는 ᄛ으로, 후자는 ㄹ로 구분해 표기할 수 있음을 설명한 것이다. 그러므로 이 부분은 음성과 음운에 대한 분명한 인식을 보여 주는 대목이라고 할 수 있다. 비록 반설경음 ᄛ이 실제로 쓰인 용례는 존재하지 않지만, 변이음의 성격을 지닌 두 소리에 대해 주목하고 이를 구별해 표기할 수 있는 방안을 제시한 것은 훈민정음 창제 당시에 존재했던 음성과 음운에 대한 인식을 보여 준 것으로 평가할 수 있다.

⓮ ㅣ와 ·, ㅣ와 ㅡ의 합용

ㅣ 소리 다음에 · 소리가 오는 경우와 ㅣ 소리 다음에 ㅡ 소리가 오는 경우가 일반적인 우리말에서는 없다. 아이들의 말이나 시골말에서 간혹 이런 소리가 쓰이는 경우가 있는데, 이를 적고자 한다면 마땅히 'ㅣ·', 'ㅣ ㅡ'와 같이 두 글자를 합쳐서 적어야 한다. 이때 세로획(ㅣ)을 먼저 쓰고, 가로획(·나 ㅡ)을 나중에 쓰는 것은 다른 중성자들의 합용 방식과 같지 않다.

[원문]

· ㅡ起ㅣ聲_기。於國語無用_{성 어 국 어 무 용}。兒童之言_{아 동 지 언}。邊野之語_{변 야 지 어}。或有之_{혹 유 지}。當合_{당 합}
二字而用_{이 자 이 용}。如ㅣ·ㅣ ㅡ之類_{여 지 류}。其先縱後橫_{기 선 종 후 횡}。與他不同_{여 타 부 동}。

[정음해례 22ㄴ:8~23ㄱ:3]

[주석]

ㅡ   ㅣ 소리 다음에 · 소리가 오는 경우와 ~ 두 글자를 합쳐서 적어
야 한다: 우리말에서 반모음 ㅣ[j] 다음에 단모음 ㅏ[a], ㅓ[ə],
ㅗ[o], ㅜ[u]가 오면 ㅑ[ja], ㅕ[jə], ㅛ[jo], ㅠ[ju]라는 이중모음
이 만들어진다. 그러나 반모음 ㅣ[j] 다음에 단모음 ·[ʌ]나 ㅡ[ɨ]
가 오는 경우는 매우 드문데, 이 부분에서는 당시 아이들의 말이
나 시골말에서 이 소리들을 간혹 찾아볼 수 있었음을 증언하고
있다. 그리고 이 소리들을 적고자 한다면 ㅣ·, ㅣ ㅡ와 같이 적을 수
있다고 규정하였다. 이를 통해 중앙의 말소리뿐만 아니라 특수한
지역이나 계층에서 간혹 사용되던 소리들까지도 관심을 가지고
그것을 표기하기 위한 방안을 마련했던 당시 집현전 학사들의 치
밀함을 엿볼 수 있다.

[정음해례 22ㄴ]

[정음해례 23ㄱ]

[해설]

　이 부분은 특수한 지역이나 계층에서 사용되었던, 반모음 ㅣ[j] 다음에 단모음 ㆍ[ʌ]와 ㅡ[ɨ]가 오는 소리를 표기하는 방법을 규정한 것이다. 이들 소리는 ㆎ, ㅢ와 같이 표기되며, 오늘날 여러 방언들에서도 그 존재를 확인해 볼 수 있다. <합자해>에서 제시한 이와 같은 표기 방식은 오늘날 방언에서 나타나는 소리들을 표기하는 데에도 사용해 볼 수 있다는 점에서 흥미롭다.

운문으로 정리한 합자해

[정음해례 23ㄱ]

[정음해례 23ㄴ]

[정음해례 24ㄱ]

초 성 재 중 성 좌 상
初聲在中聲左上　초성자는 중성자의 왼쪽이나 위에 있는데

읍 욕 어 언 용 상 동
挹欲於諺用相同　초성자의 ㆆ과 ㅇ은 우리말에서 통용되네.

중 성 십 일 부 초 성
中聲十一附初聲　중성자 열한 자는 초성자에 붙는데

원 횡 서 하 우 서 종
圓橫書下右書縱　점과 가로획은 아래에 쓰고 세로획은 오른쪽에 쓰네.

욕 서 종 성 재 하 처
欲書終聲在何處　종성자를 쓰려면 어디에 둘 것인가.

초 중 성 하 접 착 사
初中聲下接着寫　초성자와 중성자의 아래에 붙여 쓰네.

초 종 합 용 각 병 서
初終合用各並書　초성자나 종성자를 합쳐 쓸 때는 각각 나란히 쓰고

중 역 유 합 실 자 좌
中亦有合悉自左　중성자 역시 모두 왼쪽부터 합쳐 쓰네

언 지 사 성 하 이 변
諺之四聲何以辨　우리말의 사성은 어떻게 구분될까.

평 성 즉 궁 상 즉 석
平聲則弓上則石　평성은 활[弓궁, 활]이고, 상성은 돌[石석, 돌]이네.

도 위 거 이 필 위 입
刀爲去而筆爲入　갈[刀도, 칼]은 거성이고, ·붇[筆필, 붓]은 입성이니

관 차 사 물 타 가 식
觀此四物他可識　이 네 가지를 보면 다른 경우도 알 수 있네.

음 인 좌 점 사 성 분
音因左點四聲分　소리는 왼쪽의 점으로 사성을 구분하는데

일 거 이 상 무 점 평
一去二上無點平　점 하나는 거성, 점 두 개는 상성, 점이 없으면 평성이네.

어 입 무 정 역 가 점
語入無定亦加點　우리말의 입성은 일정하지 않아 마찬가지로 점을 찍으며

문 지 입 즉 사 거 성
文之入則似去聲　한자음의 입성은 거성과 비슷하네.

방 언 리 어 만 부 동
方言俚語萬不同　방언과 속어가 제각기 다 달라서

유 성 무 자 서 난 통
有聲無字書難通　소리는 있지만 글자가 없어 글로써 통하기 어려웠네.

一^일朝^조　　　하루아침에 (왕께서)

制^제作^작侔^모神^신工^공　　신과 같은 솜씨로 창제하시어

大^대東^동千^천古^고開^개朦^몽朧^롱　　우리나라 천고의 역사에서 어둠을 밝히셨네!

[정음해례 23ㄱ:4~24ㄴ:1]

[정음해례 24ㄴ]

[주석]

— 一朝^{일조}｜制作侔神工^{제작모신공}: 여기에 행 구분이 되어 있는 것은 창제의 주체가 세종대왕이기 때문에 높임을 표현하기 위해서이다.

6. 용자례

❶ 초성자의 용례 ❸ 종성자의 용례
❷ 중성자의 용례

❶ 초성자의 용례

01 아음(어금닛소리) 글자의 용례

초성자 ㄱ의 예는 :감[柿시, 감], ·골[蘆로, 갈대]

초성자 ㅋ의 예는 우·케[未春稻미용도, 우케], 콩[大豆대두, 콩]

초성자 ㆁ의 예는 러·울[獺달, 너구리], 서에[流澌유시, 성에/성
엣장/유빙流氷]

[원문]

^{초 성}   ^여   ^{위 시}   ^{위 로}
初聲ㄱ。如:감爲柿。·골爲蘆。

^여   ^{위 미 용 도}   ^{위 대 두}
ㅋ。如우·케爲未春稻。콩爲大豆。

^여   ^{위 달}   ^{위 류 시}
ㆁ。如러·울爲獺。서에爲流澌。 [정음해례 24ㄴ:3~5]

[주석]

[정음해례 24ㄴ]

— **우·케**[未春稻미용도, 우케]: '우케'는 "찧기 위하여 말리는 벼"를
 가리킨다. 유의어로 "껍질을 벗겨 내지 않은 벼"를 뜻하는 '겉벼'
 가 있다.

— **러·울**[獺달, 너구리] : '러울'은 현대 국어 '너구리'의 옛말이다. 『훈

몽자회』(1527)에 '러울'의 대역 한자인 '獺^달'을 '넝우리'라 풀이하고 있어, '러울'의 형태가 16세기에는 '넝우리'로 나타남을 확인할 수 있다. '넝우리'는 '러울'의 'ㄹ'이 두음법칙에 따라 'ㄴ'으로 바뀌고 다시 여기에 접미사 '-이'가 결합하여 형성된 것이다. 16세기에는 '넝우리'의 'ㆁ'[ŋ]이 'ㄱ'[k]으로 변화한 '너구리' 형태도 함께 나타난다. 한편, 『훈몽자회』(1527)에서는 '獺^달'을 '水獺^{수달}'로도 부른다는 설명을 덧붙였고, 같은 시기 『분문온역이해방^{分門瘟疫易解方}』(1542)에서는 '수달^{水獺}'을 '무레너굴^{믈에 사는 너구리}'이라고 하였다. '수달'은 족제빗과에 속하고, '너구리'는 갯과에 속하여 서로 다른 종류의 동물인데, 당시에는 '수달'을 물에 사는 너구리로 인식하고 있었음을 알 수 있다.

— **서에**[流澌^{유시}, 성에/성엣장/유빙^{流氷}] : '서에'는 현대 국어 '성에'의 옛 어형이다. 오늘날 '성엣장' 또는 '유빙^{流氷}'에 해당하는 어휘인 '서에'는 "물 위에 떠내려가는 얼음덩이"를 의미한다.

02 설음(혓소리) 글자의 용례

초성자 ㄷ의 예는 **뒤**[茅^모, 띠], **담**[墻^장, 담]

초성자 ㅌ의 예는 **고티**[繭^견, 고치], **두텁**[蟾蜍^{섬여}, 두꺼비]

초성자 ㄴ의 예는 **노로**[獐^장, 노루], **납**[猿^원, 원숭이/잔나비]

[원문]

ㄷ。如**뒤**^여爲茅^{위모}。**담**爲墻^{위장}。

ㅌ。如**고티**^여爲繭^{위견}。**두텁**爲蟾蜍^{위섬여}。

ㄴ。如**노로**^여爲獐^{위장}。**납**爲猿^{위원}。 [정음해례 24ㄴ:5~7]

[정음해례 24ㄴ]

[주석]

— **두텁**[蟾蜍^{섬여}, 두꺼비] : '두텁'은 현대 국어 '두꺼비'의 옛말이다. 15세기에는 '두텁'과, '두텁'에 접미사 '-이'가 결합한 '두터비' 두 어형이 함께 나타난다. 16세기부터는 '두텁'에 접미사 '-이'가 결합된 '두터비'가 일반적으로 사용되었다. 18세기에는 '두텁이'의 형태로 나타나기도 한다. 한편, 현대 국어 '두꺼비'와 관련된 직접적인 어형으로 16세기 문헌 『사성통해』<하:31>에서 '둗거비'가 등장한다. 중세 국어 시기에는 주로 '두터비'로 쓰였으나, 16세기 '둗거비'가 등장하여 서로 경쟁하다가 '둗거비'가 선택되면서 현대 국어의 '두꺼비'로 이어진 것으로 보인다.

— **납**[猿^원, 원숭이/잔나비]: '납'은 현대 국어 '원숭이'의 옛말이다. 『훈몽자회』에서도 '猿^원'의 뜻을 '납'으로 제시하고 있다. 16세기 말까지 '납'의 형태가 보이다가 17세기 초부터 '진'이 결합한 '진납', '짓납'으로 본모습이 바뀐다. 17세기 이후에는 '진납'에 접미사 '-이'가 결합한 '진납이, 진나비' 등의 형태가 압도적으로 나타난다. 이후 '진납이, 진나비'의 제1음절에서 반모음 'ㅣ'가 탈락하여 '진나비'가 되고, '・>ㅏ'로 변화된 형태가 현대 국어의 '잔나비'로 이어진다. 현대 국어에서 '잔나비'는 '원숭이'에 밀려 잘 쓰이지 않지만, 태어난 해를 띠로 말할 때 '원숭이띠'를 관습적으로 '잔나비띠'라고 하거나, "잔나비 밥 짓듯"과 같은 속담에서 사용되고 있다.

03 순음(입술소리) 글자의 용례

초성자 ㅂ의 예는 **불**[臂^비, 팔], **:벌**[蜂^봉, 벌]

초성자 ㅍ의 예는 **파**[葱^총, 파], **·풀**[蠅^승, 파리]

초성자 ㅁ의 예는 **:뫼**[山^산, 산], **마**[薯藇^{서여}, 마]

초성자 ㅸ의 예는 **사·ᄫᅵ**[蝦^하, 새우], **드ᄫᅵ**[瓠^호, 뒤웅/뒤웅박]

[원문]

ㅂ。如^여**볼**^{위비}爲臂。**벌**^{위봉}爲蜂。

ㅍ。如^여**파**^{위총}爲葱。**풀**^{위숭}爲蠅。

ㅁ。如^여**뫼**^{위산}爲山。**마**^{위서여}爲薯藇。

ㅸ。如^여**사ᄫᅵ**^{위하}爲蝦。**드ᄫᅵ**^{위호}爲瓠。 [정음해례 24ㄴ:7~25ㄱ:2]

[정음해례 24ㄴ]

[정음해례 25ㄱ]

[주석]

— **볼**[臂^비, 팔]: '볼'은 현대 국어 '팔'의 옛 어형이다. '볼'은 훈민정음 창제 당시에는 평음이었다가 근대 국어 시기 어두에서 격음화를 일으킨 단어이다. <용자례>에는 '볼'의 단독형이 제시되었으나 중세 국어 시기의 다른 문헌에는 'ㅎ'을 가진 형태 '볼ㅎ'이 함께 나타난다. '팔'의 역사적 변천 과정은 '볼/볼ㅎ > 폴/폴ㅎ > 팔'로 훈민정음 창제 당시에는 평음이었지만 16세기에 격음화를 겪고, 18세기에 'ㆍ> ㅏ'의 변화를 거쳐 오늘날의 어형으로 정착하였다.

— **사ᄫᅵ**[蝦^하, 새우]: '사ᄫᅵ'는 현대 국어 '새우'의 옛 어형이다. '사ᄫᅵ'는 <용자례>에만 기록되고, 동시대 다른 문헌에는 '사이'로 나타난다. 15세기에 '사ᄫᅵ'와 '사이'가 함께 쓰였으며 16세기 이후에는 '사유', '새요', '사요', '새오' 등의 형태가 나타났고 19세기에 '새우'의 어형이 등장한다. 참고로 '사ᄫᅵ'의 흔적은 오늘날 여러 방언형에 남아 있다. '사비', '새비'가 경남, 경북, 전남, 전북, 충남, 충북, 강원, 함남, 함북 등 여러 지역에서 매우 넓은 분포로 사용되고 있다.

— **드ᄫᅵ**[瓠^호, 뒤웅/뒤웅박]: '드ᄫᅵ'는 현대 국어 '뒤웅', '뒤웅박'의 옛말이다. '드ᄫᅵ'는 <용자례>에만 나타나고 다른 문헌에서는 보이지 않는다. 이후 '드ᄫᅵ'의 'ㅸ'이 '오/우'[w]로 바뀌고 제2음절의 종성에 'ㅇ'이 추가되어 '뒤웅'으로 변화된 것으로 추정된다. '드ᄫᅵ'는 오늘날 함경 방언에 '드비'의 형태로 남아 있다. '드ᄫᅵ' 자체가 '박' 또는 '바가지'의 의미를 가지고 있는데, 19세기

무렵 '뒤웅'에 '박'이 결합되면서 오늘날의 '뒤웅박'으로 정착한 것이다.

04 치음(잇소리) 글자의 용례

초성자 **ㅈ**의 예는 **자**[尺^척, 자], **죠ᅙᅵ**[紙^지, 종이]

초성자 **ㅊ**의 예는 **체**[麗^사, 체], **채**[鞭^편, 채찍]

초성자 **ㅅ**의 예는 **·손**[手^수, 손], **:셤**[島^도, 섬]

[정음해례 25ㄱ]

[원문]

ㅈ。如·**자**爲尺。**죠ᅙᅵ**爲紙。

ㅊ。如**체**爲麗。**채**爲鞭。

ㅅ。如·**손**爲手。:**셤**爲島。 [정음해례 25ㄱ:2~4]

[주석]

__ **죠ᅙᅵ**[紙^지, 종이]: '죠ᅙᅵ'는 현대 국어 '종이'의 옛말로 15세기 문
헌에서부터 나타난다. 이후 근대 국어 시기 문헌인 『박통사언해』
(1677)에는 받침 'ㅇ'[ŋ]이 첨가된 '죵ᅙᅵ'의 형태와, '죠ᅙᅵ'의 둘째
음절에서 '·>ㅡ'의 변화를 보인 '죠희' 형태가 모두 나타난다.
'죠ᅙᅵ'에서 출발하여 종성 'ㅇ'[ŋ] 첨가, '·'의 변화, 단모음화,
'ᅙ' 탈락 등을 거쳐 현대 국어의 '종이'로 정착한 것이다.

05 후음(목구멍소리) 글자의 용례

초성자 **ᅙ**의 예는 **·부형**[鵂鶹^{휴류}, 부엉이], **·힘**[筋^근, 심줄]

초성자 **ㅇ**의 예는 **·비육**[鷄雛^{계추}, 병아리], **·ᄇᆞ얌**[蛇^사, 뱀]

[원문]

_여ㅎ _{위 휴류} _{위 근}
ㅎ。如·부헝爲鵂鶹。·힘爲筋。

_여 _{위 계 추} _{위 사}
ㅇ。如·비육爲鷄雛。·ᄇᆞ얌爲蛇。 [정음해례 25ㄱ:4~5]

[정음해례 25ㄱ]

[주석]

— ·비육[鷄雛^{계추}, 병아리]: '비육'은 현대 국어 '병아리'의 옛말로 '비육'과 '병아리'의 관계는 정확히 알 수 없다. '비육'이 만주어 fioha나 일본어 hiyoko의 차용어일 가능성이 제기되기도 했으나, 이들의 유사성은 오히려 병아리의 울음소리를 모방한 의성어라는 점에서 찾을 수 있을 듯하다. 즉 '비육'은 병아리의 울음소리 '비육비육'에서 유래한 의성어일 가능성이 높다는 것이다. 한편, '병아리'의 방언형으로 제주 방언에 '비야기'가 있는데, 이는 의성어 '비약'에 접미사 '-이'가 결합한 어형으로 보인다.

06 반설음(반혓소리)·반치음(반잇소리) 글자의 용례

초성자 ㄹ의 예는 **·무뤼**[雹^박, 우박^{雨雹}], **어름**[氷^빙, 얼음]

초성자 ㅿ의 예는 **아ᅀᆞ**[弟^제, 아우], **·너ᅀᅵ**[鴇^보, 너새]

[원문]

_여 _{위 박} _{위 빙}
ㄹ。如**·무뤼**爲雹。**어름**爲氷。

_여 _{위 제} _{위 보}
ㅿ。如**아ᅀᆞ**爲弟。**·너ᅀᅵ**爲鴇。 [정음해례 25ㄱ:5~7]

[정음해례 25ㄱ]

[주석]

— **·무뤼**[雹^박, 우박^{雨雹}]: '무뤼'는 현대 국어 '우박'의 옛말이다. '무뤼'는 중세 국어 문헌에서 용례가 대단히 풍부하게 나타난다. '무뤼'의 어형은 18세기 후반에 '무리'(『왜어유해』<상:2>)로 바뀌고, 19세기에는 '무리'(『물명고』<5:12>)의 형태로 사용된다. 이와

같이 고유어 '무뤼'는 중세 국어 시기에 주로 쓰이다가 근대 국어에 와서는 한자어 '우박雨雹'과 함께 19세기까지 사용되었다. 고유어와 한자어의 경쟁에서 밀려 '무뤼 > 무릐 > 무리'는 소멸의 길을 가게 되고 한자어 '우박'이 주로 사용되고 있다.

— **아ᅀᆞ**(弟제, 아우): '아ᅀᆞ'는 현대 국어 '아우'의 옛 어형이다. '아ᅀᆞ'는 'ㅿ'이 소실되고 제2음절의 'ㆍ'가 'ㅡ'로 바뀌어 '아으'가 되고, 19세기에 와서 제2음절의 'ㅡ'가 'ㅜ'로 바뀌어 '아우'가 되었다. 오늘날과 같은 '아우'의 형태는 19세기 말 『태상감응편도설언해』(<2:75ㄴ>)에 처음 등장한다.

— **:너ᅀᅵ**(鴇보, 너새): '너ᅀᅵ'는 현대 국어 '너새'의 옛 어형이다. 한자어로는 '야안野雁'이라고 한다. 천연기념물로 기러기와 비슷하지만 더 크고, 부리와 다리는 닭과 같으나 뒷발톱이 없는 새로 알려져 있다. '너ᅀᅵ'는 16세기 초까지 보이다가, '너시'(『시경언해』<6:2ㄱ>)가 17세기 초에 나타나고 이 어형이 18세기까지 이어진다. 19세기 초에 이중 모음의 형태를 가진 '너싀'(『물명괄』<조수19ㄴ>)가 보이는데, 이내 'ㆍ'의 소실로 인해 '싀'가 '새'로 변한 '너새'(『자류주석』<하65ㄱ>)의 형태로 자리를 잡는다.

[해설]

이 부분은 초성자가 사용된 우리말 어휘 34개를 통해 음절 구성과 구체적인 표기 실례를 보인 것이다. 새롭게 만든 초성 17자를 아음(어금닛소리) 글자, 설음(혓소리) 글자, 순음(입술소리) 글자, 치음(잇소리) 글자, 후음(목구멍소리) 글자, 반설음(반혓소리) 글자, 반치음(반잇소리) 글자로 배열하고, 이에 대해 각각 2개의 어휘를 예로 제시하였다.

특징적인 것은 <어제 예의>에 제시한 초성 17자 중 후음(목구멍소리)의 전청자 ㆆ가 제외되고, 순경음(입술가벼운소리) 글자 ㅸ이 순음(입술소리) 글자 계열에 추가되었다는 점이다. 이를 통해 고유어에서의 자음 체계를 짐작해 볼 수 있다. 앞서 <합자해>에서 기술했듯이 후음(목구멍소리)의 전청자 ㆆ이 초성에 사용된 것은 동국정운식 한자음 표기에서였다. 고유어에서는 ㆆ자가 초성에 사용되지 않았기 때문에 용례를 제시할 수가 없다. 이러한 까닭에 <용자례>에서는 ㆆ이 <어제

예의>에 제시된 초성 17자임에도 불구하고 후음(목구멍소리)의 전청자 ㆆ를 제외시켰던 것이다. 이에 반해 순음 계열에서는 실제로 순경음(입술가벼운소리)이 음소로 존재하여 그것을 나타내는 글자 ㅸ이 쓰였다는 사실을 보여 준다. ㆆ가 빠진 대신 ㅸ이 포함됨으로써 초성자 개수상 17자의 용례를 채우게 된다. 다만 <어제 예의>에 제시되었던 각자병서(ㄲ, ㄸ, ㅃ, ㅆ, ㅉ, ㆅ)가 사용된 예는 제시되지 않았다. 17자에 각각 두 개씩 34개의 용례를 통해 해당 초성자의 쓰임을 직접 살펴봄으로써 우리말 음절의 초성에 어떤 소리들이 오는지, 초성자를 사용해 실제로 우리말을 어떻게 표기할 수 있는지를 알려 준다.

❷ 중성자의 예

01 기본자의 용례

중성자 **ㆍ**의 예는 **ᄐᆞᆨ**[頤이, 턱], **ᄑᆞᆺ**[小豆소두, 팥],

ᄃᆞ리[橋교, 다리], **ᄀᆞ래**[楸추, 가래나무]

중성자 **ㅡ**의 예는 **ᄆᆞᆯ**[水수, 물], **발측**[跟근, 뒤축/발뒤축],

그력[鴈안, 기러기]], **드레**[汲器급기, 두레

박]

중성자 **ㅣ**의 예는 **깃**[巢소, 보금자리/둥지], **ᄆᆞᆯ**[蠟랍, 밀],

피[稷직, 피], **키**[箕기, 키]

[정음해례 25ㄱ]

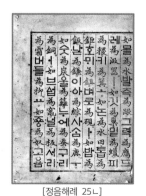

[정음해례 25ㄴ]

[원문]

中聲 ㆍ如ᄐᆞᆨ爲頤ㆍᄑᆞᆺ爲小豆ㆍᄃᆞ리爲橋ㆍᄀᆞ래爲楸。

ㅡㆍ如ᄆᆞᆯ爲水ㆍ발측爲跟ㆍ그력爲鴈ㆍ드레爲汲器。

ㅣㆍ如깃爲巢ㆍᄆᆞᆯ爲蠟ㆍ피爲稷ㆍ키爲箕。 [정음해례 25ㄱ:7~25ㄴ:3]

[주석]

— **ᄀᆞ래**[楸추, 가래나무]: '7래'는 현대 국어 '가래나무'의 옛말이
다. 즉 '7래' 자체가 '가래나무'의 의미를 갖고 있는데, 15세기의
여러 문헌에는 '7래'뿐 아니라 '7래'에 '나모'가 결합된 '7래나
모', '7래낡' 등이 함께 쓰였다. '7래'가 본래 나무와 열매를 동
시에 가리키는 것임에도 불구하고 '7래나모', '7래낡'이 출현한
것은 나무의 의미를 보다 분명히 하려는 언어 작용의 결과라 할
수 있다.

— **·발측**[跟근, 뒤축/발뒤축]: '발측'은 현대 국어 '뒤축', '발뒤축'의 옛말이다. 15세기에는 '발측'뿐 아니라 '뒤측'과 '뒤축'이 함께 나타난다. 『훈몽자회』에서 한자 '跟근'의 뜻으로 '뒤측'을 제시한 것을 보면 '발측'과 '뒤측/뒤축'이 동의어였음을 알 수 있다. 훈민정음 창제 당시에는 '발측'이 주로 사용되다가 후대로 갈수록 '뒤측/뒤축'의 사용 빈도가 높아져 현대 국어에는 '뒤축'만 남았다. 한편, 현대 국어의 '발뒤축'과 직접적으로 관련된 어형을 살펴보면 15세기에는 '밠 뒤축'(발의 뒤축)과 같이 수식 구로 사용되었다가 18세기 『동문유해』<상:16>에서 합성어 '발뒤측'(脚跟각근)이 되었다. 현대 국어 '발뒤축'은 18세기에 하나의 단어로 형성된 '발뒤측'이 '발뒤축'으로 정착한 것이다. 보편적으로 실제 언어생활에서는 '발뒤축'보다는 '발뒤꿈치', '발꿈치'를 더 많이 사용하고 있다.

— **그력**[鴈안, 기러기]: '그력'은 현대 국어 '기러기'의 옛말이다. '그력'은 <용자례>에서만 보이고, 대부분의 15세기 문헌에는 '그력'에 접미사 '-이'가 결합한 '그려기'의 형태로 나타난다. 16세기에는 이중 모음을 갖는 '긔려기'의 형태가 등장한다. 이 어형은 근대 국어 시기 'ㅢ>ㅣ'로 바뀌어 '기려기'가 되고, 이어서 '기러기'의 형태로 정착하였다.

— **드·레**[汲器급기, 두레박]: '드레'는 현대 국어 '두레박'의 옛 어형이다. <용자례>에서 처음 등장하는데 15세기부터 18세기에 이르기까지 '드레'의 어형은 오랫동안 사용되어 왔다. '드레' 자체가 물을 퍼 올리는 도구인데, 19세기 무렵 '드레'에 '박'이 결합되면서 오늘날과 같은 '두레박'으로 정착하였다.

— **·깃**[巢소, 새집/둥지]: '깃'은 현대 국어 '새집' 또는 '둥지'의 옛말이다. <용자례>에 처음 등장한 '깃'은 근대 국어 시기 이후 사용 빈도가 현격히 줄어든다. 17세기 문헌에 '깃'의 유의어인 '보곰자리' 형태가 나타나기 시작하고, 19세기에는 '둥지'라는 어휘가 사용된다. '새집', '둥지', '보금자리', '소굴巢窟소굴' 등의 어휘가 '깃'의 의미를 분담하게 되면서 현대 국어에서는 더 이상 '깃'이 쓰이지 않게 되었다.

02 초출자의 용례

중성자 ㅗ의 예는 **논**[水田^{수전}, 논], **톱**[鉅^거, 톱],

　　　　　　　　호·미[鋤^서, 호미], **벼·로**[硯^연, 벼루]

중성자 ㅏ의 예는 **밥**[飯^반, 밥], **낟**[鎌^겸, 낫],

　　　　　　　　이·아[綜^종, 잉아], **사·含**[鹿^록, 사슴]

중성자 ㅜ의 예는 **숫**[炭^탄, 숯], **울**[籬^리, 울/울타리],

　　　　　　　　누·에[蠶^잠, 누에], **구·리**[銅^동, 구리]

중성자 ㅓ의 예는 **브섭**[竈^조, 부엌], **:널**[板^판, 널/널빤지],

　　　　　　　　서·리[霜^상, 서리], **버·들**[柳^류, 버들]

[원문]

ㅗ。如**논**爲水田^{여　위수전}。**톱**爲鉅^{위거}。**호·미**爲鋤^{위서}。**벼·로**爲硯^{위연}。

ㅏ。如**밥**爲飯^{여　위반}。**낟**爲鎌^{위겸}。**이·아**爲綜^{위종}。**사·含**爲鹿^{위록}。

ㅜ。如**숫**爲炭^{여　위탄}。**울**爲籬^{위리}。**누·에**爲蠶^{위잠}。**구·리**爲銅^{위동}。

ㅓ。如**브섭**爲竈^{여　위조}。**:널**爲板^{위판}。**서·리**爲霜^{위상}。**버·들**爲柳^{위류}。 [정음해례 25ㄴ:3~8]

[정음해례 25ㄴ]

[주석]

— **이·아**[綜^종, 잉아]: '이아'는 현대 국어 '잉아'의 옛 어형으로, 베틀의 날실을 한 칸씩 걸러서 끌어 올리도록 맨 굵은 실을 말한다. '이아'의 어형은 <용자례>에서 처음 등장하는데, 16세기 『훈몽자회』에서 한자 '綜^종'의 훈으로 '잉아'가 제시되었다.

— **브섭**[竈^조, 부엌]: '브섭'은 현대 국어 '부엌'의 옛말이다. 15세기 문헌에는 '브섭'과 더불어 '브석'의 형태도 나타난다. 이처럼 15세기에는 '브섭'과 '브석' 두 형태가 공존하다가 16세기 무렵 '부억'으로 통일되어가는 모습이 나타난다. '부억'의 형태는 19세기 말까지 유지되다가 이후 '부엌'의 형태가 나타나 오늘에 이르게 되었다.

03 재출자의 용례

중성자 ㅛ의 예는 **쬭**[奴노, 종], **고욤**[梬영, 고욤나무],

쇼[牛우, 소], **삽됴**[蒼朮菜창출채, 삽주]

중성자 ㅑ의 예는 **남샹**[龜귀, 남생이], **약**[龜鼊귀벽, 바다거북],

다야[匜이, 대야], **쟈감**[蕎麥皮교맥피, 메밀껍질]

중성자 ㅠ의 예는 **율믜**[薏苡의이, 율무], **쥭**[飯棗반초, 주걱],

슈룹[雨繖우산, 우산], **쥬련**[帨세, 수건]

중성자 ㅕ의 예는 **엿**[飴餹이당, 엿], **뎔**[佛寺불사, 절],

벼[稻도, 벼], **져비**[燕연, 제비]

[원문]

ㅛ。如**쭁**爲奴。**고욤**爲梬。**쇼**爲牛。**삽됴**爲蒼朮菜。

ㅑ。如**남샹**爲龜。**약**爲龜鼊。**다야**爲匜。**쟈감**爲蕎麥皮。

ㅠ。如**율믜**爲薏苡。**쥭**爲飯棗。**슈룹**爲雨繖。**쥬련**爲帨。

ㅕ。如**엿**爲飴餹。**뎔**爲佛寺。**벼**爲稻。**져비**爲燕。

[정음해례 25ㄴ:8~26ㄱ:6]

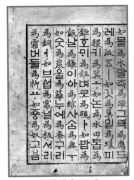

[정음해례 25ㄴ]

[정음해례 26ㄱ]

[주석]

— **삽됴**[蒼朮菜창출채, 삽주]: '삽됴'는 현대 국어 '삽주'의 옛말이다. 국화과의 여러해살이풀로 어린순은 식용이나 약용으로 쓰인다. 15세기 문헌인 『구급간이방』에서는 '샵듀'의 형태가 나타난다. 이 무렵 '삽됴'와 '삽듀'의 두 형태가 공존했음을 알 수 있는데, 문헌상 <용자례>의 '삽됴'가 원형이 된다. 18세기에 이르러 '삽듀'에 구개음화 현상이 일어나 '삽쥬'의 형태로 일반화되고, 20세기 이후에 단모음화된 '삽주'가 된다.

— **남샹**[龜귀, 남생이]: '남샹'은 현대 국어 '남생이'의 옛 어형이다. 냇가나 연못에 서식하며 거북류 중에서 비교적 작은 종류로 알려

져 있다. 17세기에는 '남셩'의 형태가 나타나기도 하는데, 접미사 '-이'가 결합된 '남샹이'는 18세기 『소아론』에서부터 등장한다. 19세기에는 '남셩이'와 더불어 '남싱/남싱이'의 형태도 나타난다. 한편, 15세기 당시 '거북'은 '거붑'의 형태로 쓰였다. 『훈몽자회』에서도 한자 '龜^귀'의 훈을 '거붑'으로 제시하고 있다. 그런데 <용자례>에서 '龜^귀'에 대응하는 고유어로 '남샹'을 제시한 것을 보면, 당시 '거붑'과 '남샹'이 유의어로 사용되었음을 알 수 있다.

— 약[龜鼊^{귀벽}, 바다거북]: '약'은 현대 국어 '바다거북'의 옛말이다. 정확히는 한자어 '대모^{玳瑁/瑇瑁}'에 해당하는 고유어이다. '대모'는 바다거북의 일종으로 등과 배를 싸고 있는 껍데기가 주로 장식품이나 공예품을 만드는 데에 쓰인다. '약'이라는 단어는 <용자례>에 처음 등장하고, 『동의보감』<탕액편>의 "瑇瑁^{대모} 야긔 겁질"에서 사용된 예가 보인다. 훈민정음 창제 당시 '龜^귀'를 뜻하는 고유어 '남샹'은 민물에 서식하는 작은 거북을, '龜鼊^{귀벽}'의 고유어 '약'은 바다거북으로 이 둘을 서로 구분해서 사용하고 있었음을 알 수 있다.

— 챠감[蕎麥皮^{교맥피}, 메밀껍질]: '챠감'은 현대 국어 '메밀껍질'의 옛말로 메밀의 겉껍질을 가리킨다. 이 단어는 『훈민정음』<용자례>에서만 나온다. 『훈몽자회』에서는 한자 '蕎^교'의 훈으로 '모밀'을 제시하고 있고, '곡식의 껍질'을 뜻하는 한자 '糠^강'의 훈으로 '겨'를 제시하고 있다. 이러한 점에서 볼 때 16세기 무렵에는 '챠감'이라는 단어가 거의 쓰이지 않았던 것을 보인다.

— 쥭[飯梊^{반초}, 주걱]: '쥭'은 현대 국어 '주걱'의 옛말이다. '쥭'의 어형은 <용자례>에 처음 등장하는데 『훈몽자회』에서는 한자 '梊^초'의 훈으로 '밥쥭'을 제시하고 있고, 나무주걱을 뜻하는 한자 '杓^작'의 훈으로 '나모쥭'을 제시하고 있다. 중세 국어 시기 '쥭'은 단독 어형으로 사용되기보다는 주로 명사 '밥', '나모' 등과 결합된 합성어의 형태로 쓰였음을 알 수 있다. 이는 '쥭'의 쓰임이 다양해져서 도구의 쓰임을 보다 구체적으로 표현하기 위한 것으로 보인다. 17세기에 '쥭'에 접미사 '-에'가 결합한 '쥬게'가 나타나

고, 18세기 무렵 '쥭'에 '-억'이 결합한 '쥬걱'이 등장한다. 이 '쥬걱'의 단모음화된 어형 '주걱'이 오늘에 이르게 된다.

― **슈룹**[雨繖^{우산}, 우산]: '슈룹'은 현대 국어 '우산'의 옛말이다. 『훈몽자회』에서는 한자 '傘^산'의 훈으로 '우산'을 제시하고 있다. 이를 보면 일찍이 한자어 '우산雨傘'이 널리 쓰이면서 '슈룹'을 대체하였음을 알 수 있다. 『계림유사』에는 '傘曰聚笠^{산왈취립}'이라 하여 '우산'의 고려어를 '聚笠^{취립}'이라고 기술하였는데, 이때 '聚笠^{취립}'은 '슈룹'을 표기한 것으로 보인다.

― **쥬련**[帨^세, 수건]: '쥬련'은 현대 국어 '수건'의 옛말이다. 『훈몽자회』에서는 한자 '帨^세'의 훈으로 '슈건'을 제시하고 있다. 이를 보면 일찍이 한자어 '수건手巾'이 널리 쓰이면서 '쥬련'을 대체하였음을 알 수 있다.

[해설]

이 부분은 중성자가 사용된 우리말 어휘 44개를 통해 음절 구성과 구체적인 표기 실례를 보인 것이다. 새롭게 만든 중성 11자를 기본자 ·, ―, ㅣ와 초출자 ㅗ, ㅏ, ㅜ, ㅓ, 재출자 ㅛ, ㅑ, ㅠ, ㅕ 순으로 배열하고, 이에 대해 각각 4개의 어휘를 예로 제시하였다. 이때 '초성자＋중성자＋종성자'로 구성된 용례 2개씩을 먼저 배치하고, 이어서 '초성자＋중성자'만으로 구성된 용례 2개씩을 배치하여 단계적으로 보여 주는 구성을 취하고 있다. 총 44개의 용례를 통해 해당 중성자의 쓰임을 직접 살펴볼 수 있도록 함으로써 우리말 음절의 중성에 어떤 소리들이 오는지, 중성자를 사용해 실제로 우리말을 어떻게 표기할 수 있는지를 알려 준다.

❸ 종성자의 예

종성자 ㄱ의 예는 **닥**[楮^저, 닥나무], **독**[甕^옹, 독/옹기]

종성자 ㆁ의 예는 **:굼벙**[蠐螬^{제조}, 굼벙이], **올창**[蝌蚪^{과두}, 올챙이]

종성자 ㄷ의 예는 **:갇**[笠^립, 갓], **싣**[楓^풍, 신나무]

종성자 ㄴ의 예는 **·신**[屨^구, 신], **·반되**[螢^형, 반디]

종성자 ㅂ의 예는 **섭**[薪^신, 섶나무], **굽**[蹄^제, 굽/발굽]

종성자 ㅁ의 예는 **:범**[虎^호, 범/호랑이], **:심**[泉^천, 샘]

종성자 ㅅ의 예는 **잣**[海松^{해송}, 잣나무], **·못**[池^지, 못/연못]

종성자 ㄹ의 예는 **돌**[月^월, 달], **:별**[星^성, 별]

[원문]

終聲ㄱ^{종성}如^여**닥**爲^위楮^저。**독**爲^위甕^옹。

ㆁ。如^여**:굼벙**爲^위蠐螬^{제조}。**올창**爲^위蝌蚪^{과두}。

ㄷ。如^여**:갇**爲^위笠^립。**싣**爲^위楓^풍。

ㄴ。如^여**·신**爲^위屨^구。**·반되**爲^위螢^형。

ㅂ。如^여**섭**爲^위薪^신。**굽**爲^위蹄^제。

ㅁ。如^여**:범**爲^위虎^호。**:심**爲^위泉^천。

ㅅ。如^여**잣**爲^위海松^{해송}。**못**爲^위池^지。

ㄹ。如^여**·돌**爲^위月^월。**:별**爲^위星之類^{성지류} [정음해례 26ㄱ:6~26ㄴ:3]

[주석]

— **싣**[楓^풍, 신나무]: '싣'은 현대 국어 '신나무'의 옛말이다. <용자례>에 제시된 '싣'은 중세 국어 시기 대부분의 문헌에서 '나모, 낢'을 덧붙인 '싣나모', '싣낢'의 형태로 나타난다. 단풍나무를 가

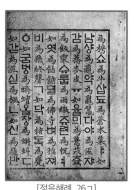

[정음해례 26ㄱ]

[정음해례 26ㄴ]

리키는 '신'의 의미를 보다 분명하게 하기 위해 '낡/나모'를 덧붙인 것으로 보인다. 『훈몽자회』에서도 한자 '楓^풍'의 훈으로 '신나모'를 제시하였는데 '신나모'는 17세기 무렵 '싯나모'로 표기되고, 곧이어 자음동화 현상이 반영된 형태인 '신나모'로 쓰이게 된다. 이와 같이 현대 국어의 '신나무'는 본디 '신'과 '나모'의 합성어로서 자음동화를 겪어 오늘날에 이른 것이다.

· **반되**[螢^형, 반디]: '반되'는 현대 국어 '반디'의 옛말로 반딧불이를 가리킨다. 훈민정음 창제 당시의 '반되' 어형은 15세기를 지나 18세기까지도 그 모습을 보여 준다. 16세기 『훈몽자회』에서는 한자 '螢^형'의 훈으로 반모음 'ㅣ[j]'가 탈락한 '반도'를 제시하였는데, 이 '반도' 역시 18세기 문헌에 이르기까지 자주 나타난다. 17세기 무렵 제2음절의 'ㅚ'가 'ㅐ'로 바뀐 '반대'의 형태가 나타나고 18세기 'ㆍ' 소실의 영향으로 'ㅐ>ㅚ'로 변화된 '반듸'가 19세기 문헌에 사용된다. 20세기에 '반듸'가 단모음화되어 현대 국어 '반디'로 정착하게 된다.

[해설]

　이 부분은 종성자가 사용된 우리말 어휘 16개를 통해 음절 구성과 구체적인 표기 실례를 보인 것이다. 종성자의 용례는 <종성해>의 "然^연ㄱㆁㄷㄴㅂㅁㅅㄹ八字可足用也^{팔자가족용야}"와 직접적으로 관련된 내용으로 8종성에 따라 ㄱ, ㆁ, ㄷ, ㄴ, ㅂ, ㅁ, ㅅ, ㄹ 순으로 배열하고, 이에 대해 각각 2개의 어휘를 예로 제시하였다. 총 16개의 용례를 통해 8종성의 쓰임을 직접 살펴볼 수 있도록 함으로써 우리말 음절의 종성에 어떤 소리들이 오는지, 종성자를 사용해 실제로 우리말을 어떻게 표기할 수 있는지를 알려 준다.

7. 정인지 서문

❶ 천지자연의 소리와 문자

❷ 풍토에 따라 다른 소리와 문자

❸ 중국어와 다른 우리말, 그리고 한자

❹ 우리말을 온전히 담지 못하는 설총의 이두

❺ 새 문자의 창제와 우수성

❻ 새 문자의 효용

❼ 해례본의 편찬 동기와 편찬자

❽ 창제자의 위대함

❾ 해례본의 간행일과 글쓴이 정인지

❶ 천지자연의 소리와 문자

천지자연의 말소리가 있으면 반드시 **천지자연의 문자**가 있는 법이다. 그러므로 옛 사람이 말소리에 따라 글자를 만들어 만물의 뜻을 통하게 하고 천지인 삼재三才의 원리를 싣게 했으니 후세 사람이 바꿀 수 없는 것이다.

[원문]

^{유 천 지 자 연 지 성} ^{즉 필 유 천 지 자 연 지 문} ^{소 이 고 인 인 성 제 자}
有天地自然之聲。則必有天地自然之文。所以古人因聲制字。
^{이 통 만 물 지 정} ^{이 재 삼 재 지 도} ^{이 후 세 불 능 역 야}
以通萬物之情。以載三才之道。而後世不能易也。[정음해례 26ㄴ:4~7]

[주석]

— **천지자연의 말소리**: 천지자연의 말소리는 자연언어를 가리키는 것으로 이해해 볼 수 있다. 자연언어는 인간이 인위적으로 만들

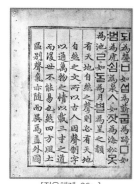

[정음해례 26ㄴ]

217

어낸 것이 아니라 자연발생적으로 생겨난 언어로, 이러한 언어에 대해 당시 사람들은 언어 자체에 자연의 원리가 내재되어 있다고 생각하였다. 원문의 '천지자연'이라는 표현은 이러한 관점에서 생각해 볼 수 있다. 또한 언어는 그 형식인 말소리를 통해 그 정체가 드러나므로 '말소리'라는 표현으로 언어를 대신한 것이다.

— **천지자연의 문자**: 언어와 달리 문자는 본질적으로 자연발생적이지 않다. 그러나 천지자연의 원리를 담은 언어를 표현하기 위해 문자를 만들었기 때문에, 인간이 만든 문자라 하더라도 그 안에 천지자연의 원리가 담길 수 있는 것이다. '천지자연의 문자'라는 표현은 이러한 관점에서 이해해 볼 수 있다. 한편 원문의 '文문'을 '문자'가 아니라 '문채文彩', '문양文樣' 등으로 보다 원론적으로 보는 입장도 존재할 수 있는데, 언어를 가장 잘 드러내는 표현 양식은 문자라고 할 수 있으므로 여기에서는 원문의 '文문'을 '문자'로 번역하였다.

[해설]

이 부분은 사람의 말이 천지자연의 원리에 따라 사용되는 것처럼 이를 적는 문자 역시 천지자연의 원리에 따라 만들어졌음을 설명한 것이다. 이것은 문자가 인간의 언어를 표기 대상으로 하며, 언어의 특성이 어떤 식으로든 문자 제작에 반영될 수밖에 없음을 이야기한 것으로 이해해 볼 수 있다.

❷ 풍토에 따라 다른 소리와 문자

　　그러나 사방의 풍토가 다르니 소리의 기운 또한 그에 따라 차이가 난다. 대개 중국 이외 나라의 말은 소리는 있으나 글자가 없다. 따라서 중국의 글자를 빌려 사용하고 있는데, 이는 **모난 자루가 둥근 구멍에 들어맞지 않는 것과 같으니** 어찌 막힘없이 잘 통할 수 있겠는가? 요컨대 각각의 처지에 따라 편안해야 하니 억지로 같아지게 할 수는 없는 것이다.

[원문]

[정음해례 26ㄴ]

[정음해례 27ㄱ]

然四方風土區別。聲氣亦隨而異焉。　盖外國之語。有其聲而無其字。假中國之字以通其用。是猶枘鑿之鉏鋙也。豈能達而無礙乎。要皆各隨所處而安。不可强之使同也。 [정음해례 26ㄴ:7~27ㄱ:4]

[주석]

—　**모난 자루가 둥근 구멍에 들어맞지 않는 것과 같으니:** "猶枘鑿之鉏鋙유예조지서어"에서 '枘예'는 자루(연장이나 기구 따위의 끝에 달린 손잡이)를, '鑿조'는 '구멍'을 말한다. 이 표현은 宋송의 朱熹주희가 集註집주를 한 『楚辭集註초사집주』 권제6의 續離騷속이소 九辯第八구변제팔에 실린 것으로, 九辯구변은 屈原굴원의 제자인 宋玉송옥이 지은 것이다. 이곳의 右四우사에는 "圓鑿而方枘兮원조이방예혜 吾固知其鉏鋙而難入오고지기서어이난입"란 시구가 있는데, 이곳에서 '圓鑿원조'와 '方枘방예'가 쓰였다.

시구 "圓鑿而方枘兮원조이방예혜 吾固知其鉏鋙而難入오고지기서어이난입"은 '둥근 구멍에 모난 자루로다, 나는 진실로 그것이 서로 어긋나서 들어맞지 않는 것을 알겠도다.'로 풀이되는데, 이 시에서 '圓鑿원조'와 '方枘방예'는 세상과 맞지 않아 자신의 포부를 발휘하지 못하였다는 뜻을 표현하기 위해 사용된 것이다.

여기 <정인지 서문>에서 이 표현을 사용한 것은, 구멍은 둥글고 그 구멍에 들어가야 할 자루는 모가 나서 들어갈 수 없는 상황을, 존재하는 말과 그 말에 알맞지 않은 문자의 사용에 비유하기 위함이다. 다시 말해 둥근 구멍에 맞추려면 모난 자루가 아닌 둥근 자루, 즉 한자가 아닌 우리말에 맞는 새로운 문자가 필요함을 말하기 위해 쓰인 것이다.

[해설]

이 부분은 언어에 따라 그에 알맞은 문자를 사용하는 것이 당연하나 중국어가 아닌 다른 언어를 쓰는 나라들이 중국어에 알맞은 한자를 사용해 자국의 언어를 적는 상황이 자연스럽지도 편안하지도 않음을 이야기한 것이다. 예를 들면, 고립어인 중국어를 적는 데 적합한 문자인 한자를 교착어인 우리말을 적는 데 사용하는 것은 자연스럽지 않은 것이다. 실제로 삼국시대부터 한자를 이용해 우리말을 적어 온 차자표기가 바로 이러한 상황을 보여 주고 있다. 여기서는 이러한 상황이 마치 둥근 구멍에 모난 자루를 끼워 넣는 것과 같다고 비유했다.

❸ 중국어와 다른 우리말, 그리고 한자

우리 동방은 **예악**과 제도가 중국에 견주어 비길 만하나 **사용하는 말은 중국과 같지 않다.** 따라서 공부하는 사람은 한자로 쓰인 글의 뜻을 깨닫기 어려움을 걱정하고, 재판을 담당하는 사람은 한자로 쓰인 기록을 통해 **그 복잡한 사정을 제대로 파악하기 어려움을 근심한다.**

[원문]

吾東方禮樂文章^{오동방예악문장}。侔擬華夏^{모의화하}。 但方言俚語^{단방언이어}。不與之同^{불여지동}。 學書者^{학서자} 患其旨趣之難曉^{환기지취지난효}。治獄者病其曲折之難通^{치옥자병기곡절지난통}。 [정음해례 27ㄱ:5~8]

[정음해례 27ㄱ]

[주석]

— **예악**: 예로부터 중국은 사회 질서를 유지하기 위한 수단으로서 예악^{禮樂}을 중시하였다. 중국에서 예^禮는 일체의 규범, 제도, 법령을 포괄하는 개념으로 사용되어 왔다. 그러므로 예^禮는 통치의 수단이자 사회의 질서를 유지하는 도구로 이해해 볼 수 있다. 예^禮를 강조함으로써 사회 계층 사이에 질서가 확립되며, 확립된 질서 안에서 사회는 안정될 수 있다. 그러나 예^禮만을 강조하면 사람들 사이가 소원해지고 사회 분위기가 경직된다. 그리하여 공자는 사회 질서를 유지함에 있어 예^禮만을 강조해서는 안 된다고 보았으며, 악^樂을 통해 사람들 사이에 조화로운 질서를 수립하고자 하였다. 악^樂은 음악과 무도^{舞蹈}를 포괄하는 개념으로, 이는 기본적으로 조화^{調和}를 상징한다. 악^樂이 있으면 흥이 나게 되고, 흥이 나면 기쁨을 느끼거나 감정이 정화된다. 국가적인 행사에서 사용되는 악^樂은 공동체의 동질감을 형성하는 수단이 되기도 한다. 이렇듯 악^樂은 사람들 사이의 조화로운 관계를 수립하는 데 중요한 역할을 한다. 그러나 악^樂이 지나치면 사회가 난잡해지고

질서가 무너질 수 있다. 따라서 건강한 사회를 유지하기 위해서는 예禮와 악樂이 조화를 이룰 필요가 있다. 이러한 맥락에서 예악禮樂이 강조되었던 것이다.

— **사용하는 말은 중국과 같지 않다**: 우리나라에서 사용하는 말은 중국과 다르다. 그럼에도 불구하고 우리는 우리말을 기록하기 위해 우리말과 어울리지 않는 한자를 사용해 왔다. 이로써 언문일치가 이루어지지 않아 한자를 통한 소통에 어려움이 발생하게 되었다. 이 부분에서는 이처럼 언문일치가 이루어지지 않은 상황에 대한 우려를 나타내고 있다.

— **그 복잡한 사정을 제대로 파악하기 어려움을 근심한다**: 사건의 진상을 밝혀 판결을 내리는 사람에게는 사건의 진상을 명확하게 파악하는 것이 중요한데, 한자로 작성된 진술서가 본래 진술하는 사람의 의도를 온전히 반영할 수 있는지, 그리고 재판을 담당하는 사람이 그 진술서의 의도를 정확하게 파악할 수 있는지의 문제가 발생할 수 있다. "그 복잡한 사정을 제대로 파악하기 어려움"이란 바로 이러한 문자 생활의 문제점을 지적한 것이고 이에 대해 '근심'한다는 것은 명확한 상황을 파악하지 못해 잘못된 판단을 하는 것에 대한 '근심'이라 할 수 있다. 일찍이 해례본 제작 이전에 최만리 등의 갑자 상소에서도 이러한 문제점에 대해 언급한 바가 있는데 상소문에서는 이러한 문제점은 문자의 문제가 아니라 관리의 자질과 관련된 것으로 보았다.[7] 이러한 문제점에 대

---

7 『조선왕조실록』의 기록에는 "'형살(刑殺)에 대한 옥사(獄辭) 같은 것을 이두 문자로 쓴다면, 문리(文理)를 알지 못하는 어리석은 백성이 한 글자의 착오로 혹 원통함을 당할 수도 있겠으나, 이제 언문으로 그 말을 직접 써서 읽어 듣게 하면, 비록 지극히 어리석은 사람일지라도 모두 다 쉽게 알아들어서 억울함을 품을 자가 없을 것이라.' 하오나, 예로부터 중국은 말과 글이 같아도 옥송(獄訟) 사이에 원왕(冤枉)한 것이 심히 많습니다. 가령 우리나라로 말하더라도 옥에 갇혀 있는 죄수로서 이두를 해득하는 자가 친히 초사(招辭)를 읽고서 허위인 줄을 알면서도 매를 견디지 못하여 그릇 항복하는 자가 많사오니, 이는 초사의 글 뜻을 알지 못하여 원통함을 당하는 것이 아님이 명백합니다. 만일 그러하오면 비록 언문을 쓴다 할지라도 무엇이 이보다 다르오리까. 이것은 형옥(刑獄)의 공평하고 공평하지 못함이 옥리(獄吏)의 어떠하냐에 있고, 말과 문자의 같고 같지 않음에 있지 않은 것을 알 수 있으니, 언문으로써 옥사를 공평하게 한다는 것은 신 등은 그 옳은 줄을 알 수 없사옵니다."라고 하여 이러한 문제가 한글 제작의 당위성이 될 수

한 최만리 등과 해례본 제작자들의 입장에는 차이가 있으나 한글 제작 시기부터 옥사와 관련한 논의가 있었음을 알 수 있다. 결국 이 부분은 훈민정음 창제의 정당성을 설명하기 위해 한자를 이용한 언어생활의 문제점을 제기한 것인데, <정인지 서문>의 뒷부분에서 "以是解書^{이시해서} 可以知其義^{가이지기의} 以是聽訟^{이시청송} 可以得其情^{가이득기정}"(이 글자로써 한자로 쓰인 책을 풀이하면 그 뜻을 파악할 수 있다. 이 글자로써 송사를 살피면 그 복잡한 사정을 알 수 있다.)이라는 부분이 나온다. 지금 지적하고 있는 공부하는 사람과 재판을 담당하는 사람이 당면한 문제점이 바로 '훈민정음'이라는 새로운 문자의 창제를 통해 해결될 수 있음을 보인 것이다.

[해설]

이 부분은 중국과 언어가 다른 우리나라에서 중국의 한자를 사용해 우리말을 적는 것이 매우 어려운 일이라는 점을 공부하는 사람과 재판하는 사람의 예를 들어 설명한 것이다. 우리말 그대로를 소리 나는 대로 적지 않고 우리말의 뜻과 가장 가까운 한자들로 바꾸어 적은 글은 말하고자 하는 바를 완전하게 전달할 수 없다는 한계를 지닌다. 이러한 한계로 인해 한자로 쓰인 글을 온전히 우리말로 풀이하는 것은 물론이고, 진술 내용을 한자로 적어 피고인의 복잡한 사정을 왜곡 없이 파악하는 것이 어려운 일이라는 점을 이야기하고 있다.

없음을 지적하고 있다.

❹ 우리말을 온전히 담지 못하는 설총의 이두

옛날 신라의 설총이 처음 이두를 만들어 지금까지도 관부와 민간에서 사용하고 있다. 그러나 모두 한자를 빌려서 쓰는 것이라 사용하기에 껄끄럽기도 하고 막힘이 있기도 하다. **이두는 비루하고 근거가 없을 뿐만 아니라 말과 말 사이에 만분의 일도 통할 수가 없다.**

[원문]

석 신 라 설 총　시 작 이 두　관 부 민 간　지 금 행 지　연 개 가 자 이 용
昔新羅薛聰。始作吏讀。官府民間。至今行之。然皆假字而用。

혹 삽 혹 질　비 단 비 루 무 계 이 이　지 어 언 어 지 간　즉 불 능 달 기 만
或澁或窒。非但鄙陋無稽而已。至於言語之間。則不能達其萬

일 언
一焉。[정음해례 27ㄱ:8~27ㄴ:4]

[주석]

— **옛날 신라의 설총이 처음 이두를 만들어:** 한자의 음과 뜻을 이용해 우리말을 적는 차자借字 표기법을 흔히 '이두'라고 부른다. 이러한 이두를 처음 만든 사람이 신라의 설총이었다는 것이 "설총이 이서吏書를 지었다."(『제왕운기帝王韻紀』), "설총이 지은 방언문자方言文字를 이도吏道라고 한다."(『대명률직해大明律直解』) 등과 같이 여러 문헌에 기록되어 있다. 이처럼 이두의 창시자가 설총이라는 것이 옛 사람들 사이에 상식처럼 통용되고 있었음을 알 수 있다.

— **이두는 비루하고 근거가 없을 뿐만 아니라:** 이두가 비루하고 근거가 없다는 것은 '身신'의 예를 통해 살펴볼 수 있다. '身'은 '몸'이라는 뜻을 가지고 있는데, 이두에서는 '矣身의신'이 [의몸]으로 읽으며 1인칭 대명사로 사용되고, '汝矣身여의신'은 [너의몸]으로

[정음해례 27ㄱ]

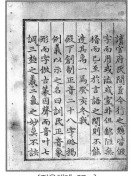

[정음해례 27ㄴ]

읽으며 2인칭 대명사로 사용된다. 한문에서는 '身'을 대명사로 사용한 용법이 없고, 대명사를 표현하는 데 반드시 '몸'의 의미를 갖는 '身'을 사용해야 할 당위성도 없다는 점을 생각하면 이와 같이 말한 이유를 이해할 수 있다.

— **말과 말 사이에 만분의 일도 통할 수가 없다**: 한자를 이용한 차자 표기법인 이두를 사용하여 문자 생활을 하는 것에 대해 해례본 집필자들은 의사소통에 큰 문제가 있다고 부정적으로 평가한 것이다. 더욱이 이러한 이두를 "言語之間^{언어지간}"(말과 말 사이), 즉 일상적인 언어생활에서 사용하게 되면 제대로 된 의사소통에 큰 어려움이 있음을 지적한 것이다. 이두는 기본적으로 한자의 음과 훈을 이용하여 우리말을 적는 방식이다. 이두가 한자의 음과 훈을 이용한다고 하지만 그 사용과 관련하여 일정한 규칙을 파악하기 어렵고 우리말의 세밀한 의미까지 정확하게 표현하는 데에는 어려움이 있는 것이 사실이다. 한글 창제의 필요성과 당위성을 설명하기 위해 이러한 이두 표기의 문제점을 제시한 것으로 보인다. 그런데 최만리 등의 상소문에서는 이러한 이두 표기가 한자를 이용한다는 점에서 오히려 의미가 있는 것으로 보고 있어서 해례본 집필자들과 다른 의견을 보이고 있다. 참고로 최만리 등의 상소문에서는 이두에 대해 "신라 설총^{薛聰}의 이두^{吏讀}는 비록 야비한 이언^{俚言}이오나, 모두 중국에서 통행하는 글자를 빌려서 어조^{語助}에 사용하였기에, 문자가 원래 서로 분리된 것이 아니므로, 비록 서리^{胥吏 하급 관리}나 복례^{僕隷 시중꾼}의 무리에 이르기까지라도 반드시 익히려 하면, 먼저 몇 가지 글을 읽어서 대강 한자를 알게 된 연후라야 이두를 쓰게 되옵는데, 이두를 쓰는 자는 모름지기 한자에 의거하여야 능히 의사를 통하게 되는 때문에, 이두로 인하여 한자를 알게 되는 자가 자못 많사오니, 또한 학문을 흥기시키는 데에 한 도움이 되었습니다."라고 하였다.

[해설]

이 부분은 한자를 이용해 우리말을 적었던 이두가 우리말을 온전히 표기하지 못한다는 점을 언급한 것이다. 한자 '身'을 우리말 대명사를 표현하는 데 사용한 것에서 볼 수 있었듯이, 우리말을 이두로 표기하는 것은 껄끄럽고 막힘이 있어 마치 맞지 않는 옷을 몸에 걸친 것과 같은 불편한 상황이라고 말할 수 있다.

❺ 새 문자의 창제와 우수성

계해년(1443년) 겨울, 우리 **전하께서 정음 28자를 만드시고 간략히 예의를 들어 보이시며** '훈민정음'이라 일컬으셨다. 모양을 본떠 만들되 **글자는 고전****을 모방하였으며** 소리에 따랐으니 **그 음이 칠음**七音**과 조화를 이룬다.** 천지인 삼재三才의 뜻과 음양 이기二氣의 묘리가 갖추어지지 않은 것이 없다. 28자로 전환이 무궁하며 **간단하지만 요긴하고 정밀하지만 소통이 쉽다.** 그러므로 똑똑한 자는 반나절이면 깨우칠 수 있고 우둔한 자라도 열흘이면 배울 수 있다.

[원문]

[정음해례 27ㄴ]

[정음해례 28ㄱ]

계 해 동　　아　　　전 하 창 제 정 음 이 십 팔 자　약 게 예 의 이 시 지　명 왈 훈
癸亥冬。 我　殿下創制正音二十八字。略揭例義以示之。名曰訓
민 정 음　　상 형 이 자 방 고 전　인 성 이 음 협 칠 조　　삼 극 지 의　　이 기
民正音。 象形而字倣古篆。因聲而音叶七調。 三極之義。二氣
지 묘　막 불 해 괄　　이 이 십 팔 자 이 전 환 무 궁　간 이 요　정 이 통　　고
之妙。莫不該括。 以二十八字而轉換無窮。簡而要。精而通。 故
지 자 부 종 조 이 회　우 자 가 협 순 이 학
智者不終朝而會。愚者可浹旬而學。 [정음해례 27ㄴ:4~28ㄱ:3]

[주석]

— **전하께서 정음 28자를 만드시고 간략히 예의를 들어 보이시며:**
여기에서 밝힌 '예의'는 <제자해> 이전 부분에서 훈민정음의 전반을 간단히 설명한 부분을 가리킨다는 점에 대해서는 여러 해석에서 큰 이의가 없는 것으로 보인다. 다만 구체적으로 '예의'例義라는 용어의 의미에 대해서는 다양한 의견이 존재한다. 일반적으로 '예'例에 대해서는 '보기, 예'와 같은 의미로 보아 용례의 의미로 해석하고, '의'義에 대해서는 '뜻, 취지' 등으로 해석하는 경우가 많다. 홍기문(1946)에서는 '준칙을 이루는 규정'이라고 하였으

며, 강신항(2003)에서는 '예^例'를 '규범', '의^義'를 '원리'로 보기도 했다. <어제 예의>에서 설명하였던 『세종실록』의 기록과 더불어 이 부분을 통해서도 우리는 '예의^{例義}'가 세종대왕께서 직접 지으신 부분이라는 것을 알 수 있다.

글자는 고전^{古篆}을 모방하였으며: 해례본 해석에서 대단히 논란이 많은 구절 중에 하나가 바로 이 부분이다. "字倣古篆^{자방고전}"을 '고전을 모방했다'라고 번역하면서 『훈민정음』 해례본이 발견되기 전까지 한글이 과거의 어떤 글자를 모방한 것이라는 생각을 하게 되었다. 이로 인해 모방의 대상이 된 글자에 대한 다양한 한글 기원설이 존재했었다. 1940년 해례본의 발견으로 인해 이러한 기원설은 어느 정도 정리가 되었지만 여전히 '고전'의 정체가 무엇인지, 그리고 바로 앞부분의 '상형^{象形}'(모양을 본뜨다)과 '고전'이 어떤 관계에 있는 것인지에 대해서는 다양한 해석이 존재한다. '고전'의 정체에 대해서는 한자의 전서체를 중심으로 형태상의 유사성과 관련된 것으로 보기도 하고, 전서의 제자 원리를 중심으로 설명하기도 한다. 또한 '상형^{象形}'과 '자방고전^{字倣古篆}'의 관계에 대해서는 두 내용이 인과 관계 등으로 서로 연관되어 있다고 보는 입장, 두 내용이 다른 원리이지만 함께 문자 제자 원리에 관여했다는 입장, 또한 두 원리가 문자 제작의 다른 측면에 각각 관여했다는 입장으로 나눠 볼 수 있다. 이러한 논란이 발생한 것은 '자방고전^{字倣古篆}'에 대한 내용이 정인지 서뿐만 아니라 세종실록에는 "其字倣古篆^{기자방고전}"으로, 최만리 등의 상소에는 "倣古之篆文^{방고지전문}"으로 언급되고 있지만, '古篆^{고전}'과 '古之篆文^{고지전문}'이 의미하는 바가 무엇인지에 대해서는 어디에도 구체적인 설명이 제시되지 않았기 때문이다. 또한 '倣^방'의 해석에도 이견이 있는데 이 한자는 '모방하다'뿐만 아니라 '의거하다, 본뜨다, 닮다, 본받다, -와 같다' 등 다양한 의미로 쓰인다. 이 부분에 대한 선행 연구를 살펴보면 '상형^{象形}'과 '자방고전^{字倣古篆}'을 서로 다른 원리 보는 경우가 상당수이고, '倣^방'에 대해서는 '모방하다'로 풀이한 것이 많아서 이러한 점을 고려하여 번역하였다.

그 음이 칠음^{七音}과 조화를 이룬다: 칠조^{七調}는 음악의 궁^宮, 상^商,

각^角, 치^徵, 우^羽, 반상^{半商}, 반치^{半徵}에 해당하는 것으로, 『예기^{禮記}』의 권37의 「악기^{樂記}」의 첫 부분을 보면 "凡音之起^{범음지기} 由人心生也^{유인심생야} 人心之動^{인심지동} 物使之然也^{물사지연야} 感於物而動^{감어물이동} 故形於聲^{고형어성}"(무릇 소리의 일어남은 사람의 마음으로 말미암아 생기는데, 사람 마음의 움직임은 외계의 사물이 그것을 시키는 것이니, 외계의 사물에 감응하여 움직이므로 성^聲에서 드러나게 된다.)라고 되어 있다. 그리고 이곳의 주에서는 "宮商角徵羽^{궁상각치우} 雜比曰音^{잡비왈음} 單出曰聲^{단출왈성}"(궁상각치우가 뒤섞인 것을 비유하여 음이라 하고 홀로 나온 것을 성이라 한다.)와 같이 음과 성을 구별하였다. 정음은 사람의 말소리에 바탕을 두고 만든 것으로, 정음은 칠조^{七調}와 잘 어울린다고 한 것이다.

— **간단하지만 요긴하고 정밀하지만 소통이 쉽다**: 이는 훈민정음이 28자로 문자의 개수가 비록 적지만 소리를 적어 내는 데에 필요한 것들을 두루 갖추고 있어 모자람이 없으며, 실제 소리가 만들어지는 원리를 철저하게 관찰하여 문자를 섬세하게 만들었지만 문자 구조가 복잡하지 않고 어렵지 않아 누구든 쉽게 익혀 소통의 도구로 쓸 수 있다는 말로 이해할 수 있다. 이처럼 적은 수의 문자로도 언어를 잘 적어낼 수 있는 것은 문자의 개수나 구조의 적합성뿐만 아니라, 개별적인 소리가 음절을 단위로 하여 어울리는 실제 소리의 실현 양상을 세밀히 살펴 구현해 낸 결과이다. 이에 훈민정음의 정밀함이 있는 것이다. 훈민정음은 한자와는 비교가 되지 않을 정도의 적은 수의 음소 문자이지만, 이를 음절 단위로 모아쓰도록 하였고, 음절의 실제 실현 양상을 잘 반영할 수 있는 운용에서의 유연함이 있어서 확장성이 높다. 이것이 바로 훈민정음이 소통성이 높은 문자가 되게 된 핵심적인 요인이라고 할 수 있다.

[해설]

이 부분은 세종대왕께서 1443년 겨울에 새 문자 훈민정음을 만드시고 문자의 음가와 운용법의 핵심을 기록한 '예의'를 작성하신 점, 새 문자가 천지만물의 원리를 담고 있으며 비록 28자이지만 응용이 무궁하고 배우기 쉽다는 점을 언급하고 있다.

특히 마지막 문장은 오늘날까지도 한글 학습자들에게 학습 의욕을 고취시키는 자극
제의 역할을 하고 있다는 점에서 흥미롭게 생각된다.

❻ 새 문자의 효용

이 글자로써 책을 풀이하면 그 뜻을 파악할 수 있다. 이 글자로 써 송사를 살피면 그 복잡한 사정을 알 수 있다. 이 글자로써 한자의 음을 적으면 **소리의 청탁**^{清濁}**을 변별할 수 있고**, 음악을 기록하면 **음악의 율려**^{律呂}**를 조화롭게 할 수 있다.** 사용하는 데마 다 갖추어지지 않은 것이 없고 가는 곳마다 이르지 않는 곳이 없다. 비록 바람 소리, 학 울음소리, 닭 우는 소리, 개 짖는 소리라 하더라도 모두 적을 수 있다.

[원문]

이시해서 가이지기의 이시청송 가이득기정 자운즉청탁
以是解書。可以知其義。 以是聽訟。可以得其情。 字韻則淸濁

지능변 악가즉율려지극해 무소용이불비 무소왕이부달
之能辨。樂歌則律呂之克諧。 無所用而不備。無所往而不達。

수풍성학려 계명구폐 개가득이서의
雖風聲鶴唳。鷄鳴狗吠。皆可得而書矣。 [정음해례 28ㄱ:3~8]

[정음해례 28ㄱ]

[주석]

__ **소리의 청탁**^{清濁}**을 변별할 수 있고:** 한자음의 청탁은 전청^{全淸}, 차청^{次淸}, 전탁^{全濁}, 불청불탁^{不淸不濁}으로 구분된다. 그러나 『동 국정운』의 서문을 보면 "我國語音^{아국어음} 其淸濁之辨與中國無異 기청탁지변여중국무이 而於字音獨無濁聲^{이어자음독무탁성} 豈有此理^{기유차리}" (우리의 음에서는 청탁의 구별은 중국과 더불어 다르지 않다. 그 러나 한자음에서는 유독 탁성이 없는데, 어찌 이런 구별이 있는 것인가?)와 같이 한자음에서만 청탁의 구별이 온전하지 않음을 기술하고 있다. 이에 따라서 『동국정운』에서는 '德·득', '慝·특', '特·뜩'에서 보듯이 전청은 예삿소리로, 차청은 거센소리로, 전탁 은 된소리로 표음을 하였다. 이처럼 훈민정음을 이용하면 한자음 의 청탁의 구별을 잘 드러낼 수 있게 된다. 따라서 한자음을 바로

잡고, 교육적으로 활용하여 중국음과의 거리를 좁힐 수 있는 도구로서 훈민정음을 이용할 수 있었음을 알 수 있다.

— **음악의 율려律呂를 조화롭게 할 수 있다**: 율려律呂는 우리나라뿐 아니라 중국에서의 악률樂律을 두루 이르는 말이다. 이 율려에는 모두 12율이 있는데, 여섯 개는 양률陽律에 해당하고 여섯 개는 음률陰律에 해당한다. 이 음률陰律을 음려陰呂라고 한다. 이 둘을 모두 합하여 율려律呂라고 하는 것이다. 율은 12율 가운데 홀수 번에 해당하는 것이고, 여는 12율 가운데 짝수 번에 해당하는 것인데, 구체적으로는 다음과 같다. 6률에 해당하는 것에는 '① 황종黃鐘', '③ 태주太簇', '⑤ 고선姑洗', '⑦ 유빈蕤賓', '⑨ 이칙夷則', '⑪ 무역無射'이 있고, 6려에 해당하는 것에는 '② 대려大呂', '④ 협종夾鐘', '⑥ 중려中呂/仲呂', '⑧ 임종林鐘', '⑩ 남려南呂', '⑫ 응종應鐘'이 있다. 이와 관련하여 송宋 나라의 유학자이자 성운학자로 상수론象數論을 제창한 소옹邵雍은 성음을 나타내는 데 율려律呂라는 말을 썼는데, 그는 성聲을 여呂라 하고, 운韻을 율律이라고 하였다. 훈민정음이 창제되는 데에는 성리학이 이론적 배경이 되었고, 여기에 소옹邵雍의 이론이 많이 채용되어 있는데, 이곳의 율려律呂 역시 이런 이론적 배경과 관련되는 기술로 이해된다.

[해설]

이 부분은 새 문자 훈민정음의 효용을 설명한 것이다. 구체적으로 훈민정음을 이용해 한자로 된 책을 풀이하거나 재판을 하거나 한자의 음을 적거나 음악을 기록하면 모두 성공적으로 목적을 달성할 수 있음을 말하고 있다. 더불어 훈민정음으로 사람의 말소리뿐만 아니라 바람 소리나 동물의 울음소리도 모두 적을 수 있다고 하여 새 문자의 뛰어난 표음성을 강조하고 있다. 이때 새 문자로 바람 소리나 동물의 울음소리를 적을 수 있다는 것은 실제의 음향이 아닌, '윙윙'이나 '멍멍'과 같이 자연의 소리를 인간이 인식한 언어의 모습으로 적을 수 있다는 것이다. 즉 의태어나 의성어와 같이 모양이나 소리를 흉내 낸 말을 가리킨 것이라고 할 수 있다.

❼ 해례본의 편찬 동기와 편찬자

[정음해례 28ㄱ]

[정음해례 28ㄴ]

[정음해례 29ㄱ]

드디어 전하께서 상세하게 해석을 더하여 모든 사람을 깨우쳐 주라고 명하셨다. 이에 신은 집현전 응교 최항, 부교리 박팽년과 신숙주, 수찬 성삼문, 돈령부 주부 강희안, **행 집현전 부수찬** 이개와 이선로 등과 더불어, 삼가 '5해解'와 '1례例'를 지어 그 대강大綱을 서술하였다. 이 책을 보는 사람들은 가르쳐 주지 않아도 스스로 깨달을 수 있기를 바란다. 그 근원과 정밀한 뜻의 오묘함은 감히 신하인 우리들이 펼쳐 드러낼 수 있는 바가 아니다.

[원문]

遂^수 命^명詳^상加^가解^해釋^석。以^이喩^유諸^제人^인。 於^어是^시。臣^신與^여集^집賢^현殿^전應^응敎^교臣^신崔^최恒^항。副^부敎^교 理^리臣^신朴^박彭^팽年^년。 臣^신申^신叔^숙舟^주。 修^수撰^찬臣^신成^성三^삼問^문。 敦^돈寧^녕府^부注^주簿^부臣^신姜^강希^희顔^안。 行^행集^집賢^현殿^전副^부修^수撰^찬臣^신李^이塏^개。臣^신李^이善^선老^로等^등。謹^근作^작諸^제解^해及^급例^예。以^이敍^서其^기梗^경 槩^개。 庶^서使^사觀^관者^자不^불師^사而^이自^자悟^오。 若^약其^기淵^연源^원精^정義^의之^지妙^묘。則^즉非^비臣^신等^등之^지所^소 能^능發^발揮^휘也^야。 [정음해례 28ㄱ:8~29ㄱ:1]

[주석]

— **행 집현전 부수찬**: 세종 2년인 1420년에 학문 연구의 목적으로 궁중에 집현전이 설치되었다. 『훈민정음』 해례본의 집필에 관여한 여덟 사람의 직책職責과 품계品階를 보이면 아래와 같다.

	직책職責	품계品階	『훈민정음』 해례 편찬자	출생연도
집현전	영전사(領殿事)	정1품		
	대제학(大提學)	정2품	정인지(鄭麟趾)	1396
	제학(提學)	종2품		
	부제학(副提學)	정3품		
	직제학(直提學)	종3품		
	직전(直殿)	정4품		
	응교(應敎)	종4품	최　항(崔　恒)	1409
	교리(校理)	정5품		
	부교리(副校理)	종5품	박팽년(朴彭年)	1417
			신숙주(申叔舟)	1417
	수찬(修撰)	정6품	성삼문(成三問)	1418
	부수찬(副修撰)	종6품	이　개(李　塏)	1417
			이선로(李善老)	未詳
	박사(博士)	정7품		
	저작(著作)	정8품		
	정자(正字)	정9품		
돈령부	주부(主簿)	종6품	강희안(姜希顏)	1418

이들 중 이개와 이선로의 직책은 '부수찬副修撰'이지만, 원문에서는 "行集賢殿副修撰행집현전부수찬"이라고 되어 있다. 관직명 앞에 쓰는 '행(行)'은 품계는 높으나 직위는 낮은 벼슬을 통틀어 이를 때 쓰는 말로, 이개(李塏)과 이선로(李善老)는 당시 품계는 종6품 보다 높았으나 종6품인 '부수찬(副修撰)'의 직책을 받았기 때문에 '행'을 붙인 것이다.

이개(李塏)는 1444년에 집현전 부수찬으로 종6품이었고 1446년 에는 품계가 조금 더 상승하였다. 그러나『훈민정음』해례본 편찬 당시인 1446년에 여전히 부수찬의 직제를 가지고 있었기 때 문에, '집현전 부수찬' 앞에 '행行'을 붙인 것이다.

이선로는 1444년 7월에 집현전의 수찬修撰(정6품)이었고, 같은

해 12월에는 예조좌랑禮曹佐郞(정6품)이 되었다. 그러다가 1446년 5월에는 사온주부司醞主簿, 9월에는 부수찬副修撰의 관직을 받았는데, 이 두 관직은 모두 종6품에 해당하기 때문에, 이미 정6품의 품계를 가지고 있었던 이선로는 앞에 '행'을 붙여 행사온주부行司醞主簿, 행부수찬行副修撰과 같이 관직을 표시했던 것이다.

이처럼 실제 품계가 높은데 직위가 낮을 때에는 '행行'을 붙였는데, 이와 반대되는 상황 즉 품계가 낮은데 직위가 높을 때에는 '수守'를 붙였다.

한편, 강희안(姜希顔)은 집현전 소속이 아니라 돈령부敦寧府 소속의 주부主簿였다. 돈령부는 조선시대 때 돈령敦寧의 친목을 위한 사무를 처리하던 관청으로, 돈령부 주부의 품계는 종6품이었다.

[해설]

이 부분은 ≪해례≫를 편찬하게 된 동기와 편찬에 참여한 인물이 누구인지를 설명한 것이다. 상세한 해설을 덧붙이라는 세종대왕의 명에 의해 진행된 ≪해례≫의 편찬 작업은, 세종대왕이 작성하신 <어제 예의>의 내용을 보다 확대하면서도 자세하게 설명하는 것이었음을 알 수 있다. 편찬 작업에 참여한 8명의 집현전 학사들은 대부분 젊은 신진 학사들이었는데, 이 중 이개, 성삼문, 박팽년은 세조 2년(1456)에 단종의 복위를 꾀하다가 처형된 사육신死六臣에 해당한다.

❽ 창제자의 위대함

삼가 생각건대 우리 전하께서는 하늘이 내리신 성인으로서
제도를 만들고 시행하심이 모든 왕들을 초월하셨다. 정음을 지으
신 것도 이전 것을 이어받음 없이 자연에서 이루어 내신 것이다.
지극한 이치가 모두 갖추어져 있으니 어찌 사람이 사사로이 할
수 있는 일이겠는가? 동방에 나라가 있은 지 오래되었으나 만물
을 개발하고 모든 일을 이루어 내는 큰 지혜는 오늘을 기다리고
있었도다.

[원문]

^{공 유 아} ^{전 하} ^{천 종 지 성} ^{제 도 시 위} ^{초 월 백 왕} ^{정 음 지 작} ^{무 소 조}
恭惟我 殿下。天縱之聖。制度施爲超越百王。正音之作。無所祖
^술 ^{이 성 어 자 연} ^{기 이 기 지 리 지 무 소 부 재} ^{이 비 인 위 지 사 야}
述。而成於自然。豈以其至理之無所不在。而非人爲之私也。
^{부 동 방 유 국} ^{불 위 불 구} ^{이 개 물 성 무 지} ^{대 지} ^{개 유 대 어 금 일 야}
夫東方有國。不爲不久。而開物成務之 大智。盖有待於今日也
^여
歟。 [정음해례 29ㄱ:1~7]

[정음해례 29ㄱ]

[주석]

— **제도를 만들고 시행하심이**: 원문 "制度施爲^{제도시위}"의 '制度^{제도}'는
'법도를 세우다'는 의미이고, '施爲^{시위}'는 '실행하다'는 의미이다.
그러므로 "制度施爲^{제도시위}"는 '제도를 만들고 시행하는 것'으로
이해된다. 이는 세종대왕이 통치자로서 나라를 다스릴 여러 제도
를 만드시고, 이에 따라서 시책을 행하여 여러 성과를 두루 거두
셨음을 표현한 것이라고 할 수 있다.

[해설]

　이 부분은 새 문자 훈민정음을 창제하신 세종대왕의 위대함을 칭송하고 새 문자가 사사로운 인공물이 아니라 천지만물의 원리에 부합하는 자연물임을 강조하고 있다. 특히 당시에도 우리나라의 역사에서 세종대왕이 뛰어난 성군임을 천명하고 있음이 주목된다.

❾ 해례본의 간행일과 글쓴이 정인지

정통 11년(1446년) 9월 **상한에** 자헌대부 예조판서 집현전 대제학 지춘추관사 세자우빈객 신 정인지가 두 손을 모으고 머리를 조아려 삼가 쓰다.

[원문]

正統十一年九月上澣。資憲大夫禮曹判書集賢殿大提學知春秋
館事 世子右賓客臣鄭麟趾拜手稽首謹書 [정음해례 29ㄱ:7~29ㄴ:3]

[정음해례 29ㄱ]

[주석]

— **상한에**: 상한^{上澣}은 한 달을 삼등분하여 초하루부터 초열흘까지의 열흘 동안을 가리키는 것이다. 흔히 '澣^한'은 '빨래하다'의 뜻으로 쓰이나, 여기서는 '열흘'의 뜻으로 사용되었다. 명^明나라 양신^{楊愼}이 편찬한 『丹鉛總錄^{단연총록}』 권3에서는 '三澣^{삼한}'에 대해 "시속에서는 상한^{上澣}, 중한^{中澣}, 하한^{下澣}을 상순^{上旬}, 중순^{中旬}, 하순^{下旬}이라고 하였는데, 이는 열흘에 한 번 목욕하고 빨래하는 당^唐의 제도에서 비롯된 것이다. 그러므로 위응물^{韋應物}의 시에서는 '九日馳驅一日閑^{구일치구일일한}'이라고 하였으며, 백낙천^{白樂天}의 시에서는 '公假月三旬^{공가월삼순}'이라고 하였다. 그러나 이는 당^唐의 제도로 지금은 오히려 그대로 답습하는 근거에 대해서는 말할 수 없다. 三澣 俗以上澣中澣下澣爲上旬中旬下旬 盖本唐制十日一休沐 故韋應物詩曰九日驅馳一日閑 白樂天詩公假月三旬 然此乃唐制 而今猶襲用之則無謂矣"라고 하였다. 이를 참조할 때 '澣^한'이 '열흘'의 의미로 사용되어 상한^{上澣}이 상순^{上旬}과 동일한 의미로 사용될 수 있음을 알 수 있다.

[정음해례 29ㄴ]

[해설]

　이 부분은 새 문자 훈민정음의 해설서인 『훈민정음』 해례본의 간행일과 더불어 집현전을 대표해 대제학 정인지가 서문을 썼음을 언급한 것이다. 원문에서 '정통 11년正統十一年'은 1446년에 해당하고, '상한上澣'은 상순과 같은 뜻으로 매달 1일부터 10일까지를 가리킨다. 1940년 『훈민정음』 해례본 발견 당시 '상한'이 1일에서 10일 가운데 정확히 어느 날짜인지 알 수 없었다. 조선어학회에서는 고심 끝에 이를 가장 마지막 날인 10일로 합의하였다. 따라서 1446년 음력 9월 10일을 양력으로 환산하면 10월 9일이 되고, 오늘날 이 날짜를 한글날로 삼은 것이다. 한편, 대제학 정인지는 집현전을 대표해 서문을 썼다. 이로 인해 『훈민정음』 해례본에는 두 개의 서문 즉 앞에는 세종대왕의 서문이, 뒤에는 정인지의 서문이 실리게 되었다.

정음해례 편 전체 풀이

1. 제자해

천지만물의 원리

천지만물의 원리는 오직 음양과 오행일 뿐이다. 곤괘坤卦(䷁)와 복괘復卦(䷗) 사이가 태극太極이 되고 이 태극이 움직이면 양, 멈추면 음이 된다. 천지만물 가운데 생명을 지닌 것들은 이 음양의 원리를 벗어나지 못한다.

말소리와 음양의 원리

그러므로 사람의 말소리도 모두 음양의 원리를 지니고 있으나 사람이 살펴보지 않았을 뿐이다. 이제 훈민정음을 만든 것도 처음부터 머리를 써서 애써 찾아낸 것이 아니라, 말소리에 따라 그 원리를 깊이 추구했을 뿐이다. 그 원리는 하나이니 천지가 만물을 창조하거나 귀신이 인간사의 길흉을 주재하는 원리와 다르지 않다.

초성 17자의 제자 원리

새로운 문자 훈민정음은 모두 28자로서 발음기관과 삼재(天천·地지·人인)의 모양을 본떠 만들었다. 초성자는 모두 17자이다. 아음(어금닛소리) 글자 ㄱ은 혀뿌리가 목구멍을 막는 모양을, 설음(혓소리) 글자 ㄴ은 혀가 윗잇몸에 닿는 모양을, 순음(입술소리) 글자 ㅁ은 입 모양을, 치음(잇소리) 글자 ㅅ은 이 모양을, 후음(목구멍소리) 글자 ㅇ은 목구멍 모양을 본뜬 것이다. ㅋ은 ㄱ에 비해 소리가 조금 세므로 ㄱ에 획을 더하여 만들었다. ㄴ에서 ㄷ, ㄷ에서 ㅌ, ㅁ에서 ㅂ, ㅂ에서 ㅍ, ㅅ에서 ㅈ, ㅈ에서 ㅊ, ㅇ에서 ㆆ, ㆆ에서 ㅎ을 만든 것이 모두 소리가 세어지는 원리에 따라 획을 더한 뜻이 같은데, 오직 ㆁ만은 다르다. 반설음(반혓소리) 글자 ㄹ과 반치음(반잇소리) 글자 ㅿ 또한 각각 혀가 윗잇몸에 닿는 모양과 이의 모양을 본떴지만 그 체體를 달리한 것으로 획을 더한 뜻은 없다.

오음으로 본 초성자: 음양, 오행, 방위

무릇 사람의 말소리는 오행火水木金土에 근본을 두고 있다. 그러므로 말소리에 대한 오행의 적용은 춘하추동 사계절이나 음악의 오음宮궁 商상 角각 徵지 羽우과도 맞아 어그러지지 않는다.

목구멍은 깊숙하고 젖어 있어서 오행 중 수水에 해당한다. 소리가 비어서 통하니 마치 물이 비고 투명하며 흐르고 왕래하는 것과 같다. 계절로는 겨울이며 오음으로는 우羽이다.

어금니는 우툴두툴하고 기니 목木에 해당한다. 소리가 목구멍소리와 비슷하나 채워져 있어 마치 나무가 물에서 생겨나 형체가 만들어진 것과 같다. 계절로는 봄이며 오음으로는 각角이다.

혀는 날카로우며 움직이니 화火에 해당한다. 소리가 구르고 날리니 마치 불이 이글이글 타오르는 것과 같다. 계절로는 여름이며 오음으로는 치徵이다.

이는 단단하고 끊을 수 있으니 금金에 해당한다. 소리가 부서지고 걸리니 마치 쇠가 가루가 되었다가 단련되어 이루어지는 것과 같다. 계절로는 가을이며 오음으로는 상商이다.

입술은 네모나며 합쳐지니 토土에 해당한다. 소리가 머금으며 넓어지니 마치 흙이 만물을 담고 있어 넓고 큰 것과 같다. 계절로는 늦여름이며 오음으로는 궁宮이다.

그런데 물은 만물을 탄생시키는 근원이고, 불은 만물을 이루어 주는 작용을 하므로 오행 중에서 수水와 화火가 으뜸이 된다. 목구멍은 소리를 내고 혀는 소리를 구별해 주는 기관이니 오음(아음, 설음, 순음, 치음, 후음) 중에서 후음과 설음이 중심이 된다.

말소리가 시작되는 목구멍이 가장 뒤에 위치하고, 어금니가 그 앞이니 각각 북쪽과 동쪽의 방위를 갖는다. 혀와 이는 그 앞이니 남쪽과 서쪽의 방위를 갖는다. 입술은 끝에 있는데 토土는 정해진 방위가 없으며, 사계절의 순행을 왕성하게 하는 뜻을 갖는다. 이렇듯 초성 가운데 자연히 음양, 오행, 방위의 수가 있게 되는 것이다.

청탁으로 본 초성자

또 성음의 청탁으로써 말해 보겠다. 말소리는 청탁에 따라 ㄱ, ㄷ, ㅂ, ㅈ, ㅅ, ㆆ이 나타내는 소리는 전청, ㅋ, ㅌ, ㅍ, ㅊ, ㅎ이 나타내는 소리는 차청, ㄲ, ㄸ, ㅃ, ㅆ, ㅉ, ㆅ이 나타내는 소리는 전탁, ㆁ, ㄴ, ㅁ, ㅇ, ㄹ, ㅿ이 나타내는 소리는 불청불탁으로 나뉜다.

이 중 소리가 가장 세지 않은 불청불탁을 나타내는 글자를 기본자로 삼는 것이 원칙이다. 먼저 설음과 순음, 그리고 후음의 글자는 각각 불청불탁의 소리를 나타내는 ㄴ, ㅁ, ㅇ이 기본자가 된다. 반치음을 제외하면 치음에는 불청불탁이 없고 전청의 ㅅ과 ㅈ이 있을 뿐인데, ㅅ이 ㅈ보다 나타내는 소리가 세지 않으므로 ㅅ이 기본자가 된다.

아음자 ㆁ이 나타내는 소리는 혀뿌리가 목구멍을 막지만 소리의 기운이 코로 나와 그 소리가 불청불탁에 해당하는 후음자 ㅇ과 서로 닮았다. 운서에서는 초성에 연구개 비음 [ŋ]을 가진 의모疑母와 초성의 음가가 없는 유모喩母가 서로 많이 혼용되고 있다. 아음 글자 ㆁ은 목구멍의 모양을 본뜬 것으로 아음 글자를 만들 때에 기본으로 삼지 않았다.

후음은 물에 속하고 아음은 나무에 속한다. 그러나 ㆁ이 비록 아음 글자에 속하면서도 후음 글자 ㅇ과 모양이 비슷한 것은, 나무의 새싹이 물에서 생겨나 부드럽고 연약하여 아직 물기가 많은 이치와 같다. 비유컨대 ㄱ은 나무가 이루어지는 바탕이고, ㅋ은 나무가 무성하게 자란 것이며, ㄲ은 나무가 오래되어 웅장하게 된 것이므로 모두 아음에서 그 모양을 취한 것이다.

전탁자의 특성

전청자(ㄱ, ㄷ, ㅂ, ㅅ, ㅈ)를 나란히 쓰면 전탁자가 되는데, 이는 전청의 소리가 엉기면 전탁이 되기 때문이다. 오직 후음 글자의 경우에만 차청자를 이용하여 전탁자를 만든다. 이는 대개 전청자 ㆆ의 소리는 깊어서 엉기지 못하지만, 이에 비해 차청자 ㅎ의 소리는 얕아서 엉기어 전탁이 될 수 있기 때문이다.

순경음 글자의 특성

ㅇ을 순음(입술소리) 글자 아래에 이어 쓰면 순경음(입술가벼운소리)을 나타내는 글자가 된다. ㅇ을 이어 쓴 것은 순경음(입술가벼운소리)이 입술을 살짝 다물어 목구멍 소리가 많이 나기 때문이다.

중성 11자의 제자 원리

중성자는 모두 11자이다. ·가 나타내는 소리를 낼 때는 혀가 움츠러들어 소리가 깊으니 하늘이 자시子時에 열린 원리와 같다. 글자의 둥근 모양은 하늘을 본뜬 것이다.

ㅡ가 나타내는 소리를 낼 때는 혀가 조금 움츠러들어 소리가 깊지도 얕지도 않으니 땅이 축시丑時에 열린 원리와 같다. 글자의 평평한 모양은 땅을 본뜬 것이다.

ㅣ가 나타내는 소리를 낼 때는 혀가 움츠러들지 않아 소리가 얕으니 사람이 인시寅時에 생겨난 원리와 같다. 글자의 곧추선 모양은 사람을 본뜬 것이다. 이하 8개 중성자를 발음할 때에는 입이 오므려지거나 벌어진다.

ㅗ가 나타내는 소리는 ·와 동일하나 입이 오므려지고, 글자의 모양은 ·가 ㅡ와 합쳐져 이루어졌으니 하늘과 땅이 처음 만난 뜻을 취한 것이다.

ㅏ가 나타내는 소리는 ·와 동일하나 입이 벌어지고, 글자 모양은 ㅣ가 ·와 합쳐져 이루어졌으니 하늘과 땅의 작용이 사물에 발현될 때 사람을 기다려 이루어짐을 취한 것이다.

ㅜ가 나타내는 소리는 ㅡ와 동일하나 입이 오므려지고, 글자 모양은 ㅡ가 ·와 합쳐져 이루어졌으니 또한 하늘과 땅이 처음 만난 뜻을 취한 것이다.

ㅓ가 나타내는 소리는 ㅡ와 동일하나 입이 벌어지고, 글자 모양은 ·가 ㅣ와 합쳐져 이루어졌으니 또한 하늘과 땅의 작용이 사물에 발현될 때 사람을 기다려 이루어짐을 취한 것이다.

ㅛ가 나타내는 소리는 ㅗ와 동일하나 ㅣ의 소리에서 시작된다.

ㅑ가 나타내는 소리는 ㅏ와 동일하나 ㅣ의 소리에서 시작된다.

ㅠ가 나타내는 소리는 ㅜ와 동일하나 ㅣ의 소리에서 시작된다.

ㅖ가 나타내는 소리는 ㅓ와 동일하나 ㅣ의 소리에서 시작된다.

초출자와 재출자

ㅗ, ㅏ, ㅜ, ㅓ는 하늘과 땅에서 시작되어 처음 생겨난 것이다.

ㅛ, ㅑ, ㅠ, ㅖ는 사람을 상징하는 ㅣ가 나타내는 소리를 겸하고 있으니 다시 생겨난 것이다.

ㅗ, ㅏ, ㅜ, ㅓ에 ·가 하나인 것은 처음 생겨난 뜻을 취한 것이다.

ㅛ, ㅑ, ㅠ, ㅖ에 ·가 두 개인 것은 다시 생겨난 뜻을 취한 것이다.

ㅗ, ㅏ, ㅛ, ㅑ에서 ·가 위나 바깥쪽에 놓인 것은 ㅗ, ㅏ, ㅛ, ㅑ가 하늘에서 나와 양의 특성을 지니기 때문이다.

ㅜ, ㅓ, ㅠ, ㅖ에서 ·가 아래나 안쪽에 놓인 것은 ㅜ, ㅓ, ㅠ, ㅖ가 땅에서 나와 음의 특성을 지니기 때문이다.

중성자와 삼재

·가 중성 8자에 모두 들어 있는데 이는 마치 양이 음을 통솔하여 두루 만물을 생성하고 변화시키는 것과 같다. ㅛ, ㅑ, ㅠ, ㅖ가 나타내는 소리에 모두 사람으로 상징되는 ㅣ 소리가 들어 있는 것은 사람이 만물의 영장으로서 하늘과 땅이 하는 모든 일에 참여하기 때문이다. 중성 글자들이 하늘(·), 땅(ㅡ), 사람(ㅣ)의 모양을 취하니 삼재三才의 원리가 갖추어졌다. 그러나 하늘, 땅, 사람은 만물보다 먼저 나왔으며 그 가운데 하늘이 삼재의 시초가 되는 것은, ·, ㅡ, ㅣ 세 글자가 중성 여덟 글자 ㅗ, ㅏ, ㅜ, ㅓ, ㅛ, ㅑ, ㅠ, ㅖ의 선두가 되며 ·가 또한 ·, ㅡ, ㅣ 세 글자의 으뜸이 되는 것과 같다.

중성자와 음양오행

ㅗ는 하늘에서 처음 생겨난 것으로 천수天數로는 1이고 수水를 낳는 자리이다.

ㅏ는 그 다음으로 생겨난 것으로, 천수天數로는 3이고 목木을 낳는 자리이다.

ㅜ는 땅에서 처음 생겨난 것으로, 지수地數로는 2이고 화火를 낳는 자리이다.

ㅓ는 그 다음으로 생겨난 것으로, 지수地數로는 4이고 금金을 낳는 자리이다.

ㅛ는 하늘에서 다시 생겨난 것으로, 천수天數로는 7이고 화火를 이룬 수이다.

ㅑ는 그 다음으로 다시 생겨난 것으로, 천수天數로는 9이고 금金을 이룬 수이다.

ㅠ는 땅에서 다시 생겨난 것으로, 지수地數로는 6이고 수水를 이룬 수이다.

ㅕ는 그 다음으로 생겨난 것으로, 지수地數로는 8이고 목木을 이룬 수이다.

수水(ㅗ, ㅠ)와 화火(ㅜ, ㅛ)는 기氣에서 벗어나지 않고 음과 양이 서로 만난 시초로서 닫힌 특성[闔 원순모음]을 갖는다. 목木(ㅏ, ㅕ)과 금金(ㅓ, ㅑ)은 음과 양의 정해진 바탕으로서 열린 특성[闢 평순개구모음]을 갖는다.

ㆍ는 천수天數로는 5이고 토土를 낸 자리이다.

ㅡ는 지수地數로는 10이고 토土를 이루는 수이다.

ㅣ만이 유독 자리나 수가 없는 것은, 대개 사람은 무극無極의 진수眞髓와 음양오행의 정수精髓가 오묘하게 결합해 엉긴 존재로서 정해진 자리와 이룬 수로는 논할 수가 없기 때문이다. 이렇듯 중성자 또한 자연히 음양, 오행, 방위의 수가 있는 것이다.

중성과 초성의 대비

초성을 중성과 대비시켜 말해 보겠다. 음양은 하늘의 원리이고, 강유剛柔는 땅의 원리이다.

중성은 각각 소리가 깊거나[深심], 얕거나[淺천], 입이 오므려지거나[闔합], 벌어지므로[闢벽] 이는 음양이 나뉘고 오행의 기氣가 갖추어져 있는 것이니 하늘의 작용이다.

초성의 후음은 비어 있고 아음은 차 있고 설음은 날리고 치음은 걸리고 순음은 무겁거나 가벼우니, 이는 강유가 드러나 오행의 질質이 이루어진 것으로서 땅의 공로이다.

이러한 중성이 심천합벽으로서 앞에서 부르면 초성이 오음청탁으로서 뒤에서 화답하여 초성은 다시 종성이 되니, 이는 마치 만물이 땅에서 처음 생겨났다가 땅으로 되돌아감과 같은 이치이다.

초성, 중성, 종성의 결합

초성, 중성, 종성을 합하여 글자를 이루는 것으로 말한다면, 또한 움직임[動동]과 고요함[靜정]이 서로 뿌리가 되고, 음과 양이 짝이 되어 변화하는 뜻이 있다. 움직임은 하늘이요, 고요함은 땅이다. 움직임과 고요함을 둘 다 갖추고 있는 것은 사람이다. 오행을 삼재에 적용하면 하늘에 있어서는 정신의 운행이요, 땅에 있어서는 물질의 형성에 해당한다. 사람의 인仁·예禮·신信·의義·지智는 정신의 운행에 해당하고, 간·염통·지라·허파·콩팥은 물질의 형성에 해당한다.

초성은 그 소리가 움직이기 시작하는 뜻이 있으므로 하늘의 일이고, 종성은 그 소리가 멈추어 안정되는 뜻이 있으므로 땅의 일이다. 중성은 초성을 이어 생겨나고 종성과 접하여 음절을 이루는 것으로 완성되니 이는 사람의 일이다.

대개 자운字韻의 요체는 중성에 있으므로 초성 및 종성과 합쳐서 음절을 이루게 된다. 이 또한 하늘과 땅이 만물을 생성하되, 그것을 마름질해 완성하고 보필해 돕는 것은 반드시 사람에게 맡기는 것과 같다.

그리고 초성을 다시 종성에 사용하는 것은 마치 움직여서 양이 되는 것도 건乾이고, 고요하여 음이 되는 것도 또한 건乾이기 때문이다. 건乾은 실제로 음과 양으로 나뉘지만 주재하지 않는 것이 없다. 근원이 하나인 기氣가 두루 흘러 소진되지 않고 네 계절의 운행이 순환하여 끝나지 않는다. 그러므로 원형이정, 춘하추동에서 정貞이 다시 원元이 되고 겨울이 지나면 다시 봄이 되는 것이다. 초성이 다시 종성이 되고 종성이 다시 초성이 되는 것 역시 이와 같은 뜻이다.

천지만물의 원리를 담은 문자

아! 훈민정음에는 천지만물의 원리가 구비되어 있으니 참으로 신묘하도다. 이것은 하늘이 성상聖上의 마음을 일깨우고 그 손을 성상께 빌려준 것이리라.

2. 초성해

초성의 개념

훈민정음의 초성은 운서의 자모이다. 말소리가 이로부터 생겨나므로 '모(母)'라 부른다.

초성자의 실제

아음(어금닛소리) 글자의 경우

군(君)자의 초성자는 ㄱ이니 ㄱ과 ㄷ을 합하면 '군'이 된다.

쾌(快)자의 초성자는 ㅋ이니 ㅋ과 ㅙ를 합하면 '쾌'가 된다.

뀨(虯)자의 초성자는 ㄲ이니 ㄲ과 ㅠ를 합하면 '뀨'가 된다.

업(業)자의 초성자는 ㆁ이니 ㆁ과 ㅓ을 합하면 '업'이 된다.

설음(혓소리) 글자 중에서

두(斗)자의 초성자 ㄷ

탄(呑)자의 초성자 ㅌ

땀(覃)자의 초성자 ㄸ

나(那)자의 초성자 ㄴ과

순음(입술소리) 글자 중에서

볃(彆)자의 초성자 ㅂ

표(漂)자의 초성자 ㅍ

뽀(步)자의 초성자 ㅃ

미(彌)자의 초성자 ㅁ과

치음(잇소리) 글자 중에서

즉(卽)자의 초성자 ㅈ

침(侵)자의 초성자 ㅊ

쯔(慈)자의 초성자 ㅉ

슗(戌)자의 초성자 ㅅ

쌰(邪)자의 초성자 ㅆ과

후음(목구멍소리) 글자 중에서

흡(挹)자의 초성자 ㆆ

허(虛)자의 초성자 ㅎ

뽕(洪)자의 초성자 ㆅ

욕(欲)자의 초성자 ㅇ과

반설음(반혓소리) 글자로 려(閭)자의 초성자 ㄹ

반치음(반잇소리) 글자로 샹(穰)의 초성자 ㅿ도 모두 이와 같다.

3. 중성해

중성의 개념

중성은 자운의 가운데에 놓여 초성, 종성과 합해져 음절을 이룬다.

중성자의 실제

튼(呑)자의 중성자는 ·이니 ·가 ㅌ과 ㄴ 사이에 놓여 '튼'이 된다.

즉(卽)자의 중성자는 ㅡ이니 ㅡ가 ㅈ과 ㄱ 사이에 놓여 '즉'이 된다.

침(侵)자의 중성자는 ㅣ이니 ㅣ가 ㅊ과 ㅁ 사이에 놓여 '침'이 된다.

뽕(洪)자의 중성자는 ㅗ

땀(覃)자의 중성자는 ㅏ

군(君)자의 중성자는 ㅜ

업(業)자의 중성자는 ㅓ

욕(欲)자의 중성자는 ㅛ

샹(穰)자의 중성자는 ㅑ

슌(戌)자의 중성자는 ㅠ

볃(彆)자의 중성자는 ㅕ로 모두 이와 같다.

중성자의 합용

두 글자를 합하여 쓸 때에는

ㅗ와 ㅏ는 모두 ·에서 나온 것이므로 합하면 ㅘ가 된다.

ㅛ와 ㅑ 또한 모두 ㅣ에서 나온 것이므로 합하면 ㆇ가 된다.

ㅜ와 ㅓ는 모두 ㅡ에서 나온 것이므로 합하면 ㅝ가 된다.

ㅠ와 ㅕ 또한 모두 ㅣ에서 나온 것이므로 합하면 ㆊ가 된다.

이들은 각각 같은 것(· 또는 ㅣ 또는 ㅡ)으로부터 나와 동일한 특성을 지니므로 서로 어울려도 어그러지지 않는다.

ㅣ 상합 중성자

한 글자의 중성자(·, ㅡ, ㅗ, ㅏ, ㅜ, ㅓ, ㅛ, ㅑ, ㅠ, ㅕ)가 중성자 ㅣ와 어울려 서로 합하면 새로운 글자 열 개가 만들어지는데 ·ㅣ, ㅢ, ㅚ, ㅐ, ㅟ, ㅔ, ㆉ, ㆈ, ㆌ, ㅖ가 그것이다. 두 글자를 합해 만든 중성자(ㅘ, ㅝ, ㆇ, ㆊ)가 중성자 ㅣ와 어울려 서로 합하면 새롭게 네 글자가 만들어지는데 ㅙ, ㅞ, ㆅ, ㆋ가 그것이다. 중성자 ㅣ가 다른 중성자들과 함께 어울려 새로운 중성자를 만들 수 있는 것은, 중성자 ㅣ의 발음이 혀가 펴지고 소리가 얕아서 입을 열기에 편하기 때문이다. 또한 사람[人]이 사물을 여는 데에 참여하여 도울 때 통하지 않는 바가 없음을 볼 수 있다.

4. 종성해

종성의 개념

종성은 초성과 중성을 이어받아 자운을 이룬다.

종성자의 실제

즉(卽)자의 종성자는 ㄱ이니 ㄱ이 즈의 끝에 놓여 '즉'이 된다.

뽕(洪)자의 종성자는 ㆁ이니 ㆁ이 뽀의 끝에 놓여 '뽕'이 된다.

설음(혓소리) 글자, 순음(입술소리) 글자, 치음(잇소리) 글자, 후음(목구멍소리) 글자의 경우도 모두 동일하다.

성조와 종성의 관계

종성에는 빠르고 느린 차이가 있으니 평성, 상성, 거성을 지닌 음절의 종성은 빠르게 끝나는 입성의 종성과 다르다.

불청불탁자가 나타내는 소리는 세지 않으므로 그 소리를 종성에 사용하면 해당 음절은 평성이나 상성, 또는 거성이 된다.

전청자, 차청자, 전탁자가 나타내는 소리는 세므로 그 소리를 종성에 사용하면 해당 음절은 입성이 된다.

따라서 불청불탁음을 적는 ㆁ, ㄴ, ㅁ, ㅇ, ㄹ, ㅿ 여섯 글자가 종성자로 사용되면 그 음절은 평성이나 상성, 또는 거성이 되고, 나머지 전청, 차청, 전탁을 적는 글자가 종성자로 사용되면 그 음절은 모두 입성이 된다.

8종성 표기

그렇지만 ㄱ, ㆁ, ㄷ, ㄴ, ㅂ, ㅁ, ㅅ, ㄹ의 여덟 글자만으로도 종성을 적는 데 충분하다.

'**빗곶**'[梨花이화, 배꽃], '**엿의갗**'[狐皮호피, 여우의 가죽]의 경우에 종성은 ㅅ자로 적을 수 있으므로 ㅅ자만 사용해도 충분하다.

또한 ㅇ이 나타내는 소리는 맑고 비어 있어 굳이 종성의 위치에 사용하는 것이 반드시 필요한 것은 아니니 중성만으로도 음절을 이룰 수 있다.

앞서 밝힌 여덟 자 중에서 '**볃**'(彆)의 ㄷ, '**군**'(君)의 ㄴ, '**엄**'(業)의 ㅂ, '**땀**'(覃)의 ㅁ, 우리말 '**옷**'[衣]의 ㅅ, 우리말 '**실**'[絲]의 ㄹ도 종성을 적는 데 충분하다.

오음에서 느림과 빠름의 대립

오음(아음, 설음, 순음, 치음, 후음)은 각 음 안에서 느림과 빠름에 의해 서로 대립을 이룬다.

아음(어금닛소리)의 경우 종성자 ㆁ의 소리와 ㄱ의 소리가 대립을 이루는데,

느리게 발음되는 ㆁ을 빠르게 발음하면 소리가 변하여 급하게 끝닿는 ㄱ의 소리가 되고,

빠르게 발음되는 ㄱ을 느리게 발음하면 소리가 변하여 천천히 끝닿는 ㆁ의 소리가 된다.

설음(혓소리)의 종성자 ㄴ과 ㄷ,

순음(입술소리)의 종성자 ㅁ과 ㅂ,

치음(잇소리)의 종성자 ㅿ과 ㅅ,

후음(목구멍소리)의 종성자 ㅇ과 ㆆ의 소리들도 느림과 빠름에 의해 서로 대립 되는 것이 아음의 경우와 같다.

반설음(반혓소리) 글자 ㄹ과 설음(혓소리) 글자 ㄷ

또한 반설음(반혓소리) 글자 ㄹ은 우리말의 종성에는 사용할 수 있지만, 한자음 의 종성에는 사용할 수 없다.

입성에 해당하는 한자 '彆(변)'의 음을 적을 때에는 종성자 ㄷ을 사용하는 것이 마땅한데, 우리나라 사람들이 관습에 따라 이 한자를 [별]로 읽고 있는 것은 종성 ㄷ의 소리가 변하여 가벼워졌기 때문이다.

만약 '彆(변)'의 한자음을 적을 때 종성자로 ㄹ을 사용한다면, 그 소리가 천천히 끝닿아 입성이 되지 못한다.

5. 합자해

성자법

초성자, 중성자, 종성자 셋을 모아서 하나의 음절을 표시하는 글자를 구성한다.

초성자, 중성자, 종성자의 위치

초성자는 중성자의 위에 놓인 경우도 있고, 중성자의 왼쪽에 놓인 경우도 있다. '군(君)'자의 초성자 ㄱ은 중성자 ㅜ 위에, '업(業)'자의 초성자 ㆁ은 중성자 ㅓ

왼쪽에 놓인 것과 같다.

중성자 가운데 ·, ㅡ, ㅗ, ㅛ, ㅜ, ㅠ와 같이 점의 모양을 한 것과 가로로 긴 획을 가진 것은 초성자의 아래에 놓인다. 중성자 가운데 ㅣ, ㅏ, ㅑ, ㅓ, ㅕ와 같이 세로로 긴 획을 가진 것은 초성자의 오른쪽에 놓인다. '튼(呑)'자의 중성자 ·는 초성자 ㅌ 아래에, '즉(卽)'자의 중성자 ㅡ는 초성자 ㅈ 아래에, '침(侵)'자의 중성자 ㅣ는 초성자 ㅊ 오른쪽에 놓인다.

종성자는 초성자와 중성자의 아래에 놓인다. '군(君)'자의 종성자 ㄴ은 '구' 아래에, '업(業)'자의 종성자 ㅂ은 '어' 아래에 놓인다.

초성자의 합용

초성자 두세 개를 합쳐 쓸 때는 나란히 쓰니, 예를 들면 우리말 **ㅺ**[地지, 땅], **짝**[雙쌍, 짝], **쁨**[隙극, 틈] 등의 초성자 ㅺ, ㅳ, ㅄ 등과 같다.

초성자 중 같은 글자를 옆으로 나란히 쓰면, 우리말 **혀**[舌설, 혀]와 **ᅘᅧ**[引인, 당기어], **괴·여**[我愛人아애인, 내가 남을 사랑하여]와 **괴·ᅇᅧ**[人愛我인애아, 내가 남에게 사랑받아], **소·다**[覆物복물, 쏟아]와 **쏘·다**[射사, 쏘다] 등의 초성자 ㆅ, ㅇㅇ, ㅆ 등과 같다.

중성자의 합용

중성자 두세 개를 합쳐 쓰면 우리말 **과·**[琴柱금주, 괘], **홰**[炬거, 횃불] 등의 중성자 ㅘ, ㅙ 등과 같다.

종성자의 합용

종성자 두세 개를 합쳐 쓰면 우리말 **홁**[土토, 흙], **낛**[釣조, 낚시], **ᄃᆞᆳᄥᅢ**[酉時유시, 유시] 등의 종성자 ㄺ, ㄱㅅ, ㄹㅅ 등과 같다.

합용의 방법

글자를 합쳐 옆으로 나란히 쓸 때에는 왼쪽에서 오른쪽으로 쓰는데 초성자, 중성자, 종성자가 적는 글자가 모두 동일하다.

한자와 훈민정음의 혼용 표기

한자어와 고유어가 함께 쓰여서 한자와 훈민정음으로 각각을 적을 때는 한자의 음에 따라 한자 다음에 훈민정음의 중성자나 종성자를 보충하는 경우가 있는데, 예를 들면 "孔子ㅣ魯ㅅ사룸" 등과 같다.

고유어의 성조

고유어에는 평성, 상성, 거성, 입성이 있는데 **활**[弓궁, 활]은 평성, **돌**[石석, 돌]은 상성, **갈**[刀도, 칼]은 거성, **붇**[筆필, 붓]은 입성의 예가 된다.

성조의 표기

글자마다 왼쪽에 점 하나를 찍으면 거성이 되고, 점 두 개를 찍으면 상성이 되고, 점을 찍지 않으면 평성이 된다.

입성

그런데 한자음의 입성은 거성과 서로 비슷하다. 고유어의 입성은 일정하지 않아 평성과 비슷한 **긷**[柱주, 기둥], **녑**[脅협, 옆구리], 상성과 비슷한 **낟**[穀곡, 곡식], **:깁**[繒증, 비단], 거성과 비슷한 **몯**[釘정, 못], **·입**[口구, 입] 등의 예가 있다. 입성의 경우 점을 더하는 것은 평성, 상성, 거성과 동일하다.

성조와 천지만물의 원리

평성은 편안하며 조화로워 봄에 해당하니 만물이 여유롭고 평온하다. 상성은 조화롭고 왕성하여 여름에 해당하니 만물이 점점 번성한다. 거성은 풍성하고 장엄하여 가을에 해당하니 만물이 성숙한다. 입성은 빠르게 끝닿아 겨울에 해당하니 만물이 닫혀 저장된다.

초성자 ㆆ과 ㅇ의 통용

초성에 쓰이는 ㆆ자와 ㅇ자는 그 소리가 서로 비슷해서 우리말에서 통용될 수 있다.

반설경음(반혀가벼운소리)의 표기

반설음(반혓소리)에는 가벼운 소리와 무거운 소리 두 가지가 있는데, 운서의 자모는 오직 하나이며, 우리말에서도 가벼운 소리와 무거운 소리를 구분하지 않아도 모두 음절을 이룰 수 있다. 만약 반설음의 가벼운 소리와 무거운 소리를 구별하여 사용하고자 한다면, 순경음을 만들 때와 같이 ㅇ을 ㄹ의 아래에 이어 쓰면 반설경음(반혀가벼운소리) 글자(ㅀ)가 된다. 반설경음(반혀가벼운소리)은 혀를 윗잇몸에 잠깐 붙여 발음한다.

ㅣ와 ·, ㅣ와 ㅡ의 합용

ㅣ 소리 다음에 · 소리가 오는 경우와 ㅣ 소리 다음에 ㅡ 소리가 오는 경우가 일반적인 우리말에서는 없다. 아이들의 말이나 시골말에서 간혹 이런 소리가 쓰이는 경우가 있는데, 이를 적고자 한다면 마땅히 'ㆀ', 'ㅢ'와 같이 두 글자를 합쳐서 적어야 한다. 이때 세로획(ㅣ)을 먼저 쓰고, 가로획(·나 ㅡ)을 나중에 쓰는 것은 다른 중성자들의 합용 방식과 같지 않다.

6. 용자례

초성자의 용례

초성자 ㄱ의 예는 :감(柿시, 감), ·골(蘆로, 갈대)

초성자 ㅋ의 예는 우케(未舂稻미용도, 우케), 콩(大豆대두, 콩)

초성자 ㆁ의 예는 러울(獺달, 너구리), 서에(流澌유시, 성에/성엣장/유빙流氷)

초성자 ㄷ의 예는 뒤(茅모, 띠), 담(墻장, 담)

초성자 ㅌ의 예는 고티(繭견, 고치), 두텁(蟾蜍섬여, 두꺼비)

초성자 ㄴ의 예는 노로(獐장, 노루), 납(猿원, 원숭이/잔나비)

초성자 ㅂ의 예는 볼(臂비, 팔), ·벌(蜂봉, 벌)

초성자 ㅍ의 예는 ·파(葱총, 파), ·풀(蠅승, 파리)

초성자 ㅁ의 예는 :뫼(山산, 산), 마(薯藇서여, 마)

초성자 ㅸ의 예는 사·ᄫᅵ(蝦하, 새우), 드·ᄫᅴ(瓠호, 뒤웅/뒤웅박)

초성자 ㅈ의 예는 ·자(尺척, 자), 죠·ᄒᆡ(紙지, 종이)

초성자 ㅊ의 예는 ·체(籭사, 체), ·채(鞭편, 채찍)

초성자 ㅅ의 예는 ·손(手수, 손), :셤(島도, 섬)

초성자 ㅎ의 예는 ·부헝(鵂鶹휴류, 부엉이), ·힘(筋근, 심줄)

초성자 ㅇ의 예는 ·비육(鷄雛계추, 병아리), ·ᄇᆞ얌(蛇사, 뱀)

초성자 ㄹ의 예는 ·무뤼(雹박, 우박雨雹), 어름(氷빙, 얼음)

초성자 ㅿ의 예는 아ᅀᆞ(弟제, 아우), :너ᅀᅵ(鴇보, 너새)

중성자의 용례

중성자 ㆍ의 예는 ·ᄐᆞᆨ(頤이, 턱), ·ᄑᆞᆺ(小豆소두, 팥),

ᄃᆞ리(橋교, 다리), ·ᄀᆞ래(楸추, 가래나무)

중성자 ㅡ의 예는 ·믈(水수, 물), ·발·측(跟근, 뒤축/발뒤축),

그력(鴈안, 기러기), 드·레(汲器급기, 두레박)

중성자 ㅣ의 예는 ·깃(巢소, 보금자리/둥지), :밀(蠟랍, 밀),

·피(稷직, 피), ·키(箕기, 키)

중성자 ㅗ의 예는 ·논(水田수전, 논), ·톱(鉅거, 톱),

호·ᄆᆡ(鉏서, 호미), 벼·로(硯연, 벼루)

중성자 ㅏ의 예는 ·밥(飯반, 밥), ·낟(鎌겸, 낫),

이·아(綜종, 잉아), 사·ᄉᆞᆷ(鹿록, 사슴)

중성자 ㅜ의 예는 숫(炭탄, 숯), ·울(籬리, 울/울타리),

누·에(蚕잠, 누에), 구·리(銅동, 구리)

중성자 ㅓ의 예는 브ᅀᅥᆸ(竈조, 부엌), :널(板판, 널/널빤지),

서·리(霜상, 서리), 버들(柳류, 버들)

중성자 ㅛ의 예는 ·종(奴노, 종), ·고욤(梬영, 고욤나무),

·쇼(牛우, 소), 삽됴(蒼朮菜창출채, 삽주)

중성자 ㅑ의 예는 남샹(龜귀, 남생이), 약(鼅鼊귀벽, 바다거북),

다야(匜^이, 대야), 쟈감(蕎麥皮^{교맥피}, 메밀껍질)

중성자 ᅲ의 예는 율믜(薏苡^{의이}, 율무), 쥭(飯菜^{반초}, 주걱),

슈룹(雨繖^{우산}, 우산), 쥬련(帨^세, 수건)

중성자 ᅵ의 예는 ·엿(飴餹^{이당}, 엿), ·뎔(佛寺^{불사}, 절),

·벼(稻^도, 벼), :져비(燕^연, 제비)

종성자의 용례

종성자 ㄱ의 예는 닥(楮^저, 닥나무), 독(甕^옹, 독/옹기)

종성자 ㆁ의 예는 :굼벙(蠐螬^{제조}, 굼벵이), 올창(蝌蚪^{과두}, 올챙이)

종성자 ㄷ의 예는 ·갇(笠^립, 갓), 싣(楓^풍, 신나무)

종성자 ㄴ의 예는 ·신(屨^구, 신), ·반되(螢^형, 반디)

종성자 ㅂ의 예는 섭(薪^신, 섶나무), 굽(蹄^제, 굽/발굽)

종성자 ㅁ의 예는 :범(虎^호, 범/호랑이), :심(泉^천, 샘)

종성자 ㅅ의 예는 ·잣(海松^{해송}, 잣나무), ·못(池^지, 못/연못)

종성자 ㄹ의 예는 ·돌(月^월, 달), :별(星^성, 별)

7. 정인지 서문

천지자연의 소리와 문자

천지자연의 말소리가 있으면 반드시 천지자연의 문자가 있는 법이다. 그러므로 옛 사람이 말소리에 따라 글자를 만들어 만물의 뜻을 통하게 하고 천지인 삼재^{三才}의 원리를 싣게 했으니 후세 사람이 바꿀 수 없는 것이다.

풍토에 따라 다른 소리와 문자

그러나 사방의 풍토가 다르니 소리의 기운 또한 그에 따라 차이가 난다. 대개 중국 이외 나라의 말은 소리는 있으나 글자가 없다. 따라서 중국의 글자를 빌려 사용하고 있는데, 이는 모난 자루가 둥근 구멍에 들어맞지 않는 것과 같으니 어찌 막힘없이 잘 통할 수 있겠는가? 요컨대 각각의 처지에 따라 편안해야 하니 억지로 같아지게 할 수는 없는 것이다.

중국어와 다른 우리말, 그리고 한자

우리 동방은 예악과 제도가 중국에 견주어 비길 만하나 사용하는 말은 중국과 같지 않다. 따라서 공부하는 사람은 한자로 쓰인 글의 뜻을 깨닫기 어려움을 걱정하고, 재판을 담당하는 사람은 한자로 쓰인 기록을 통해 그 복잡한 사정을 제대로 파악하기 어려움을 근심한다.

우리말을 온전히 담지 못하는 설총의 이두

옛날 신라의 설총이 처음 이두를 만들어 지금까지도 관부와 민간에서 사용하고 있다. 그러나 모두 한자를 빌려서 쓰는 것이라 사용하기에 껄끄럽기도 하고 막힘이 있기도 하다. 이두는 비루하고 근거가 없을 뿐만 아니라 말과 말 사이에 만분의 일도 통할 수가 없다.

새 문자의 창제와 우수성

계해년(1443년) 겨울, 우리 전하께서 정음 28자를 만드시고 간략히 예의를 들어 보이시며 '훈민정음'이라 일컬으셨다. 모양을 본떠 만들되 글자는 고전古篆을 모방하였으며 소리에 따랐으니 그 음이 칠음七音과 조화를 이룬다. 천지인 삼재三才의 뜻과 음양 이기二氣의 묘리가 갖추어지지 않은 것이 없다. 28자로 전환이 무궁하며 간단하지만 요긴하고 정밀하지만 소통이 쉽다. 그러므로 똑똑한 자는 반나절이면 깨우칠 수 있고 우둔한 자라도 열흘이면 배울 수 있다.

새 문자의 효용

이 글자로써 책을 풀이하면 그 뜻을 파악할 수 있다. 이 글자로써 송사를 살피면 그 복잡한 사정을 알 수 있다. 이 글자로써 한자의 음을 적으면 소리의 청탁淸濁을 변별할 수 있고, 음악을 기록하면 음악의 율려律呂를 조화롭게 할 수 있다. 사용하는 데마다 갖추어지지 않은 것이 없고 가는 곳마다 이르지 않는 곳이 없다. 비록 바람 소리, 학 울음소리, 닭 우는 소리, 개 짖는 소리라 하더라도 모두 적을 수 있다.

해례본의 편찬 동기와 편찬자

드디어 전하께서 상세하게 해석을 더하여 모든 사람을 깨우쳐 주라고 명하셨다. 이에 신은 집현전 응교 최항, 부교리 박팽년과 신숙주, 수찬 성삼문, 돈령부 주부 강희안, 행 집현전 부수찬 이개, 이선로 등과 더불어 삼가 '5해解'와 '1례例'를 지어 그 대강을 서술하였다. 이 책을 보는 사람들은 가르쳐 주지 않아도 스스로 깨달을 수 있기를 바란다. 그 근원과 정밀한 뜻의 오묘함은 감히 신하인 우리들이 펼쳐 드러낼 수 있는 바가 아니다.

창제자의 위대함

삼가 생각건대 우리 전하께서는 하늘이 내리신 성인으로서 제도를 만들고 시행하심이 모든 왕들을 초월하셨다. 정음을 지으신 것도 이전 것을 이어받음 없이 자연에서 이루어 내신 것이다. 지극한 이치가 모두 갖추어져 있으니 어찌 사람이 사사로이 할 수 있는 일이겠는가? 동방에 나라가 있은 지 오래되었으나 만물을 개발하고 모든 일을 이루어 내는 큰 지혜는 오늘을 기다리고 있었도다.

해례본의 간행일과 글쓴이 정인지

정통 11년(1446년) 9월 상한에 자헌대부 예조판서 집현전 대제학 지춘추관사 세자우빈객 신 정인지가 두 손을 모으고 머리를 조아려 삼가 쓰다.

제3부
—
온 국민이 함께 읽는
『훈민정음』 해례본

[해설]
『훈민정음』 해례본

　　인간은 언어의 시간적, 공간적 제약을 극복하기 위해 문자를 만들었다. 그림으로 시작된 문자는 처음에는 언어의 내용인 의미를 표기하다가 어느 시기부터는 언어의 형식인 음성을 표기하게 되었다. 동서고금에 많은 문자들이 있고 문자학자들이 귀중한 자료들을 찾아내며 고대 문자의 해독에 헌신했지만, 인류의 문자사에서 문자 제작자가 직접 제공한 문자의 사용 설명서가 존재하는 경우는 거의 찾아보기 힘들다. 어쩌면 문자를 만들고 그 문자의 사용 설명서를 제공한다는 생각은 매우 현대적인 발상인지도 모르겠다.

　　그러나 이러한 상황이 우리의 문자, 한글의 경우에는 해당되지 않는다. 한글은 창제 당시 창제자에 의해 그것의 사용 설명서가 분명하게 제공되었다는 점에서 다른 문자들과 차별화된 모습을 보여 준다. 1446년 세종과 집현전 학사들에 의해 만들어진 『훈민정음』 해례본이 바로 새 문자 '훈민정음'의 사용 설명서이다. '훈민정음'은 새 문자의 이름이자 그 문자에 대한 사용 설명서의 명칭이기도 했는데, 『훈민정음』 해례본은 다섯 개의 '해解'(제자해, 초성해, 중성해, 종성해, 합자해)와 한 개의 '례例'(용자례)로 이루어져 있으며, 이 5해 1례 앞에는 어제 서문과 어제 예의를, 뒤에는 정인지의 서문을 담고 있다.

　　『훈민정음』 해례본은 1446년 이후 무려 494년 만인 1940년에 세상에 모습을 드러내었다. 경북 안동의 이한걸 씨 집안에 전해 내려왔다고 소개된 이 책은 1940년 당시 경학원經學院(성균관대학교의 전신)에 다니던, 이한걸 씨의 셋째 아들인 이용준이 김태준 교수에게 알림으로써 그 존재가 알려졌다. 발견 당시 표지와 앞 두 장, 즉 〈어제 서문〉과 〈어제 예의〉의 초성자 ㄱ부터 ㄹ에 해당하는 부분이 낙장落張된 상태였는데, 김태준 교수는 이용준과 함께 낙장된 부분을 보사補寫하는 데 많은 노력을 기울였다. 그러나 그 과정에서 오자誤字와 더불어 일부 오류로 보이는 부분들도 나타나게 되었다.

　　『훈민정음』 해례본의 가치는 무엇보다도 제자해에 새 문자의 제자 원리가 분명하게 설명되어 있다는 점이다. 제자해에서는 상형의 방법을 기본으로 하여 이것을 확장하고 응용함으로써 새 문자의 초성자와 중성자가 어떻게 만들어졌는지를 상세히 밝히고 있다. 이 모든 설명은 중국의 성운학 및 성리학의 형이상학적 세계관을 바탕으로 하고 있는데, 새 문자의 제자와 운용에 천지만물의 원리가 내재해 있음을 강조하였다. 제자해의 설명은 인간의 말소리에 대한 분석이 매우 정확하고 치밀하였음을 보여 주는데, 마치 20세기 구조주의 언어학자들의 눈으로 당시의 언어를 관찰하고 기술한 것 같은 생각이 들 정도이다. 새 문자의 창제가 우연하거나 즉흥적인 발상의 소치가 아니라 매우 수준 높은 언어학적 소양으로부터 나온 각고의 결실임을 우리는 『훈민정음』 해례본의 제자해를 보며 깨닫는다.

이 밖에도 『훈민정음』 해례본의 곳곳에서 우리는 언어에 대한 당시 학자들의 놀랄 만한 관찰과 이해를 보여 주는 대목들과 만날 수 있다. 세계인이 부러워하는 우리의 명품 문자 한글, 그리고 우리 문화재 중 가장 먼저 유네스코 세계기록유산으로 등재된 명품 문자의 사용 설명서 『훈민정음』 해례본. 명품 문자와 그에 대한 사용 설명서를 가진 세계 유일의 민족으로서 우리가 누리고 있는 사치스러운 문자 생활은 외국의 그 어떤 명품들로도 대신할 수 없는 것이라는 점을 함께 깨달았으면 한다.

오늘날 우리가 국경일로 기념하고 있는 한글날은 실제로 문자 '훈민정음'이 만들어진 때(1443년 음력 12월)가 아닌, 이 문자의 사용 설명서인 『훈민정음』 해례본이 반포된 때(1446년 음력 9월 상순)라는 사실도 기억해 둘 필요가 있다. 500년 가까이 고독한 세월을 지내오다 1940년에야 세상에 그 모습을 드러낸 새 문자의 사용 설명서, 『훈민정음』 해례본. 이것은 다른 어떤 것과도 바꾸기 어려운 우리의 소중한 문화유산이며, 그 존재와 가치를 대대손손 알리고 전해야 하는 우리 민족의 영원한 상징이다.

1. 구성

『훈민정음』 해례본은 크게 두 부분으로 나누어 볼 수 있다. 하나는 세종이 지은 부분으로, 이는 〈어제 서문〉, 〈어제 예의〉로 구성되어 있다. 다른 하나는 집현전 학사 8인이 지은 부분으로, 이는 〈제자해〉, 〈초성해〉, 〈중성해〉, 〈종성해〉, 〈합자해〉, 〈용자례〉, 〈정인지 서문〉으로 구성되어 있다. 이들 중 세종이 지은 부분은 판심版心이 '正音정음'으로, 집현전 학사 8인이 지은 부분은 판심이 '正音解例정음해례'로 되어 있다. 여기에서도 『훈민정음』 해례본을 크게 두 부분으로 나누고, 판심에 근거하여 각 부분을 '정음 편'과 '정음해례 편'으로 지칭하기로 한다.

2. 소제목

『훈민정음』 해례본 원문은 단락 구분 없이 내용이 기술되어 있다. 여기에서는 독자들이 보다 쉽게 이해할 수 있도록 해례본 원문을 의미 단락별로 나누어 소제목을 붙여 번역하였다. 예를 들어, 세종이 지은 〈어제 예의〉의 원문(1ㄱ~4ㄱ)은 단락 구분 없이 기술되어 있는데, 이를 '초성자', '중성자', '종성자', '이어쓰기(연서)', '나란히쓰기(병서)', '붙여쓰기(부서)', '음절 단위로 모아쓰기', '점찍기'와 같이 소제목을 붙여 의미 단락을 나누어 번역하였다.

3. 소괄호와 대괄호

( )
① 어려운 한자어를 풀이할 때
　　예 아음(어금닛소리)
② 동일한 특성을 갖는 요소를 묶을 때
　　예 수水(ㄴ, ㄲ)
③ 그 밖에 필요한 설명을 제시할 때
　　예 오음(아음, 설음, 순음, 치음, 후음)

[　　]

① 발음을 표기할 때

　　예 한자 君(군)의 초성 발음([k])과 같다.

② 의미를 한자로 제시하고 풀이할 때

　　예 ·붇[筆^필, 붓]

③ 원문의 한자를 제시하고 풀이할 때

　　예 닫힌 특성[闔 원순모음]

4. 위첨자

① 원문의 한자를 제시할 필요가 있을 때

　　예 강유^{剛柔}는 땅의 원리이다.

② 고유어에 해당하는 한자를 제시할 때

　　예 사람^[人]

③ 한자음을 제시할 필요가 있을 때

　　예 삼재(天^천 · 地^지 · 人^인)

5. 기타

발음 기호 중 위첨자 *와 ^h는 각각 된소리와 거센소리를 나타 낸다.

예 [k*], [k^h]

주석과 해설 없이 해례본의 내용을 누구나 쉽게 읽어 볼 수 있도록 하기 위해 내용의 흐름에 크게 영향을 주지 않는 복잡 한 부분은 생략하였다.

예 천지만물의 원리

천지만물의 원리는 오직 음양^{陰陽}과 오행^{五行}일 뿐이다. 곤괘 坤卦(☷)와 복괘^{復卦}(☳) 사이가 태극^{太極}이 되고 이 태극^{太極}이 움직이면 양이 되고, 멈추면 음이 된다. 천지만물 가운데 생 명을 지닌 것들은 이 음양의 원리를 벗어나지 못한다.

이 정음 편

1. 어제 서문

우리나라 말은 중국말과 달라서 한자로 쓴 글과는 서로 통하지 않는다. 그러므로 백성 중에는 하고 싶은 말이 있어도 끝내 자신의 뜻을 글로 표현하지 못하는 사람이 많다. 내가 이를 딱하게 여겨 새로 28자를 만드니 사람마다 쉽게 익혀 날마다 사용함에 편안케 하고자 할 따름이다.

2. 어제 예의

초성자

ㄱ은 아음(어금닛소리) 글자이니, 그 소리는 한자 君(군)의 초성 발음([k])과 같다.

나란히 쓰면(ㄲ), 그 소리는 한자 虯(뀨)의 초성 발음([k*])과 같다.

ㅋ은 아음(어금닛소리) 글자이니, 그 소리는 한자 快(쾌)의
초성 발음($[k^h]$)과 같다.

ㆁ은 아음(어금닛소리) 글자이니, 그 소리는 한자 業(업)의
초성 발음($[ŋ]$)과 같다.

ㄷ은 설음(혓소리) 글자이니, 그 소리는 한자 斗(두)의
초성 발음($[t]$)과 같다.
나란히 쓰면(ㄸ), 그 소리는 한자 覃(땀)의 초성 발
음($[t^*]$)과 같다.

ㅌ은 설음(혓소리) 글자이니, 그 소리는 한자 呑(툰)의 초
성 발음($[t^h]$)과 같다.

ㄴ은 설음(혓소리) 글자이니, 그 소리는 한자 那(나)의 초
성 발음($[n]$)과 같다.

ㅂ은 순음(입술소리) 글자이니, 그 소리는 한자 彆(볃)의
초성 발음($[p]$)과 같다.
나란히 쓰면(ㅃ), 그 소리는 한자 步(뽀)의 초성 발
음($[p^*]$)과 같다.

ㅍ은 순음(입술소리) 글자이니, 그 소리는 한자 漂(표)의
초성 발음($[p^h]$)과 같다.

ㅁ은 순음(입술소리) 글자이니, 그 소리는 한자 彌(미)의

2

초성 발음([m])과 같다.

ㅈ은 치음(잇소리) 글자이니, 그 소리는 한자 卽(즉)의 초
성 발음([ts])과 같다.
나란히 쓰면(ㅉ), 그 소리는 한자 慈(쯔)의 초성 발
음([ts*])과 같다.

ㅊ은 치음(잇소리) 글자이니, 그 소리는 한자 侵(침)의 초
성 발음([tsʰ])과 같다.

ㅅ은 치음(잇소리) 글자이니, 그 소리는 한자 戌(슏)의 초
성 발음([s])과 같다.
나란히 쓰면(ㅆ), 그 소리는 한자 邪(쌰)의 초성 발
음([s*])과 같다.

ㆆ은 후음(목구멍소리) 글자이니, 그 소리는 한자 挹(흡)의
초성 발음([ʔ])과 같다.

ㅎ은 후음(목구멍소리) 글자이니, 그 소리는 한자 虛(허)의
초성 발음([h])과 같다.
나란히 쓰면(ㆅ), 그 소리는 한자 洪(뽕)의 초성 발
음([h*])과 같다.

ㅇ은 후음(목구멍소리) 글자이니, 그 소리는 한자 欲(욕)의
초성 발음(ø)과 같다.

ㄹ은 반설음(반혓소리) 글자이니, 그 소리는 한자 閭(려)의
초성 발음([l])과 같다.

ㅿ은 반치음(반잇소리) 글자이니, 그 소리는 한자 穰(샹)
의 초성 발음([ẕ])과 같다.

중성자

· 의 소리는 한자 呑(ᄐ)의 중성 발음([ʌ])과 같다.

ㅡ의 소리는 한자 卽(즉)의 중성 발음([ɨ])과 같다.

ㅣ의 소리는 한자 侵(침)의 중성 발음([i])과 같다.

ㅗ의 소리는 한자 洪(뽕)의 중성 발음([o])과 같다.

ㅏ의 소리는 한자 覃(땀)의 중성 발음([a])과 같다.

ㅜ의 소리는 한자 君(군)의 중성 발음([u])과 같다.

ㅓ의 소리는 한자 業(업)의 중성 발음([ə])과 같다.

ㅛ의 소리는 한자 欲(욕)의 중성 발음([jo])과 같다.

ㅑ의 소리는 한자 穰(샹)의 중성 발음([ja])과 같다.

ㅠ의 소리는 한자 戌(슏)의 중성 발음([ju])과 같다.

ㅕ의 소리는 한자 彆(변)의 중성 발음([jə])과 같다.

종성자

종성자는 초성자를 다시 사용한다.

이어쓰기(연서)

ㅇ 글자를 순음(입술소리) 글자 아래에 이어 쓰면 순경음 (입술가벼운소리) 글자가 된다.

나란히쓰기(병서)

초성자들을 합쳐 쓰려면 나란히 쓴다. 종성자들도 마찬 가지다.

붙여쓰기(부서)

ㆍ ㅡ ㅗ ㅜ ㅛ ㅠ는 초성자의 아래에 붙여 쓰고 ㅣ ㅏ ㅓ ㅑ ㅕ는 초성자의 오른쪽에 붙여 쓴다.

음절 단위로 모아쓰기

무릇 글자는 반드시 초성, 중성, 종성을 합쳐 음절을 이 루어 써야 한다.

점찍기

음절 단위로 모아쓴 글자의 왼쪽에 점 하나를 찍으면 거성이고, 점 두 개를 찍으면 상성이며, 점을 찍지 않으면 평성이다. 입성은 점을 찍는 방식은 마찬가지이나 그 소리가 촉급하다.

02 정음해례 편

1. 제자해

천지만물의 원리

천지만물의 원리는 오직 음양陰陽과 오행五行일 뿐이다. 태극太極이 움직이면 양이 되고, 멈추면 음이 된다. 천지만물 가운데 생명을 지 닌 것들은 이 음양의 원리를 벗어나지 못한다.

말소리와 음양의 원리

그러므로 사람의 말소리도 모두 음양의 원리를 지니고 있으나 사 람이 살펴보지 않았을 뿐이다. 이제 훈민정음을 만든 것도 처음부터 머리를 써서 애써 찾아낸 것이 아니라, 말소리에 따라 그 원리를 깊 이 추구했을 뿐이다. 그 원리는 하나이니 천지가 만물을 창조하거나 귀신이 인간사의 길흉을 주재하는 원리와 다르지 않다.

초성 17자의 제자 원리

새로운 문자 훈민정음은 모두 28자로서 발음기관과 삼재(天천·地지· 人인)의 모양을 본떠 만들었다. 초성자는 모두 17자이다. 아음(어금닛 소리) 글자 ㄱ은 혀뿌리가 목구멍을 막는 모양을, 설음(혓소리) 글자 ㄴ은 혀가 윗잇몸에 닿는 모양을, 순음(입술소리) 글자 ㅁ은 입 모양을, 치음(잇소리) 글자 ∧은 이 모양을, 후음(목구멍소리) 글자 ○은 목구멍 모양을 본뜬 것이다.

이들 기본자보다 소리가 세어지면 그에 따라 기본자에 획을 더하여 새로운 글자들을 만들었다. ㅋ은 ㄱ에 비해 소리가 조금 세므로 ㄱ에 획을 더하여 만들었다. ㄴ에서 ㄷ, ㄷ에서 ㅌ, ㅁ에서 ㅂ, ㅂ에서 ㅍ, ∧에서 ㅈ, ㅈ에서 ㅊ, ○에서 ㆆ, ㆆ에서 ㅎ을 만든 것이 모두 소리가 세어지는 원리에 따라 획을 더한 뜻이 같은데, 오직 ㆁ만은 다르다.

반설음(반혓소리) 글자 ㄹ과 반치음(반잇소리) 글자 △ 또한 각각 혀가 윗잇몸에 닿는 모양과 이의 모양을 본떴지만 그 체體를 달리한 것으로 획을 더한 뜻은 없다.

오음으로 본 초성자: 음양, 오행, 방위

무릇 사람의 말소리는 오행火水木金土에 근본을 두고 있다. 그러므로 말소리에 대한 오행의 적용은 춘하추동 사계절이나 음악의 오음宮궁商상角각徵치羽우과도 맞아 어그러지지 않는다.

목구멍은 깊숙하고 젖어 있어서 오행 중 수水에 해당한다. 소리가 비어서 통하니 마치 물이 비고 투명하며 흐르고 왕래하는 것과 같다. 계절로는 겨울이며 오음으로는 우羽이다.

어금니는 우툴두툴하고 기니 목木에 해당한다. 소리가 목구멍소리와 비슷하나 채워져 있어 마치 나무가 물에서 생겨나 형체가 만들어진 것과 같다. 계절로는 봄이며 오음으로는 각角이다.

혀는 날카로우며 움직이니 화火에 해당한다. 소리가 구르고 날리니 마치 불이 이글이글 타오르는 것과 같다. 계절로는 여름이며 오음으로는 치徵이다.

이는 단단하고 끊을 수 있으니 금金에 해당한다. 소리가 부서지고 걸리니 마치 쇠가 가루가 되었다가 단련되어 이루어지는 것과 같다. 계절로는 가을이며 오음으로는 상商이다.

입술은 네모나며 합쳐지니 토土에 해당한다. 소리가 머금으며 넓어지니 마치 흙이 만물을 담고 있어 넓고 큰 것과 같다. 계절로는 늦여름이며 오음으로는 궁宮이다.

그런데 물은 만물을 탄생시키는 근원이고, 불은 만물을 이루어 주는 작용을 하므로 오행 중에서 수水와 화火가 으뜸이 된다. 목구멍은 소리를 내고 혀는 소리를 구별해 주는 기관이니 오음(아음, 설음, 순음, 치음, 후음) 중에서 후음(목구멍소리)과 설음(혓소리)이 중심이 된다.

말소리가 시작되는 목구멍이 가장 뒤에 위치하고, 어금니가 그 앞이니 각각 북쪽과 동쪽의 방위를 지닌다. 혀와 이는 그 앞이니 남쪽과 서쪽의 방위를 지닌다. 입술은 끝에 있는데 토土는 정해진 방위가 없으며, 사계절의 순행을 왕성하게 하는 뜻을 갖는다. 이렇듯 초성 가운데 자연히 음양, 오행, 방위의 수가 있게 되는 것이다.

청탁으로 본 초성자

말소리는 청탁淸濁에 따라 ㄱ ㄷ ㅂ ㅈ ㅅ ㆆ이 나타내는 소리는 전청全淸, ㅋ ㅌ ㅍ ㅊ ㅎ이 나타내는 소리는 차청次淸, ㄲ ㄸ ㅃ ㅆ

ㅉ ㆅ이 나타내는 소리는 전탁全濁, ㆁ ㄴ ㅁ ㅇ ㄹ △이 나타내는
소리는 불청불탁不淸不濁으로 나뉜다.

이 중 소리가 가장 세지 않은 불청불탁을 나타내는 글자를 기본
자로 삼는 것이 원칙이다. 먼저 설음(혓소리)과 순음(입술소리), 그리고
후음(목구멍소리)의 글자는 각각 불청불탁의 소리를 나타내는 ㄴ ㅁ
ㅇ이 기본자가 된다. 반치음을 제외하면 치음(잇소리)에는 불청불탁
이 없고 전청의 ㅅ과 ㅈ이 있을 뿐인데, ㅅ이 ㅈ보다 나타내는 소리
가 세지 않으므로 ㅅ이 기본자가 된다.

아음자 ㆁ이 나타내는 소리는 혀뿌리가 목구멍을 막지만 소리의
기운이 코로 나와 그 소리가 불청불탁에 해당하는 후음자 ㅇ과 서로
닮았다. 아음(어금닛소리) 글자 ㆁ은 목구멍의 모양을 본뜬 것으로 아
음(어금닛소리) 글자를 만들 때에 기본으로 삼지 않았다.

후음(목구멍소리)은 물에 속하고 아음(어금닛소리)은 나무에 속한다.
그러나 ㆁ이 비록 아음(어금닛소리) 글자에 속하면서도 후음(목구멍소
리) 글자 ㅇ과 모양이 비슷한 것은, 나무의 새싹이 물에서 생겨나 부
드럽고 연약하면서 물기가 많은 이치와 같다. 비유컨대 ㄱ은 나무가
이루어지는 바탕이고, ㅋ은 나무가 무성하게 자란 것이며, ㄲ은 나
무가 오래되어 웅장하게 된 것이므로 모두 아음(어금닛소리)에서 그
모양을 취한 것이다.

전탁자의 특성
전청자(ㄱ ㄷ ㅂ ㅅ ㅈ)를 나란히 쓰면 전탁자가 되는데, 이는 전청

의 소리가 엉기면 전탁이 되기 때문이다. 오직 후음(목구멍소리) 글자의 경우에만 차청자(ㆆ)를 이용하여 전탁자(ㆅ)를 만드는 것은 대개 전청자인 ㆆ이 나타내는 소리가 깊어서 엉기지 못하는 데 비해, 차청자인 ㆆ이 나타내는 소리는 얕아서 엉기어 전탁이 되기 때문이다.

순경음 글자의 특성

ㅇ을 순음(입술소리) 글자 아래에 이어 쓰면 순경음(입술가벼운소리)을 나타내는 글자가 된다. ㅇ을 이어 쓴 것은 순경음(입술가벼운소리)이 입술을 살짝 다물어 목구멍 소리가 많이 나기 때문이다.

중성 11자의 제자 원리

중성자는 모두 11자이다.

• 가 나타내는 소리를 낼 때는 혀가 움츠러들어 소리가 깊으니 하늘이 자시子時에 열린 원리와 같다. 글자의 둥근 모양은 하늘을 본뜬 것이다.

ㅡ가 나타내는 소리를 낼 때는 혀가 조금 움츠러들어 소리가 깊지도 얕지도 않으니 땅이 축시丑時에 열린 원리와 같다. 글자의 평평한 모양은 땅을 본뜬 것이다.

ㅣ가 나타내는 소리를 낼 때는 혀가 움츠러들지 않아 소리가 얕으니 사람이 인시寅時에 생겨난 원리와 같다. 글자의 곧추선 모양은 사람을 본뜬 것이다.

이하 8개 중성자를 발음할 때에는 입이 오므려지거나 벌어진다.

ㅗ가 나타내는 소리는 ·와 동일하나 소리를 낼 때 입이 오므려지고, 글자의 모양은 ·가 ㅡ와 합쳐져 이루어졌으니 하늘과 땅이 처음 만난 뜻을 취한 것이다.

ㅏ가 나타내는 소리는 ·와 동일하나 소리를 낼 때 입이 벌어지고, 글자 모양은 ㅣ가 ·와 합쳐져 이루어졌으니 하늘과 땅의 작용이 사물에 발현될 때 사람을 기다려 이루어짐을 취한 것이다.

ㅜ가 나타내는 소리는 ㅡ와 동일하나 소리를 낼 때 입이 오므려지고, 글자 모양은 ㅡ가 ·와 합쳐져 이루어졌으니 또한 하늘과 땅이 처음 만난 뜻을 취한 것이다.

ㅓ가 나타내는 소리는 ㅡ와 동일하나 소리를 낼 때 입이 벌어지고, 글자 모양은 ·가 ㅣ와 합쳐져 이루어졌으니 또한 하늘과 땅의 작용이 사물에 발현될 때 사람을 기다려 이루어짐을 취한 것이다.

ㅛ가 나타내는 소리는 ㅗ와 동일하나 ㅣ의 소리에서 시작된다.

ㅑ가 나타내는 소리는 ㅏ와 동일하나 ㅣ의 소리에서 시작된다.

ㅠ가 나타내는 소리는 ㅜ와 동일하나 ㅣ의 소리에서 시작된다.

ㅕ가 나타내는 소리는 ㅓ와 동일하나 ㅣ의 소리에서 시작된다.

초출자와 재출자

ㅗ ㅏ ㅜ ㅓ는 하늘과 땅에서 시작되어 처음 생겨난 것(초출자)이다.

ㅛ ㅑ ㅠ ㅕ는 사람을 상징하는 ㅣ가 나타내는 소리를 겸하고 있으니 다시 생겨난 것(재출자)이다.

ㅗ ㅏ ㅜ ㅓ에 · 가 하나인 것은 처음 생겨난 뜻을 취한 것이다.

ㅛ ㅑ ㅠ ㅕ에 · 가 두 개인 것은 다시 생겨난 뜻을 취한 것이다.

ㅗ ㅏ ㅛ ㅑ에서 · 가 ㅡ 위나 ㅣ 바깥쪽에 놓인 것은 그 기운이 하늘에서 나와 양陽의 특성을 지니기 때문이다.

ㅜ ㅓ ㅠ ㅕ에서 · 가 ㅡ 아래나 ㅣ 안쪽에 놓인 것은 그 기운이 땅에서 나와 음陰의 특성을 지니기 때문이다.

중성자와 삼재

· 가 중성 8자에 모두 들어 있는데 이는 마치 양이 음을 통솔하여 두루 만물을 생성하고 변화시키는 것과 같다.

ㅛ ㅑ ㅠ ㅕ가 나타내는 소리에 모두 사람으로 상징되는 ㅣ 소리 가 들어 있는 것은 사람이 만물의 영장으로서 하늘과 땅이 하는 모 든 일에 참여하기 때문이다.

중성 글자들이 하늘(·), 땅(ㅡ), 사람(ㅣ)의 모양을 취하니 삼재三才 의 원리가 갖추어졌다. 그러나 하늘, 땅, 사람은 만물보다 먼저 나 왔으며 그 가운데 하늘이 삼재의 시초가 되는 것은, · ㅡ ㅣ 세 글 자가 중성 여덟 글자 ㅗ ㅏ ㅜ ㅓ ㅛ ㅑ ㅠ ㅕ의 선두가 되며 · 가 또한 · ㅡ ㅣ 세 글자의 으뜸이 되는 것과 같다.

중성자와 음양오행

ㅗ는 하늘에서 처음 생겨난 것으로 천수天數로는 1이고 수水를 낳 는 자리이다.

ㅏ는 그 다음으로 생겨난 것으로, 천수天數로는 3이고 목木을 낳는 자리이다.

ㅜ는 땅에서 처음 생겨난 것으로, 지수地數로는 2이고 화火를 낳는 자리이다.

ㅓ는 그 다음으로 생겨난 것으로, 지수地數로는 4이고 금金을 낳는 자리이다.

ㅛ는 하늘에서 다시 생겨난 것으로, 천수天數로는 7이고 화火를 이룬 수이다.

ㅑ는 그 다음으로 다시 생겨난 것으로, 천수天數로는 9이고 금金을 이룬 수이다.

ㅠ는 땅에서 다시 생겨난 것으로, 지수地數로는 6이고 수水를 이룬 수이다.

ㅕ는 그 다음으로 생겨난 것으로, 지수地數로는 8이고 목木을 이룬 수이다.

수水(ㅗ ㅠ)와 화火(ㅜ ㅛ)는 기氣에서 벗어나지 않고 음과 양이 서로 만난 시초로서 닫힌 특성[闔 원순모음]을 지닌다. 목木(ㅏ ㅕ)과 금金(ㅓ ㅑ)은 음과 양의 정해진 바탕으로서 열린 특성[闢 평순개구모음]을 지닌다.

• 는 천수天數로는 5이고 토土를 낸 자리이다.

ㅡ는 지수地數로는 10이고 토土를 이루는 수이다.

ㅣ만이 유독 자리나 수가 없는 것은, 대개 사람은 무극無極의 진수眞髓와 음양오행의 정수精髓가 오묘하게 결합해 엉긴 존재로서 정해

진 자리와 이룬 수로는 논할 수가 없기 때문이다. 이렇듯 중성자 또한 자연히 음양, 오행, 방위의 수가 있는 것이다.

중성과 초성의 대비

음양(즉 중성)은 하늘의 원리이고, 강유^{剛柔}(즉 초성 및 종성)는 땅의 원리이다.

중성은 각각 소리가 깊거나[深^심], 얕거나[淺^천], 입이 오므려지거나[闔^합], 벌어지므로[闢^벽] 이는 음양이 나뉘고 오행의 기^氣가 갖추어져 있는 것이니 하늘의 작용이다.

초성의 후음(목구멍소리)은 비어 있고 아음(어금닛소리)은 차 있고 설음(혓소리)은 날리고 치음(잇소리)은 걸리고 순음(입술소리)은 무겁거나 가벼우니, 이는 강유가 드러나 오행의 바탕이 이루어진 것으로서 땅의 공로이다.

이러한 중성이 심천합벽^{深淺闔闢}으로서 앞에서 부르면 초성이 오음청탁^{五音淸濁}으로서 뒤에서 화답하여 초성은 다시 종성이 되니, 이는 마치 만물이 땅에서 처음 생겨났다가 땅으로 되돌아감과 같은 이치이다.

초성, 중성, 종성의 결합

초성, 중성, 종성을 합하여 글자를 이루는 것으로 말한다면, 또한 움직임[動^동]과 고요함[靜^정]이 서로 뿌리가 되고, 음과 양이 짝이 되어 변화하는 뜻이 있다. 움직임은 하늘이요, 고요함은 땅이다. 움직임과 고요함을 둘 다 갖추고 있는 것은 사람이다. 오행을 삼재에 적용하면 하늘에 있어서는 정신의 운행이요, 땅에 있어서는 물질의 형성에 해당한다. 사람의 인仁 · 예禮 · 신信 · 의義 · 지智는 정신의 운행에 해당하고, 간 · 염통 · 지라 · 허파 · 콩팥은 물질의 형성에 해당한다.

초성은 그 소리가 움직이기 시작하는 뜻이 있으므로 하늘의 일이고, 종성은 그 소리가 멈추어 안정되는 뜻이 있으므로 땅의 일이다. 중성은 초성을 이어 생겨나고 종성과 접하여 음절을 이루는 것으로 완성되니 이는 사람의 일이다.

대개 한 글자의 소리는 중성을 요체로 하여 초성 및 종성과 합쳐져 하나의 음절을 이루게 된다. 이 또한 하늘과 땅이 만물을 생성하되, 그것을 마름질해 완성하고 보필해 돕는 것은 반드시 사람에게 맡기는 것과 같다.

그리고 초성을 다시 종성에 사용하는 것은 마치 근원이 하나인 기氣가 두루 흘러 소진되지 않고 네 계절의 운행이 순환하여 끝나지 않으므로 겨울이 지나면 다시 봄이 되는 것과 같은 것이다. 초성이 다시 종성이 되고 종성이 다시 초성이 되는 것 역시 이와 같은 뜻이다.

천지만물의 원리를 담은 문자

아! 훈민정음에는 천지만물의 원리가 구비되어 있으니 참으로 신묘하도다. 이것은 하늘이 성상聖上의 마음을 일깨우고 그 손을 성상께 빌려준 것이리라.

2. 초성해

초성의 개념

훈민정음의 초성은 운서의 자모이다. 말소리가 이로부터 생겨나
므로 '모母'라 부른다.

초성자의 실제

아음(어금닛소리) 글자의 경우

군(君)자의 초성자는 ㄱ이니 ㄱ과 ㄷ을 합하면 '군'이 된다.

쾌(快)자의 초성자는 ㅋ이니 ㅋ과 ㅙ를 합하면 '쾌'가 된다.

ㄲ(虯)자의 초성자는 ㄲ이니 ㄲ과 ㅠ를 합하면 'ㄲ'가 된다.

업(業)자의 초성자는 ㆁ이니 ㆁ과 ㅂ을 합하면 '업'이 된다.

설음(혓소리) 글자 중에서

두(斗)자의 초성자 ㄷ

탄(呑)자의 초성자 ㅌ

땀(覃)자의 초성자 ㄸ

나(那)자의 초성자 ㄴ과

순음(입술소리) 글자 중에서

별(彆)자의 초성자 ㅂ

표(漂)자의 초성자 ㅍ

뽀(步)자의 초성자 ㅃ

미(彌)자의 초성자 ㅁ과

치음(잇소리) 글자 중에서

즉(卽)자의 초성자 ㅈ

침(侵)자의 초성자 ㅊ

쯩(慈)자의 초성자 ㅉ

슗(戌)자의 초성자 ㅅ

쌰(邪)자의 초성자 ㅆ과

후음(목구멍소리) 글자 중에서

흡(挹)자의 초성자 ㆆ

허(虛)자의 초성자 ㅎ

홍(洪)자의 초성자 ㆅ

욕(欲)자의 초성자 ㅇ과

반설음(반혓소리) 글자로 려(閭)자의 초성자 ㄹ

반치음(반잇소리) 글자로 샹(穰)의 초성자 ㅿ도 모두 이와 같다.

3. 중성해

중성의 개념

중성은 글자의 가운데에 놓여 초성, 종성과 합해져 음절을 이룬다.

중성자의 실제

툰(呑)자의 중성자는 ㆍ이니 ㆍ가 ㅌ과 ㄴ 사이에 놓여 '툰'이 된다.

즉(卽)자의 중성자는 ㅡ이니 ㅡ가 ㅈ과 ㄱ 사이에 놓여 '즉'이 된다.

침(侵)자의 중성자는 ㅣ이니 ㅣ가 ㅊ과 ㅁ 사이에 놓여 '침'이 된다.

홍(洪)자의 중성자는 ㅗ

땀(覃)자의 중성자는 ㅏ

군(君)자의 중성자는 ㅜ

업(業)자의 중성자는 ㅓ

욕(欲)자의 중성자는 ㅛ

샹(穰)자의 중성자는 ㅑ

슡(戌)자의 중성자는 ㅠ

볃(彆)자의 중성자는 ㅕ로 모두 이와 같다.

중성자의 합용

두 글자를 합하여 쓸 때에는

ㅗ와 ㅏ가 모두 ·에서 나온 것이므로 어울려 ㅘ가 된다.

ㅛ와 ㅑ 또한 모두 ㅣ에서 나온 것이므로 어울려 ㆇ가 된다.

ㅜ와 ㅓ는 모두 ㅡ에서 나온 것이므로 어울려 ㅝ가 된다.

ㅠ와 ㅕ 또한 모두 ㅣ에서 나온 것이므로 어울려 ㆎ가 된다.

이들은 각각 같은 것(· 또는 ㅣ 또는 ㅡ)으로부터 나와 동일한 특성을 지니므로 서로 어울려도 어그러지지 않는다.

ㅣ 상합 중성자

한 글자의 중성자(· ㅡ ㅗ ㅏ ㅜ ㅓ ㅛ ㅑ ㅠ ㅕ)가 중성자 ㅣ와 어울려 서로 합해지면 새로운 글자 열 개(ᆡ ᅴ ᅬ ㅐ ᅱ ㅔ ᆈ ㅒ ᆔ ㅖ)가 만들어진다. 두 글자를 합해 만든 중성자(ㅘ ㅝ ᆅ ᆑ)가 중성자 ㅣ와 어울려 서로 합해지면 새롭게 네 글자(ᅫ ㅞ ᆒ ㅞ)가 만들어진다. 중성자 ㅣ가 다른 중성자들과 함께 어울려 새로운 중성자를 만들 수 있는 것은, 중성자 ㅣ의 발음이 혀가 펴지고 소리가 얕아서 입을 열기에 편하기 때문이다. 또한 사람[ㅅ]이 사물을 여는 데에 참여하여 도울 때 통하지 않는 바가 없음을 볼 수 있다.

4. 종성해

종성의 개념
종성은 초성과 중성을 이어받아 음절을 이룬다.

종성자의 실제
즉(卽)자의 종성자는 ㄱ이니 ㄱ이 ᄌ의 끝에 놓여 '즉'이 된다.
홍(洪)자의 종성자는 ㆁ이니 ㆁ이 ᅘᅩ의 끝에 놓여 '홍'이 된다.
설음(혓소리) 글자, 순음(입술소리) 글자, 치음(잇소리) 글자, 후음(목구멍소리) 글자의 경우도 모두 동일하다.

성조와 종성의 관계
종성에는 빠르고 느린 차이가 있으니 평성, 상성, 거성을 지닌 음절의 종성은 빠르게 끝나는 입성의 종성과 다르다.

불청불탁자가 나타내는 소리는 세지 않으므로 그 소리를 종성에 사용하면 해당 음절은 평성이나 상성, 또는 거성이 된다.

전청자, 차청자, 전탁자가 나타내는 소리는 세므로 그 소리를 종성에 사용하면 해당 음절은 입성이 된다.

따라서 불청불탁음을 적는 ㆁ ㄴ ㅁ ㅇ ㄹ ㅿ 여섯 글자가 종성자로 사용되면 그 음절은 평성이나 상성, 또는 거성이 된다. 나머지 전청, 차청, 전탁을 적는 글자가 종성자로 사용되면 그 음절은 모두 입성이 된다.

8종성 표기

ㄱ ㆁ ㄷ ㄴ ㅂ ㅁ ㅅ ㄹ의 여덟 글자만으로도 종성을 적는 데 충분하다.

'빗곶'[梨花^{이화}, 배꽃], '엿·의갗'[狐皮^{호피}, 여우의 가죽]의 경우에 종성은 ㅅ자로 적을 수 있으므로 ㅅ자만 사용해도 충분하다.

또한 ㅇ이 나타내는 소리는 맑고 비어 있어 굳이 종성의 위치에 사용하는 것이 반드시 필요한 것은 아니니 중성만으로도 음절을 이룰 수 있다.

앞서 밝힌 여덟 자 중에서 '볃'(彆)의 ㄷ, '군'(君)의 ㄴ, '업'(業)의 ㅂ, '땀'(覃)의 ㅁ, 우리말 ':옷'[衣]의 ㅅ, 우리말 ':실'[絲]의 ㄹ도 종성을 적는 데 충분하다.

오음에서 느림과 빠름의 대립

오음(아음, 설음, 순음, 치음, 후음)은 각 음 안에서 느림과 빠름에 의해 서로 대립을 이룬다.

아음(어금닛소리)의 경우 종성자 ㆁ의 소리와 ㄱ의 소리가 대립을 이루는데, 느리게 발음되는 ㆁ을 빠르게 발음하면 소리가 변하여 급하게 끝닿는 ㄱ 소리가 되고, 빠르게 발음되는 ㄱ을 느리게 발음하면 소리가 변하여 천천히 끝닿는 ㆁ 소리가 된다.

설음(혓소리)의 종성자 ㄴ과 ㄷ,

순음(입술소리)의 종성자 ㅁ과 ㅂ,

치음(잇소리)의 종성자 ㅿ과 ㅅ,

후음(목구멍소리)의 종성자 ㅇ과 ㆆ의 소리들도 느림과 빠름에 의해 서로 대립되는 것이 아음(어금닛소리)의 경우와 같다.

반설음(반혓소리) 글자 ㄹ과 설음(혓소리) 글자 ㄷ

또한 반설음(반혓소리) 글자 ㄹ은 우리말의 종성에는 사용할 수 있지만, 한자음의 종성에는 사용할 수 없다.

입성에 해당하는 한자 '彆(별)'의 음을 적을 때에는 종성자 ㄷ을 사용하는 것이 마땅한데, 우리나라 사람들이 관습에 따라 이 한자를 [별]로 읽고 있는 것은 종성 ㄷ의 소리가 변하여 가벼워졌기 때문이다.

만약 '彆(별)'의 한자음을 적을 때 종성자로 ㄹ을 사용한다면, 그 소리가 천천히 끝닿아 입성이 되지 못한다.

5. 합자해

성자법

초성자, 중성자, 종성자 셋을 모아서 하나의 음절을 표시하는 글자를 구성한다.

초성자, 중성자, 종성자의 위치

초성자는 중성자의 위에 놓인 경우도 있고, 중성자의 왼쪽에 놓인 경우도 있다. '군(君)'자의 초성자 ㄱ은 중성자 ㅜ 위에, '업(業)'자의 초성자 ㆁ은 중성자 ㅓ 왼쪽에 놓인 것과 같다.

중성자 가운데 ㆍ ㅡ ㅗ ㅛ ㅜ ㅠ와 같이 점의 모양을 한 것과 가로로 긴 획을 가진 것은 초성자의 아래에 놓인다. 중성자 가운데 ㅣ ㅏ ㅑ ㅓ ㅕ와 같이 세로로 긴 획을 가진 것은 초성자의 오른쪽에 놓인다. 'ᄐᆞᆫ(呑)'자의 중성자 ㆍ는 초성자 ㅌ 아래에, '즉(卽)'자의 중성자 ㅡ는 초성자 ㅈ 아래에, '침(侵)'자의 중성자 ㅣ는 초성자 ㅊ 오른쪽에 놓인다.

종성자는 초성자와 중성자의 아래에 놓인다. '군(君)'자의 종성자 ㄴ은 '구' 아래에, '업(業)'자의 종성자 ㅂ은 '어' 아래에 놓인다.

초성자의 합용

초성자 두세 개를 합쳐 쓸 때는 나란히 쓰니, 예를 들면 우리말 ᄯᅡ[地지, 땅], ᄧᅡᆨ[雙쌍, 짝], ᄢᅳᆷ[隙극, 틈] 등의 초성자 ᄯ ᄧ ᄢ 등과 같다.

초성자 중 같은 글자를 옆으로 나란히 쓰면, 우리말 **혀**[舌^설, 혀]와 **혀**[引^인, 당기어], **괴·여**[我愛人^{아애인}, 내가 남을 사랑하여]와 **괴·여**[人愛我^{인애아}, 내가 남에게 사랑받아], **소·다**[覆物^{복물}, 쏟아]와 **쏘·다**[射^사, 쏘다] 등의 초성자 **ㅎㅎ ㅇㅇ ㅆ** 등과 같다.

중성자의 합용

중성자 두세 개를 합쳐 쓰면 우리말 **과**[琴柱^{금주}, 괘], **홰**[炬^거, 횃불] 등의 중성자 **ㅘ ㅙ** 등과 같다.

종성자의 합용

종성자 두세 개를 합쳐 쓰면 우리말 **흙**[土^토, 흙], **낛**[釣^조, 낚시], **돐빼**[酉時^{유시}, 유시] 등의 종성자 **ㄺ ㄳ ㄽ** 등과 같다.

합용의 방법

글자를 합쳐 옆으로 나란히 쓸 때에는 왼쪽에서 오른쪽으로 쓰는데 초성자, 중성자, 종성자가 모두 동일하다.

한자와 훈민정음의 혼용 표기

한자어와 고유어가 함께 쓰여서 한자와 훈민정음으로 각각을 적을 때는 한자의 음에 따라 한자 다음에 훈민정음의 중성자나 종성자를 보충하는 경우가 있는데, 예를 들면 "孔子ㅣ魯ㅅ**:사룸**" 등과 같다.

고유어의 성조

고유어에는 평성, 상성, 거성, 입성이 있는데 **활**[_궁弓, 활]은 평성, **돌**[石_석, 돌]은 상성, **·갈**[刀_도, 칼]은 거성, **·붇**[筆_필, 붓]은 입성의 예가 된다.

성조의 표기

글자마다 왼쪽에 점 하나를 찍으면 거성이 되고, 점 두 개를 찍으면 상성이 되고, 점을 찍지 않으면 평성이 된다.

입성

그런데 한자음의 입성은 거성과 서로 비슷하다. 고유어의 입성은 일정하지 않아 평성과 비슷한 **긷**[柱_주, 기둥], **녑**[脅_협, 옆구리], 상성과 비슷한 **:낟**[穀_곡, 곡식], **:깁**[繒_증, 비단], 거성과 비슷한 **·몯**[釘_정, 못], **·입**[口_구, 입] 등의 예가 있다. 입성의 경우 점을 더하는 것은 평성, 상성, 거성과 동일하다.

성조와 천지만물의 원리

평성은 편안하며 조화로워 봄에 해당하니 만물이 여유롭고 평온하다. 상성은 조화롭고 왕성하여 여름에 해당하니 만물이 점점 번성한다. 거성은 풍성하고 장엄하여 가을에 해당하니 만물이 성숙한다. 입성은 빠르게 끝닿아 겨울에 해당하니 만물이 닫혀 저장된다.

초성자 ㆆ과 ㅇ의 통용

초성에 쓰이는 ㆆ자와 ㅇ자는 그 소리가 서로 비슷해서 우리말에서 통용될 수 있다.

반설경음(반혀가벼운소리)의 표기

반설음(반혓소리)에는 가벼운 소리와 무거운 소리 두 가지가 있는데, 우리말에서는 가벼운 소리와 무거운 소리를 구분하지 않아도 모두 음절을 이룰 수 있다. 만약 반설음의 가벼운 소리와 무거운 소리를 구별하여 사용하고자 한다면, 순경음을 만들 때와 같이 ㅇ을 ㄹ의 아래에 이어 쓰면 반설경음(반혀가벼운소리) 글자(ᄛ)가 된다. 반설경음(반혀가벼운소리)은 혀를 윗잇몸에 잠깐 붙여 발음한다.

ㅣ와 ·, ㅣ와 ㅡ의 합용

ㅣ 소리 다음에 · 소리가 오는 경우와 ㅣ 소리 다음에 ㅡ 소리가 오는 경우가 일반적인 우리말에서는 없다. 아이들의 말이나 시골말에서 간혹 이런 소리가 쓰이는 경우가 있는데, 이를 적고자 한다면 마땅히 'ㅣ·', 'ㅣㅡ'와 같이 두 글자를 합쳐서 적어야 한다. 이때 세로획(ㅣ)을 먼저 쓰고, 가로획(·, ㅡ)을 나중에 쓰는 것은 다른 중성자들의 합용 방식과 같지 않다.

6. 용자례

초성자의 용례

초성자 ㄱ의 예는 :감[柿시, 감], ·골[蘆로, 갈대]

초성자 ㅋ의 예는 우케[未春稻미용도, 우케], 콩[大豆대두, 콩]

초성자 ㆁ의 예는 러울[獺달, 너구리], 서에[流澌유시, 성에/성엣장/유빙流氷]

초성자 ㄷ의 예는 뒤[茅모, 띠], 담[墻장, 담]

초성자 ㅌ의 예는 고티[繭견, 고치], 두텁[蟾蜍섬여, 두꺼비]

초성자 ㄴ의 예는 노로[獐장, 노루], 납[猿원, 원숭이/잔나비]

초성자 ㅂ의 예는 불[臂비, 팔], ·벌[蜂봉, 벌]

초성자 ㅍ의 예는 파[葱총, 파], ·풀[蠅승, 파리]

초성자 ㅁ의 예는 :뫼[山산, 산], 마[薯藇서여, 마]

초성자 ㅸ 의 예는 사ㅸㅣ[蝦하, 새우], 드ㅸㅣ[瓠호, 뒤웅/뒤웅박]

초성자 ㅈ의 예는 자[尺척, 자], 죠ㅎㅣ[紙지, 종이]

초성자 ㅊ의 예는 ·체[籭사, 체], 채[鞭편, 채찍]

초성자 ㅅ의 예는 ·손[手수, 손], :셤[島도, 섬]

초성자 ㅎ의 예는 ·부헝[鵂鶹휴류, 부엉이], ·힘[筋근, 심줄]

초성자 ㅇ의 예는 ·비육[鷄雛계추, 병아리], ·ㅸ얌[蛇사, 뱀]

초성자 ㄹ의 예는 ·무뤼[雹박, 우박雨雹], 어름[氷빙, 얼음]

초성자 ㅿ의 예는 아ᅀᆞ[弟제, 아우], 너ᅀᅵ[鴇보, 너새]

중성자의 용례

중성자 ㆍ의 예는 **ᄐᆨ**[頤^이, 턱], **ᄑᆺ**[小豆^{소두}, 팥],

　　　　　　　ᄃ리[橋^교, 다리], **ᄀ래**[楸^추, 가래나무]

중성자 ㅡ의 예는 **믈**[水^수, 물], **발측**[跟^근, 뒤축/발뒤축],

　　　　　　　그력[鴈^안, 기러기], **드레**[汲器^{급기}, 두레박]

중성자 ㅣ의 예는 **깃**[巢^소, 보금자리/둥지], **밀**[蠟^랍, 밀],

　　　　　　　피[稷^직, 피], **키**[箕^기, 키]

중성자 ㅗ의 예는 **논**[水田^{수전}, 논], **톱**[鉅^거, 톱],

　　　　　　　호미[鉏^서, 호미], **벼로**[硯^연, 벼루]

중성자 ㅏ의 예는 **밥**[飯^반, 밥], **낟**[鎌^겸, 낫],

　　　　　　　이아[綜^종, 잉아], **사ᄉᆞᆷ**[鹿^록, 사슴]

중성자 ㅜ의 예는 **숫**[炭^탄, 숯], **울**[籬^리, 울/울타리],

　　　　　　　누에[蚕^잠, 누에], **구리**[銅^동, 구리]

중성자 ㅓ의 예는 **브섭**[竈^조, 부엌], **널**[板^판, 널/널빤지],

　　　　　　　서리[霜^상, 서리], **버들**[柳^류, 버들]

중성자 ㅛ의 예는 **죵**[奴^노, 종], **고욤**[梬^영, 고욤나무],

　　　　　　　쇼[牛^우, 소], **삽됴**[蒼朮菜^{창출채}, 삽주]

중성자 ㅑ의 예는 **남샹**[龜^귀, 남생이], **약**[龜鼊^{귀벽}, 바다거북],

　　　　　　　다야[匜^이, 대야], **쟈감**[蕎麥皮^{교맥피}, 메밀껍질]

중성자 ㅠ의 예는 **율믜**[薏苡^{의이}, 율무], **쥭**[飯梂^{반초}, 주걱],

　　　　　　　슈룹[雨繖^{우산}, 우산], **쥬련**[帨^세, 수건]

중성자 ㅕ의 예는 **엿**[飴餹^{이당}, 엿], **뎔**[佛寺^{불사}, 절],

　　　　　　　벼[稻^도, 벼], **져비**[燕^연, 제비]

종성자의 용례

종성자 ㄱ의 예는 **닥**[楮^저, 닥나무], **독**[甕^옹, 독/옹기]

종성자 ㆁ의 예는 **굼벙**[蠐螬^{제조}, 굼벵이], **올창**[蝌蚪^{과두}, 올챙이]

종성자 ㄷ의 예는 **갇**[笠^립, 갓], **싣**[楓^풍, 신나무]

종성자 ㄴ의 예는 **신**[履^구, 신], **·반되**[螢^형, 반디]

종성자 ㅂ의 예는 **섭**[薪^신, 섶나무], **굽**[蹄^제, 굽/발굽]

종성자 ㅁ의 예는 **:범**[虎^호, 범/호랑이], **:심**[泉^천, 샘]

종성자 ㅅ의 예는 **잣**[海松^{해송}, 잣나무], **·못**[池^지, 못/연못]

종성자 ㄹ의 예는 **·돌**[月^월, 달], **:별**[星^성, 별]

7. 정인지 서문

천지자연의 소리와 문자

천지자연의 말소리가 있으면 반드시 천지자연의 문자가 있는 법이다. 그러므로 옛 사람이 말소리에 따라 글자를 만들어 만물의 뜻을 통하게 하고 천지인 삼재三才의 원리를 싣게 했으니 후세 사람이 바꿀 수 없는 것이다.

풍토에 따라 다른 소리와 문자

그러나 사방의 풍토가 다르니 소리의 기운 또한 그에 따라 차이가 난다. 대개 중국 이외 나라의 말은 소리는 있으나 글자가 없다. 따라서 중국의 글자를 빌려 사용하고 있는데, 이는 모난 자루가 둥근 구멍에 들어맞지 않는 것과 같으니 어찌 막힘없이 잘 통할 수 있겠는가? 요컨대 각각의 처지에 따라 편안해야 하니 억지로 같아지게 할 수는 없는 것이다.

중국어와 다른 우리말, 그리고 한자

우리 동방은 예악과 제도가 중국에 견주어 비길 만하나 사용하는 말은 중국과 같지 않다. 따라서 공부하는 사람은 한자로 쓰인 글의 뜻을 깨닫기 어려움을 걱정하고, 재판을 담당하는 사람은 한자로 쓰인 기록을 통해 그 복잡한 사정을 제대로 파악하기 어려움을 근심한다.

우리말을 온전히 담지 못하는 설총의 이두

옛날 신라의 설총이 처음 이두를 만들어 지금까지도 관부와 민간에서 사용하고 있다. 그러나 모두 한자를 빌려서 쓰는 것이라 사용하기에 껄끄럽기도 하고 막힘이 있기도 하다. 이두는 비루하고 근거가 없을 뿐만 아니라 일상의 언어생활에서 만분의 일도 통할 수가 없다.

새 문자의 창제와 우수성

계해년(1443년) 겨울, 우리 전하께서 정음 28자를 만드시고 간략히 예의를 들어 보이시며 '훈민정음'이라 일컬으셨다. 모양을 본떠 만들되 글자는 고전古篆을 모방하였으며 소리에 따랐으니 그 음이 칠음七音과 조화를 이룬다. 천지인 삼재三才의 뜻과 음양陰陽 이기二氣의 묘리가 갖추어지지 않은 것이 없다. 28자로 전환이 무궁하며 간단하지만 요긴하고 정밀하지만 소통이 쉽다. 그러므로 똑똑한 자는 반나절이면 깨우칠 수 있고 우둔한 자라도 열흘이면 배울 수 있다.

새 문자의 효용

이 글자로써 한자로 쓰인 책을 풀이하면 그 뜻을 파악할 수 있다. 이 글자로써 송사를 살피면 그 복잡한 사정을 알 수 있다. 이 글자로써 한자의 음을 적으면 소리의 청탁淸濁을 변별할 수 있고, 음악을 기록하면 음악의 율려律呂 가락를 조화롭게 할 수 있다. 사용하는 데마다 갖추어지지 않은 것이 없고 가는 곳마다 이르지 않는 곳이 없다. 비록 바람 소리, 학 울음소리, 닭 우는 소리, 개 짖는 소리라 하더라도 모두 적을 수 있다.

해례본의 편찬 동기와 편찬자

드디어 전하께서 상세하게 해석을 더하여 모든 사람을 깨우쳐 주라고 명하셨다. 이에 신은 집현전 응교 최항, 부교리 박팽년과 신숙주, 수찬 성삼문, 돈령부 주부 강희안, 행 집현전 부수찬 이개, 이선로 등과 더불어 삼가 '5해解'와 '1례例'를 지어 그 대강大綱을 서술하였다. 이 책을 보는 사람들은 가르쳐 주지 않아도 스스로 깨달을 수 있기를 바란다. 그 근원과 정밀한 뜻의 오묘함은 감히 신하인 우리들이 펼쳐 드러낼 수 있는 바가 아니다.

창제자의 위대함

삼가 생각건대 우리 전하께서는 하늘이 내리신 성인으로서 제도를 만들고 시행하심이 모든 왕들을 초월하셨다. 정음을 지으신 것도 이전 것을 이어받음 없이 자연에서 이루어 내신 것이다. 지극한 이치가 모두 갖추어져 있으니 어찌 사람이 사사로이 할 수 있는 일이겠는가? 동방에 나라가 있은 지 오래되었으나 만물을 개발하고 모든 일을 이루어 내는 큰 지혜는 오늘을 기다리고 있었도다.

해례본의 간행일과 글쓴이 정인지

정통 11년(1446년) 9월 상한에 자헌대부 예조판서 집현전 대제학 지춘추관사 세자우빈객 신 정인지가 두 손을 모으고 머리를 조아려 삼가 쓰다.

참고문헌

별표(*)는 『훈민정음』에 대한 번역을 포함하고 있는 경우를 표시함.

* 간송미술문화재단 편(2015), 『훈민정음 해례본』, 교보문고.

강규선(1985), 訓民正音과 性理學, 韻學과의 관계, 『어문논총』 4, 청주대학교, 1-17.

* 강규선(2001), 『훈민정음 연구』, 보고사.

* 강규선·황경수(2006), 『훈민정음 연구』, 청운.

* 강길운(1992/2005), 『훈민정음과 음운체계』, 형설출판사.

* 강신항(1974), 『訓民正音 (譯註)』(문고본), 신구문화사.

강신항(1977), 훈민정음 창제 동기의 일면, 『언어학』 2, 한국언어학회, 57-63.

강신항(1978), 중국자음과 對音으로 본 국어 모음체계, 『국어학』 7, 국어학회, 1-21.

* 강신항(1987/2003), 『훈민정음 연구』, 성균관대학교출판부.

강신항(1992), 훈민정음의 중성체계와 한자음, 『춘강 유재영 박사 화갑기념논총』, 이회문화사, 23-40.

강신항(2003), 『韓漢音韻史硏究』, 태학사.

강호천(1986), 訓民正音 制定의 音韻學的 背景 I: 中國·蒙古韻學을 中心으로, 『어문논총』 5, 청주대학교, 97-121.

고경재(2017), 모음추이의 국어사적 검토와 국어교육적 의미, 고려대학교 석사학위논문.

고재휴(1938), 諺文의 起源說과 蒙古語學運動의 槪況, 『정음』 23, 조선어학연구회, 5-9.

고창수(2013), 정음음운학파에 대하여, 『한국어학』 60, 한국어학회, 43-61.

* 고태규(2007), 『훈민정음과 작가들』, 널개.

곽신환(2016), 『훈민정음 해례』에 반영된 성리학의 영향: 태극·음양·오행·삼재론을 중심으로, 『유학연구』 37, 충남대학교 유학연구소, 29-59.

* 국립국어원 편(2008), 『(알기 쉽게 풀어 쓴) 훈민정음』, 생각의나무.

국어학회 편(1972), 『국어학자료 선집 Ⅱ』, 일조각.

국어학회 편(1973), 『국어학자료 선집 Ⅳ』, 일조각.

* 권재선(1995), 『훈민정음 해석 연구(깁고 고친판)』, 우골탑.

김광해(1990/2008), 훈민정음 창제의 또 다른 목적, 『문법 현상과 교육』, 박이정, 205-218.

* 김동구(1967/1985), 『訓民正音: [原典籍과 그 現代譯]』, 명문당.

김무림(1992), 訓民正音의 喉音考察, 『한국어문교육』 6, 고려대학교 한국어문교육연구소, 31-58.

김무림(2006), 『홍무정운역훈』, 신구문화사.

김무림(2014), 國語 漢字音에서 日母의 變化, 『한국어학』 65, 한국어학회, 91-116.

* 김민수(1957/1985), 『註解 訓民正音』, 통문관.

* 김민수 역(1972), 『訓民正音(韓國의 思想大全集 7)』, 동화출판공사.

김부연(2018ㄱ), 『훈민정음』 해례본의 텍스트 분석을 통한 국어교육적 연구, 고려대학교 박사학위논문.

김부연(2018ㄴ), 『훈민정음』 해례본의 텍스트성 탐색: <예의>와 ≪해례≫를 중심으로, 『새국어교육』 115, 237-276.

김부연(2018ㄷ), 『훈민정음』 ≪해례≫ 결(訣)의 '바꿔쓰기(paraphrase)' 전략 연구, 『국어교육연구』 68, 국어교육학회, 1-32.

김부연(2018ㄹ), 『훈민정음』 <합자해>의 기능에 대한 재조명, 『한국어학』 81, 한국어학회, 131-167.

* 김석환(1978), 『현토주해 훈민정음』, 활문당.

* 김석환(1997), 『훈민정음 연구』, 한신문화사.

김선기(1970), 한글의 새로운 기원설, 『논문집』 3, 명지대학교, 11-81.

김선기(1971), 훈민정음 중성자 'ㅓ'의 음가, 『동방학지』 12, 연세대학교 국학연구원, 323-340.

* 김성대(1999), 『역해 훈민정음』, 하나물.

김슬옹 엮음(2015), 『훈민정음(언문·한글) 논저·자료 문헌 목록』, 역락.

* 김슬옹(2018), 『훈민정음 해례본 입체강독본』(개정증보), 박이정.

* 김승권(2015), 『사람이 하늘과 땅을 품는다: 훈민정음해례본』, 도서출판 한울벗.

* 김승환(2015), 『과학으로 풀어 쓴 훈민정음』, 이화문화출판사.

김영만(1987), 훈민정음 자형의 원형과 생성체계 연구, 『장태진 박사 회갑기념 국어국문학논총』, 삼영사, 43-70.

김영송(1977), 훈민정음의 '설축' 자질, 『언어학』 2, 한국언어학회, 157-166.

김완진(1984), 訓民正音 創製에 관한 硏究, 『한국문화』 5, 서울대학교 규장각 한국학연구원, 1-19.

김완진(1996), 『음운과 문자』, 신구문화사.

김유범(2007), 문헌어의 음성적 구현을 위한 연구(1): 15세기 문헌자료 언해본 ≪훈민정음≫의 '어제서문'을 대상으로, 『한국어학』 34, 한국어학회, 169-207.

김유범(2009), 텍스트 구성 차원에서 바라본 해례본 『훈민정음』 기술 내용의 몇 문제, 『한국어학』 43, 한국어학회, 105-124.

김유범(2012), 문자 표기의 형태론적 장치에 대하여, 『어문논집』 66, 민족어문학회, 81-100.

김유범(2017), 해례본 『훈민정음』에 나타난 '合而成'에 대하여, *International Conference On Asian Culture Exchange in 2017*, 우리어문학회.

김유범(2018ㄱ), 훈민정음의 문자론적 연구 성과에 대한 고찰, 『우리말연구』 53, 우리말학회, 129-159.

김유범(2018ㄴ), 한국어교육에서의 『훈민정음』 해례본 활용 방안 연구, 『국제한국어교육』 4-1, 국제한국어교육문화재단, 79-111.

김유범(2018ㄷ), 『훈민정음』 ≪예의≫와 ≪해례≫의 성립 과정에 대한 재검토, 『우리말연구』 55, 우리말학회, 121-141.

김유범·고경재(2019), 『훈민정음』의 각자병서자와 전탁음의 음가에 대한 재론, 『우리말연구』 59, 우리말학회, 5-45.

김유범·곽신환·송혁기·조운성·김부연·고경재(2017), 『훈민정음의 현대어 번역 연구』(발간등록번호 11-1371577-000029-14), 국립한글박물관.

김유범·김무림·박형우·송혁기·김부연·고경재(2018), 『훈민정음의 현대어 번역(2)』(발간등록번호 11-1371577-000029-14), 국립한글박물관.

김유범·박형우·이준환·김부연·고경재(2019), 『훈민정음의 현대어 번역(3)』(발간등록번호 11-1371577-000029-14), 국립한글박물관.

* 김윤경(1954), 『韓國文字及語學史』, 동국문화사.

김주보(1992), 訓民正音解例에 나타난 國語語彙考: 語彙消滅과 語義變化를 中心으로, 『반교어문연구』 3, 반교어문학회, 28-51.

김주원(1993), 『모음조화의 연구』, 영남대학교.

김주원(2005a), 훈민정음 해례본의 인류문화사적 가치(2)-한글의 문자론적 특징, 『대한토목학회지』

53-8, 대한토목학회, 133-136.

김주원(2005b), 훈민정음 해례본의 인류문화사적 가치(3): 모음조화와 설축, 『대한토목학회지』 53-9, 대한토목학회, 118-121.

김주원(2013), 『훈민정음: 사진과 기록으로 읽는 한글의 역사』, 민음사.

김주필(2011), 고려대학교 소장 <훈민정음>(언해본)의 특징과 의미, 『어문학논총』 30-1, 국민대학교 어문학연구소, 1-20.

김주필(2014), 최만리 등 집현전 학사들이 올린 甲子上疏文의 내용과 의미, 『진단학보』 122, 진단학회, 145-174.

김주필(2016), <갑자상소문>과 ≪훈민정음≫의 두 서문, 『반교어문연구』 44, 반교어문학회, 113-151.

김태완(2005), 訓民正音과 中國 韻書와의 分合 關係, 『중국인문과학』 31, 중국인문학회, 19-35.

* 나찬연(2012), 『훈민정음의 이해』, 월인.

남성우(1979), 中國韻學과 性理學이 訓民正音 創製에 미친 影響, 『중국연구』 4, 한국외국어대학교 외국학종합연구센터 중국연구소, 159-187.

남풍현(1980), 訓民正音의 創製目的과 그 意義, 『동양학』 10, 단국대학교동양학연구소, 365-372.

남풍현(1997), 訓民正音의 創製目的 ─ 借字表記法과의 관계를 중심으로, 『국어학 연구의 새 지평』(성재 이돈주 선생 화갑 기념 논총 간행위원회 편), 태학사, 821-847.

동악어문학회(1980), 『訓民正音』, 이우출판사.

* 렴종률·김영황(1982), 『훈민정음에 대하여』, 김일성종합대학출판사.

문화재청 국가문화유산포털(www.heritage.go.kr).

민현식(1992), 『中世國語 講讀』, 개문사.

민현식(2011), 甲子 上疏文의 텍스트언어학적 分析 研究, 『어문연구』 39-3, 한국어문교육연구회, 7-42.

박병채(1967), 韓國文字發達史, 『한국문화사 대계(5)』, 고려대 민족문화연구소.

* 박병채(1976), 『譯解 訓民正音』(문고본), 박영사.

박병채(1985), 문자 발달사상에서 본 한글, 『국어생활』 3, 국어연구소, 32-40.

박승빈 편(1932), 『訓民正音』, 동광당서점.

박은용·김형수(1994), 『국어자료 고문선』, 형설출판사.

* 박종국(1976/1985), 『주해 훈민정음 (문고본)』, 정음사.

* 박종국(2007), 『훈민정음 종합연구』, 세종학연구원.

* 박지홍(1984), 『풀이한 훈민정음 ─ 연구·주석』, 과학사.

박지홍(1988), ≪훈민정음≫에 나타나는 역학적(易學的) 배경, 『훈민정음의 이해』(신상순·이돈주·이환묵 편), 한신문화사, 239-260.

* 박지홍·박유리(2013), 『우리나라 글살이의 변천과 훈민정음』, 새문사.

박창원(1997), 문자의 수용과 변용: 세계 문자사의 흐름과 한국적인 특징을 찾아서, 『이화여자대학교 인문과학대학 교수학술제』 5, 이화여자대학교 인문과학대학, 3-46.

* 박창원(2005), 『훈민정음』, 신구문화사.

박형우(2008), 訓民正音 '象形而字倣古篆'의 의미, 『한민족어문학』 53, 한민족어문학회, 153-180.

박형우(2016), 한글 관련 교육 내용의 문제점, 『문법교육』 26, 한국문법교육학회, 221-252.

* 반재원·허정윤(2007), 『한글 창제 원리와 옛글자 살려 쓰기』, 역락.

* 방종현(1940), 원본 훈민정음의 발견, 조선일보(7.30-8.4) 5회 연재.

* 방종현(1946), 『(해석 원본) 훈민정음』, 진학출판협회(震學出版協會).

배은혜·백두현(2020), ≪훈민정음≫ 해례본의 외형 복원을 위한 침안(針眼) 재구성, 『국어사 연구』 30, 국어사학회, 281-316.

백두현(2009), ≪훈민정음≫ 해례본의 텍스트 구조 연구, 『국어학』 54, 국어학회, 75-107.

백두현(2012), 융합성의 관점에서 본 훈민정음의 창제 원리, 『어문론총』 57, 한국문학언어학회, 115-156.

백두현(2013), 작업 단계로 본 훈민정음의 제자 과정과 원리, 『한글』 301, 한글학회, 83-142.

백두현(2014), ≪훈민정음≫ 해례의 제자론(制字論)에 대한 비판적 고찰, 『어문학』 123, 한국어문학회, 39-66.

백두현(2016), 훈민정음에 내재된 보편적 가치와 그 의미, 『어문론총』 67, 한국문학언어학회, 9-38.

백두현(2018), ≪훈민정음≫ 해례본 낙장의 권두서명과 병서 행 복원 방안 연구, 『어문론총』 75, 한국문학언어학회, 9-43.

백두현·김명주(2020), ≪훈민정음≫ 해례본 텍스트에 쓰인 한자(어) 사용 빈도와 그 해석, 『국어학』 93, 국어학회, 157-198.

* 서병국(1975), 『新講 訓民正音』, 경북대학교 출판부.

* 서병국(1978/1984/1992), 『新講 訓民正音』, 學文社.

서울대 대학원 국어연구회 편(2003), 『國語史 資料와 國語學의 硏究』, 문학과지성사.

세종대왕기념사업회 편(2003), 『훈민정음』, 세종대왕기념사업회.

송기중(1991), 세계의 문자와 한글, 『언어』 16-1, 한국언어학회, 153-180.

송기중(1997), 東北아시아 歷史上의 諸文字와 한글의 起源, 『진단학보』 84, 진단학회, 203-226.

송혁기(2015), 朝鮮의 朱子學과 『朱子大全箚疑輯補』, 『한자한문연구』 10, 고려대학교 한자한문연구소, 183-217.

* 신상순·이돈주·이환묵 편(1988), 『훈민정음의 이해』, 한신문화사.

심소희(1996), 정음관의 형성 배경과 계승 및 발전에 대하여, 『한글』 234, 한글학회, 191-224.

안병희(2004), 世宗의 訓民正音 創制와 그 協力者, 『국어학』 44, 국어학회, 3-38.

안병희(2007), 『훈민정음연구』, 서울대출판부.

안병희(2009), 『국어사 문헌 연구』, 신구문화사.

유창균(1963), 訓民正音 中聲體系 構成의 根據, 『어문학』 10, 韓國語文學會, 24-43.

유창균(1977), 訓民正音과 八思巴字와의 상관성: 훈민정음 기원의 측면, 『석계 조인제 박사 환력 기념 논총』, 조인제박사 회갑기념 출판위원회, 95-115.

유창균(1989), 皇極經世書가 國語學에 끼친 影響, 『석당논총』 15, 동아대학교 석당학술원, 69-102.

* 유창균(1993), 『訓民正音 譯註』, 형설출판사.

유창균(2008), 蒙古韻略과 東國正韻, 『訓民正音과 八思巴文字 국제 학술 Workshop 논문집』, 한국학중앙연구원.

* 유 열(1947), 『원본 훈민정음 풀이』, 조선어학회.

* 유 열(1948), 『풀이한 훈민정음』, 보신각.

* 윤덕중·반재원(1983), 『훈민정음 기원론』, 국문사.

이광호(2006), 훈민정음 해례본에서의 '본문'(예의)과 '해례'의 내용 관계 검토, 『이병근선생퇴임기념 국어학논총』, 태학사, 1397-1413.

이근수(1977), 몽고의 어문정책과 훈민정음, 『어문논집』 19·20(합집), 안암어문학회, 569-586.

* 이근수(1995), 『훈민정음 신연구』, 보고사.

이기문(1980), 訓民正音 創製의 基盤, 『동양학』 10, 단국대학교동양학연구소, 388-396.

이기문(2005), 우리나라 文字史의 흐름, 『구결연구』 14, 구결학회, 233-251.

이기문(2008), 訓民正音 創製에 대한 再照明, 『한국어연구』 5, 한국어연구회, 4-45.

이돈주(1988), 訓民正音의 中國音韻學的 背景, 『훈민정음의 이해』(신상순·이돈주·이환묵 편), 한신문화사, 199-238.

* 이동화(2006), 『훈민정음과 중세 국어』, 문창사.

이상규(2013), <세종실록> 분석을 통한 한글 창제 과정의 재검토, 『한민족어문학』 65, 한민족어문학회, 5-56.

이상백(1957), 『한글의 기원』, 통문관.

이상혁(2004), 『훈민정음과 국어 연구』, 역락.

* 이성구(1985), 『훈민정음연구』, 동문사.

* 이성구(1998), 『훈민정음연구』(훈민정음 연구총서 가3), 도서출판 애플기획.

이숭녕(1947), 訓民正音과 母音論, 『한글』 100, 한글학회, 460-470.

이숭녕(1966), 한글制定의 時代環境, 『교육평론』 96, 교육평론사, 14-69.

이승재(1991), 訓民正音의 言語學的 理解, 『언어』 16-1, 한국언어학회, 181-211.

이영월(2009), 훈민정음에 대한 중국운서의 영향 관계 연구 ─ 삼대어문사업을 중심으로, 『중국학연구』 50, 중국학연구회, 255-274.

이영월(2010), 등운이론과 훈민정음 28자모의 음운 성격 ─ 창제 동기와 목적을 중심으로, 『중국어문논역총간』 27, 중국어문논역학회, 123-150.

* 이정호(1972/1986), 『국문·영문 해설 역주 훈민정음』, 보진재.

* 이정호(1975), 『訓民正音의 構造原理-그 易學的 研究』, 亞細亞文化社.

이준환(2004), 『華東正音通釋韻考』의 俗音에 대한 고찰 ─ 聲母를 對象으로, 『어문연구』 32-4, 한국어문교육연구회, 163-191.

이준환(2014), 中世·近代·開化期의 韻書 및 字書 편찬의 역사, 『동양학』 57, 단국대학교동양학연구소, 159-186.

이준환(2020), ≪訓民正音 解例本≫의 초성, 중성, 종성 설명 用字에 관하여, 『국어학』 94, 국어학회, 91-125.

* 이현희·두임림·사화·스기야마 유타카·정혜린·김소영·김주상·백채원·가와사키 케이고·이상훈·김한결·김민지·왕철(2014), 『훈민정음의 한 이해』, 역락.

이환묵(1987), 훈민정음 모음자의 제자원리, 『언어』 12-2, 한국언어학회, 347-357.

임용기(1992), 훈민정음에 나타난 삼분법의 형성 과정에 대하여, 『세종학 연구』 7, 세종대왕기념사업회, 73-97.

임홍빈(2006), 한글은 누가 만들었나: 한글 창제자와 훈민정음 대표자, 『國語學論叢: 이병근선생 퇴임기념』, 태학사, 1347-1395.

장윤희(2011), 문자생활사 관점에서의 "갑자 상소문" 재평가, 『국어교육』 134, 한국어교육학회, 131-154.

장윤희(2018ㄱ), 『훈민정음』 해례본의 언어 관련 지칭어, 『안병희 선생 10주기 추모 논문집』, 역락, 545-562.

장윤희(2018ㄴ), 정인지의 생애와 훈민정음, 『나라사랑』 127, 외솔회, 189-224.

* 전몽수·홍기문(1949), 『訓民正音 譯解』, 조선어문연구회.

정 광(2006), 새로운 자료와 시각으로 본 훈민정음의 創製와 頒布, 『언어정보』 7, 고려대학교 언어정보연구소, 5-38.

정 광(2008), 訓民正音의 制定과 頒布 再考, 『訓民正音과 八思巴文字 국제 학술 Workshop 논문집』, 한국학중앙연구원, 235-256.

정 광(2009), 『몽고자운 연구』, 박문사.

정 광(2012), 『훈민정음과 파스파 문자』, 역락.

정 광(2019a), 『훈민정음의 사람들』, 박문사.

정 광(2019b), 『동아시아 여러 문자와 한글: 한글 창제의 비밀을 밝히다』, 지식산업사.

정다함(2009), 麗末鮮初의 동아시아 질서와 朝鮮에서의 漢語, 漢吏文, 訓民正音, 『한국사학보』 36, 고려사학회, 269-305.

정연찬(2008), 音節 二分法과 三分法에 대한 吟味 서너 가지, 『한국어연구』 5, 한국어연구회, 47-61.

정우영(2005), 훈민정음(訓民正音) 언해본의 성립과 원본 재구, 『국어국문학』 139, 국어국문학회, 75-113.

정우영(2014), ≪훈민정음≫ 해례본의 '예의편' 구조와 '해례편'과의 상관관계, 『국어학』 72, 국어학회, 103-153.

정우영(2015), 訓民正音과 佛敎經典의 相關關係 硏究, 『語文硏究』 43-4, 한국어문교육연구회, 33-63.

정우영(2016), 훈민정음 초성 제자원리의 '이체자(異體字)' 관련 문제점 분석, 『국어학』 80, 국어학회, 35-75.

정우영(2018), ≪훈민정음≫ 해례본 낙장의 '병서행' 복원에 대한 재론, 『국어학』 88, 국어학회, 33-73.

조규태·김주원·이현희·정우영·이호권·정상훈·이유미(2007), 『훈민정음 언해본 이본 조사 및 정본 제작 연구』(발간등록번호 11-1550000-000436-01), 문화재청.

* 조규태(2010), 『번역하고 풀이한 훈민정음』, 한국문화사.

조운성(2015), 홍무정운역훈의 운류와 고금운회거요의 자모운, 『대동문화연구』 91, 성균관대학교 대동문화연구원, 137-152.

최남희·정경일·김무림·권인한 편저(2006), 『國語史와 漢字音』, 박이정.

콘체비치(Le Kont sevich)(1997), 세계 문자상으로 본 한글의 특이성, 『세종대왕 탄신 600돌 기념 제6회 국제 한국어 학술대회』, 한글학회, 151-174.

* 한글학회(1998), 『훈민정음 (별책)』, 해성사.

한재영·정우영·김주원·백두현·이현희·옥영정·황선엽·최준호(2017), 『국보 제70호 훈민정음 정본 제작 연구 용역』(발간등록번호 11-1550000-001754-01), 문화재청.

허웅(1977), 훈민정음 창제의 동기와 그 역사적 의의, 『수도교육』 29, 서울특별시. 교육연구원, 4-7.

홍기문(1941), 訓民正音과 漢字音韻: 漢字反切의 起源과 構成 上, 『조광』 7-5, 朝鮮日報社, 66-71.

홍기문(1941), 訓民正音과 漢字音韻: 漢字反切의 起源과 構成 下, 『조광』 7-6, 朝鮮日報社, 198-207.

* 홍기문(1946), 『正音發達史 (상·하 합본)』, 서울신문사출판국.

홍윤표(2008), 訓民正音의 '여문자불상유통(與文字不相流通)'에 대하여, 『이숭녕 근대국어학의 개척자: 심악 이숭녕 선생 탄신 100주년 기념 논문집』, 태학사, 767-786.

홍윤표(2013), 『한글 이야기1 한글의 역사』, 태학사.

홍윤표(2013), 『한글 이야기2 한글과 문화』, 태학사.

황선엽(2004), 최만리와 세종, 『문헌과 해석』, 문헌과해석사, 87-98.

河野六郎(1989), ハングルとその起源, 『日本學士院紀要』 43-3, 日本学士院, 101-122.

찾아보기

저자 소개

김유범 고려대학교 국어교육과 교수
곽신환 숭실대학교 철학과 명예교수
김무림 강릉원주대학교 국어국문학과 교수
박형우 한국교원대학교 국어교육과 교수
이준환 전남대학교 국어국문학과 교수
송혁기 고려대학교 한문학과 교수
조운성 성균관대학교 학부대학 초빙교수
김부연 동덕여자대학교 국어국문학과 교수
고경재 고려대학교 국어교육과 강사

훈민정음 해례본

초판 1쇄 인쇄 2020년 9월 10일
초판 2쇄 발행 2021년 2월 10일
초판 3쇄 발행 2022년 12월 10일

저 자 김유범·곽신환·김무림·박형우·이준환·송혁기·조운성·김부연·고경재
펴낸이 이대현
편 집 권분옥
디자인 최선주

펴낸곳 도서출판 역락
주 소 서울시 서초구 동광로 46길 6-6(반포4동 문창빌딩 2F)
전 화 02-3409-2060(편집부), 2058(영업부)
팩 스 02-3409-2059
등 록 1999년 4월 19일 제303-2002-000014호
이메일 youkrack@hanmail.net

ISBN 979-11-6244-579-2 93710